가상화폐가 아닙니다

암호화폐입니다

가상화폐가 아닙니다 암호화폐입니다

발행일	2018년 4월 20일

지은이	박조은, 주은찬, 김중래		
펴낸이	손 형 국		
펴낸곳	(주)북랩		
편집인	선일영	편집	오경진, 권혁신, 최예은, 최승헌
디자인	이현수, 김민하, 한수희, 김윤주, 허지혜	제작	박기성, 황동현, 구성우, 정성배
마케팅	김회란, 박진관, 유한호		
출판등록	2004. 12. 1(제2012-000051호)		
주소	서울시 금천구 가산디지털 1로 168, 우림라이온스밸리 B동 B113, 114호		
홈페이지	www.book.co.kr		
전화번호	(02)2026-5777	팩스	(02)2026-5747

ISBN	979-11-6299-068-1 03320 (종이책) 979-11-6299-069-8 05320 (전자책)

이 도서의 국립중앙도서관 출판예정도서목록(CIP)은 서지정보유통지원시스템 홈페이지(http://seoji.nl.go.
kr)와 국가자료공동목록시스템(http://www.nl.go.kr/kolisnet)에서 이용하실 수 있습니다.
(CIP제어번호: CIP2018011845)

대한민국을 뒤흔든 암호화폐의 원리와 종류
현명한 투자 방법을 가르쳐 주는 종합 안내서

가상화폐가 아닙니다
암호화폐입니다

박조은·주은찬·김중래 지음

북랩 book Lab

서 / 론

왜 암호화폐(Cryptocurrency)인가?

가상(假象): 주관적으로는 실제 있는 것처럼 보이나 객관적으로는 존재하지 않는 거짓 현상

출처: 네이버 국어사전

해외에서는 초반 눈에 보이지 않고 컴퓨터상에 표현되는 화폐라고 해서 디지털 화폐(Digital Currency) 또는 가상화폐(Virtual currency) 등으로 불렸지만, 최근에는 암호화 기술을 사용하는 화폐라는 의미로 암호화폐라고 부르며, 영어 표기법으로는 암호화폐인 크립토커런시(Cryptocurrency)가 정식 명칭으로 채택되었다.

가상화폐라는 단어 자체가 주는 부정적인 이미지는 꽤 큰 영향을 미친다. 실제 있는 것처럼 보이나 사실은 허구. 이런 느낌이랄까. 게다가 정교한 암호화기술과 암호경제학이 녹아있기 때문에 이를 충분히 나타내기 위해서도 암호화폐가 좀더 정확한 표현이라고 할 수 있을 것이다. 일각에서는 암호화폐라는 단어를 사용하자는 캠페인을 벌일 정

도로 코인 투자자들에게는 꽤나 중요한 문제이니 사족이라고 넘기기보다 진지하게 생각해주셨으면 좋겠다. 분명 단어 하나가 가져오는 힘은 무시할 수 없다. 투기꾼이 아닌 투자자의 입장에서, 각종 언론 매체에서 '가상화폐'라는 단어를 사용하는 것에 대한 불편함도 적지 않다.

저자 소개

우리는 북경대학교 경제동아리 LOE에서 만났다. 그리고 2017년 10월, 초면이나 다름없는 상황에서 암호화폐의 가치에 대해 2대 1로 설전을 벌였다. 두 명은 암호화폐 진성 투자자(a.k.a. 코인충)였지만, 다른 한 명은 금융학도로 경제학을 어설프게나마 공부했었고, 암호화폐에 대해 깊은 이해가 없는 상태였다. 그래서 그 한 명은 매우 회의적인 입장을 취하고 있었다. 그랬던 우리 셋이 같이 암호화폐와 블록체인에 대한 책을 쓸 줄은 당시 누구도 상상하지 못했다. 처음에는 제안을 받아 쓰기 시작한 것이었지만 말할 것도 없이 그 한 명은 블록체인을 공부하면서 생각이 정말 드라마틱하게 바뀌게 되었다.

책의 목적

우리 책의 제목은 "가상화폐 아닙니다, 암호화폐입니다."이다. 제목처럼 우리는 이 책을 쓰면서 암호화폐에 대한 편견과 오해를 걷어내고 싶었다. 그렇게 하기 위해서는 블록체인 기술부터 차근차근 이해해 나가야 한다고 생각했다. 그런데 막상 투자하시는 분들도 블록체인을 모르고, 암호화폐를 모르고 '투자'하는 경우도 비일비재했다. 그래서 책을 쓰면서 가장 궁극적인 목표로 삼았던 것은 코인 투자자든, 정책 당국자이든, 관망자이든, 지금의 암호화폐와 블록체인 기술을 똑바로 직시할 수 있게 돕자는 것이었다.

블록체인과 암호화폐의 벽은 너무 높았다. 존재하는 정보는 단편적이고, 중구난방으로 흩어져있었다. 거짓과 선동적인 정보도 너무 많았던 것이 사실이다. 기술용어도 너무 어려웠다. 이걸 일일이 찾아볼 시간이 없는 사람들은 절대 제대로 이해할 수 없을 것 같았다. 시중에서도 쉬우면서 퀄리티 있는 정보를 제공하는 책을 찾아볼 수 없었다. 그래서 우리가 그런 책을 써보기로 했다. 지금 생각해보면 무모했지만, 결국 이렇게 결과물을 만들어내고야 말았다.

목표 독자층

이 책은 분명 초보를 위한 입문서는 아니다. 지갑을 어떻게 만들고, 거래소는 어떻게 사용하는지 궁금하신 분들에게, 블록체인이라는 단어를 처음 들어보신 분들에게 이 책은 별 도움이 되지 못할 수 있다.

또한 이 책은 재야의 고수를 위한 심화교재도 아니다. 세 명의 필자 모두 애석하게도 문과생이라, 여러분의 컴퓨터 공학적인 궁금증을 풀어드릴 수 있는 수준의 지식체계는 갖추지 못하였다.

이 책은 이런 사람들을 위한 책이다. 블록체인에 대해 공부하고 싶지만 시중에 마땅한 난이도의 책을 찾지 못한 사람, 인터넷에서 암호화폐 정보를 찾고 싶지만, 생각보다 정보가 많지 않다는 점에 놀란 사람, 암호화폐에 대한 영어 블로그 원문을 읽기 싫은 사람, 직장에 다니며 암호화폐를 공부하고 싶지만 도저히 발품 팔아 정보를 모을 시간이 나지 않는 직장인들, 친구 말만 듣고 투자하고 있는 사람들에게 감히 추천한다.

대략적인 내용

우리는 암호화폐를 이해하기 위해 필수적으로 알아야 하는 블록체인에 대해 쉽고 재밌게 설명하려고 정말 많이 노력했다. 코딩 지식이 없는 ~~우리같은~~ 사람도 최대한 직관적으로 이해할 수 있도록 적었다. 단번에 이해되지는 않더라도 몇 번 정독하면 충분히 이해하실 수 있으리라 믿는다. 더이상 문송하지 말자!

그 다음으로는 꽤나 유명한 코인과 토큰에 대해 개괄적으로 설명했다. 비트코인과 이더리움같이 시장의 기본이 되는 코인부터, 몇 달 동안 세간의 주목을 받았던 마이너 알트 코인까지. 최대한 다양한 코인을 다루려고 애썼다. 또한 우리가 조사한 몇 개의 알트코인에서 그치는 것이 아니라 새로운 코인도 분석할 수 있게끔 방향성을 제시하려고 애썼다. 그 외에도 코인판에서 유명한 인물들, 해킹의 역사, 거래소의 변화, 커뮤니티, ICO, 국가별 감독 현황을 정리해보았고, 부록으로 지극히 주관적인 투자 꿀팁까지 현실감 넘치는 정보들을 알차게 담았다. 워낙 자료가 단편적이면서도 방대해서 쓸모 있는 자료를 선별하는 데에 많은 어려움을 겪었다. 코인 공부를 조금이라도 해보신 분이라면 어떤 의미인지 이해할 것이다. ~~선동과 날조가 판을 치는 코인판... 어설픈 자는 살아남지 못한다.~~ 그럼에도 최대한 근거를 가지고 객관적으로 썼으니 우리가 암호화폐를 공부하면서 적은 필기노트라고 생각하고 재미있게 봐주시면 감사하겠다.

2018년 3월

박조은, 주은찬, 김중래

PART 3.　코인 백서

PART 4. 인물 백서

PART 5. 코인시장 백서

PART 6.　국가별 대처 현황

부록　지극히 주관적인 투자 팁

※ 일러두기: 책`곳곳에 드문드문 있는 취소선은 인쇄사고가 아닌 작가들의 본심…이라고 봐주시면 좋겠다.

PART

1

....

블록체인

1.
블록체인과 탈중앙화

설명을 시작하기에 앞서, 분명히 하고 싶은 것이 있다. 블록체인은 비트코인이 아니다. 비트코인은 블록체인 시스템을 기술적, 경제학적으로 가능하게 만든 첫 시초라는 의미를 가지고 있다. 따라서 블록체인을 논할 때, 비트코인을 가장 먼저 설명해야 한다. 그만큼 중요하기 때문이다. 그러나 이것이 '블록체인 = 비트코인'과 같은 편협한 논리로 이어져서는 안 될 것이다. 좀더 정확히 표현하면 비트코인 블록체인은 가장 태초적 혹은 기본적인 형태의 블록체인이다. 비트코인 이후 태어난 대부분의 코인들은 일정 부분 비트코인이라는 아이디어에 기반했다. 그 단점을 보완하고 수정한 것도 있으며, 참신한 아이디어로 블록체인의 새로운 장을 열어가는 블록체인도 생겨나기 시작했다.

자, 우선 블록체인이 어디다 써먹는 것인지 정리를 하고 가자. 소수의 10대 독자들을 제외하고, 절대 다수의 여러분은 은행을 통해 돈을 관리할 것이나. 득히나 요즘은 변의섬에 가서노, 택시를 타고도 카드를 쓰는 게 자연스러운 시대다. 누구한테 돈을 보낼 때, 물건을 살 때, 많아야 비밀번호 하나면 여러분은 무엇이든 할 수 있다.

친구한테 계좌이체를 한다. 이때 내 통장에서 돈이 빠져나가고, 이 돈이 친구한테 잘 도착할까, 친구가 받아놓고 못 받았다고 그러면 어떡하나, 이런 고민을 하는가? 친구뿐 아니라 전혀 모르는 사람과의 거래라도 이런 걱정들은 기우에 불과하다. 왜냐, 은행에 이 모든 기록이 남아있기 때문이다. 내가 돈을 안 보냈다고 우겨도, 은행에 가서 조회해보면 사실 여부를 그대로 확인할 수 있다.

'중앙'이라는 단어는 그 자체가 주는 어딘지 모를 묵직한 느낌과 달리 굉장한 편리를 제공한다. 꼭 은행이 아니어도 좋다. 국가, 정부부처, 기업 등 모두가 해당된다. 서로 모르는 사람들끼리 현금이 없어도 걱정 없이 돈을 주고 받을 수 있는 이유는 이들 중앙을 향한 '신뢰'가 있기 때문이다. 우리는 최소한 은행은 우리의 코 묻은 돈을 '먹튀'하지 않을 것이며, 거래 기록을 조작하지도 않을 것이라고 믿는다.

블록체인은 이 중앙을 벗어난 '탈중앙화'를 모토로 한다. 이렇게 익숙한 중앙시스템에 반기를 든 것이다. 중앙시스템은 분명히 편리를 제공한다. 하지만 이 시스템의 문제는 결국 '중앙'으로부터 온다. 아주 쉽게 이야기하면, 중앙에 문제가 생기면 이 여파가 너무나 거대하다는 것이다.

첫 번째는 보안문제다. 누군가 은행 시스템을 해킹해 거래 내역을 삭제하거나, 임의로 수정한다면? 사용자들의 신상정보가 담겨있는 데이터 베이스가 해킹을 당한다면? 이러한 참사를 막기 위해 세계 최고 전문가들이 노력을 하고 있음에도 불구하고 해킹은 번번이 일어나며, 누군가는 피해를 보고 있다.

지금까지 큰 문제 없이 잘 써오지 않았냐고 되물을 수 있다. 그러나 필자가 생각하는 핵심은 4차 산업혁명이다. 우리를 둘러싼 사람과 사물, 심지어는 사물과 사물끼리도 보다 긴밀하게 연결되는 시대가 다가온다. 이제는 주민등록번호, 계좌번호뿐 아니라, 생활 패턴, 계획, 소비 습관, 라이프 스타일, 신체정보(지문, 홍채와 같이) 등 우리를 둘러싼 모든 정보가 데이터화된다. 이 모든 정보들이 통일된 중앙에 보관되어 있다면 어떨 것 같은가? 우리의 생각 이상으로 세상은 빠르게 변하고 있다. 꽤 골치 아픈 일이다. 이 모든 정보를 지키고 보관해야 하는 입장에서도 큰 부담으로 다가올 것이다.

두 번째는 비효율성이다. 후에 추가로 설명하겠지만, 부분적으로 기존의 은행 시스템은 높은 수수료는 물론, 보안 등을 이유로 옛날 시스템을 그대로 가져다 쓰며 속도와 비용 면에서 엄청난 비효율을 떠안고 있다. 이러한 이유로 블록체인이 가장 먼저 접목될 분야는 금융이라고 말하는 전문가들이 많다. 여기서는 은행을 예시로 들었지만, 요지는 중앙이 언제나 효율적이라고 말할 수 없다는 것이다.

이 정도만 해도 중앙이 필요 없는 이유는 되지 못하겠지만, 중앙을 대체할 무언가에 대해 생각해볼 명분 정도는 되지 않는가? 그렇다면 우리가 논하고자 하는 블록체인이 이러한 문제들을 보완한 새로운 대안이 될 수 있을까? 누차 이야기하지만 블록체인도 분명히 미완성 상태다. 때문에 당장은 이를 대안으로 인정하지 않는 독자들도 있으리라! 기술의 완성도와 완성되는 속도에 따라 대안이 될 수도, 대안이 되지 못할 수도 있다. 이 부분은 전문가들도 아직 의견이 분분하니 조금 더 시간을 가지고 지켜봐야 하겠다.

블록체인의 개념

가장 기본적인 형태의 블록체인은 말 그대로 블록들이 이어진 길다란 체인이다.

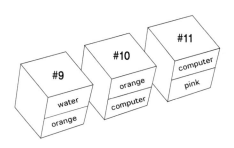

대략적인 개념을 이해하기 위해 아주아주 단순화를 시켜서 이야기해보겠다. 많은 의문점이 생기겠지만, 전체 개념을 상세하게 이해하려 노력하지 말자. 그냥 블록체인이 대략 어떠한 원리로 돌아가는지, 그 느낌만 파악하면 여기서는 성공이다. 이 짧은 글로 공학자들도 어려워하는 블록체인을 다 설명할 수는 없는 노릇이다. 이는 책 전체를 두고 천천히 풀어나갈 문제다.

블록 하나하나는 거래 기록이다. 원리상으로는 9번째 블록이 만들어지고, 10번째 블록이 만들어지기까지 일정 시간 사이에 일어난 거래들을 담은 정보가 10번째 블록에 포함된다.

그렇다면 '체인'은 무슨 의미일까. 9번째 블록에 들어있는 모든 정보들을 다시 암호화해서 압축했더니 "orange"라는 단어가 나왔다. 10번째 블록에는 9번째 블록 생성 이후의 거래 내역뿐 아니라 "orange"라는 단어가 반드시 포함되어야 한다. 10번째 블록을 또 같은 방식으로 압축했더니 "computer"라는 단어가 나왔다. 11번째 블록에는 마찬가지로 "computer"라는 단어가 반드시 포함된다.

이게 무슨 의미가 있을까? 예로 9번째 블록에 9개의 거래정보가 들어있다고 해보자. 이 중 하나의 거래를 열어봤더니 "A가 B한테 120원을 보냈다."라고 적혀있다. 만약 여기 적힌 120을 121로 바꿨다고 하자. 9개의 거래정보 중에 하나를 골라 숫자 하나만을 바꿨을 뿐이다. 그러나 다시 이 정보를 압축하자 "orange"와는 전혀 다른 "coffee"라는 단어가 나왔다. 그러면 어떻게 되는가? 9번째 블록은 "orange"라는 단어가 포함되어있는 10번째 블록과 호환이 되지 않고, 이는 11번째, 아니 110번째 블록까지도 영향을 미친다. 따라서 120을 121로 바꾼 가짜 9번째 블록은 블록체인에 연결될 수 없다.

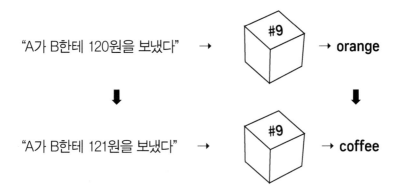

"A가 B한테 120원을 보냈다" → #9 → orange

↓ ↓

"A가 B한테 121원을 보냈다" → #9 → coffee

조금 이해가 될지 모르겠다. 이렇게 서로 연관성을 가진 블록들이 모여서 하나의 길다란 체인을 이룬다. 누구도 그 내용을 조작할 수 없는 하나의 길다란 장부가 되는 것이다. 이 장부는 여러 사람에게 서상되어 있고(이를 분산되어 있다고 정의한다), 누군가 블록(새로운 거래내역)을 블록체인에 붙였을 때, 전 세계에 퍼져있는 장부를 가진 사람들에게 이 업데이트 내용이 공표된다.

머릿속에 대강의 그림이 그려지면 그걸로 됐다.

이중지불 문제의 해결

사실 탈중앙화는 새로운 개념이 아니다. 그 전에 중앙화된 금융, 경제 시스템에 회의감을 느낀 사람들은 자연스럽게 탈중앙화라는 단어를 생각해냈다. 여기까지는 참 좋았다. 힘세고 부자들만 좋아하는 중앙기관 빼고 우리끼리 잘 먹고 잘살자는 것이었으니까. 그런데 한 가지 치명적인 문제가 있었다. 온라인 시스템에서의 이중지불을 막을 방법을 도저히 생각해낼 수 없었던 것.

실물화폐라면 이중지불은 문제가 되지 않는다. 한국은행과 조폐공사가 수십 년에 걸쳐서 축적한 노하우로 지폐와 동전의 불법복제를 원천방지수준으로 차단하고 있기 때문이다. 그런데 요즘 우리는 현금을 잘 가지고 다니지 않는다. 우리나라의 경우 정부가 탈세를 막기 위해 신용카드와 체크카드 사용을 대대적으로 권장하면서 우리의 거의 모든 소비는 모두 전산망에서 이루어지기 시작했다. '돈'의 개념은 이미 지폐와 동전이 아닌 내 계좌 안에 존재하는 숫자가 된 것이다.

전산망에서 이루어지는 결제는 결국 내 잔고에 돈이 충분히 들어있는 것을 상대방에게 증명하고, 내 잔고에서 결제한 액수만큼의 돈이 빠져나가는 것을 다시 기록하는 과정이다. 복잡하게 얽히고 얽힌 공인인증서와 앱 카드와 은행계좌 시스템을 통해 은행과 신용카드사가 하는 일이 바로 이것이다.

그런데 만약에 결제할 수 있는 전산망만 남고, 이를 감시하고 제때 업데이트하는 중앙기관(여기서는 은행과 신용카드사라고 할 수 있겠다)이 없어진다면? 잔액의 업데이트 속도가 기존의 0.000001초(중요하지 않다)에서 1초로 늘어났다고 해보자. 합리적 소비자인 '나'는 이 시간차를 이용해 이중지불을 시도할 것이다. '나'는 케이크를 먹기 위해 6,900원을 신용카드로 긁는 동시에 온라인 막바지 세일에서 6,900원짜리 티셔츠를 결제한다. 두 행위의 간극이 1초를 넘기지 않는다면 나는 이중지불에 성공할 것이다. 잔액 업데이트 전에 이미 사용한 돈을 다시 사용했기 때문이다!

혹자는 이 전산망을 빠르게 돌릴 수 있는 누군가를 고용하면 되지 않느냐고 묻는다. 그렇다. 이것이 은행의 기본 업무 중 하나다. 이렇게 되면 또다시 중앙 시스템으로 돌아가는 것이다.

이렇게 중앙기관 없이 이중지불을 막아내는 것은 생각보다 쉽지 않다. 그렇기 때문에 그 오랜 시간 동안 수많은 전문가가 머리를 싸매고 고민한 것이다. 그리고 끈질기게 시도한 끝에 '장부를 제때 업데이트할 수 있는 누군가'를 고용하지 않으면서도 이중지불을 막을 수 있는 방법을 결국 생각해냈다. 그 답이 바로 블록체인이다.

앞서 블록체인 개념에서 설명했듯이, 블록체인은 조작이 불가능하고 수정도 불가능하다(더욱 자세하고 컴퓨터 공학적인 내용은 뒤에 기술용어 파트를 찬찬히 읽어보자. 이해하는데 큰 도움이 될 것이다). 블록체인은 참여자 모두에게 인센티브를 주는 방식으로 시스템을 유지한다. 운영 주체, 즉 '사람' 없이도 이중지불이라는 문제를 정교하고 복잡한 인센티브 메커니즘을 통해 시스템적으로 해결해낸 것이다. 인센티브 메커니즘이 흔히 말하는 합의, 즉 암호경제학의 내용이다. 여기서는 표면적으로만 이해하기로 하자. 쭉 읽어 내려가다 보면 이 숨은 말뜻을 파악할 수 있다.

(내용이 너무 꼬리에 꼬리를 무는 것 같다. 그래도 이 큰 개념을 차근차근 설명하려니 불가피하게 이런 양식을 채택하게 되었다. 인내심을 가지고 조금만 더 버티시라! 블록체인이 절대 쉬운 개념이 아니다. 이것을 이해하면 내가 바로 블록체인 준 전문가다! 라는 마음가짐으로 차근차근 읽어보자)

2.
암호경제학

암호경제학은 말 그대로 암호화폐와 경제학의 합성어다. Wikiversity에 따르면 암호경제학이란 암호학, 컴퓨터 네트워크, 그리고 게임이론, 세 가지의 결합을 통해 경제적 인센티브 혹은 페널티를 통해 시스템을 안정시키기 위해 존재하는 학문이다.

전통적인 경제학에 비유해서 생각해 보자. 경제학은 실물경제를 안정시키기 위해 존재하는 학문이다. 그렇다면 암호경제학은 '암호경제'를 안정시키기 위해 존재하는 학문이라고 쉽게 이해할 수 있다.

그럼 암호경제학을 공부하기에 앞서 암호경제에 대해 짚고 넘어가도록 하자.

암호경제는 쉽게 설명하면 암호화폐에 기반하는 여러 주체들(아래 그림 참조)과 그 주체들 사이에서 발생하는 여러 행위로 이루어진 생태계이다. 이 경제 시스템은 기존의 경제와는 전혀 다르게 암호학을 근본적인 발판으로 사용하고 있다. 또한 기존의 실물경제가 정부의 정책에 크게 영향을 받는 것과 달리 지정학적 요소나 법제 시스템에 의해 정의되지 않는다.

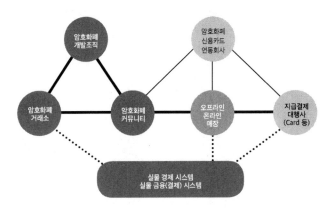

출처: 블록체인OS

암호경제학의 골자는 결국 암호경제 시스템 지속을 위한 '경제적 인센티브' 제공 방식에 대한 연구다. 한마디로 합의 메커니즘에 대한 연구이다.

합의 메커니즘을 '채굴' 정도로 이해하고 있었던 독자라면 이게 무슨 생뚱맞은 소리인가 할 것이다. 블록체인이라는 분산 장부를 지속적으로 검토하고 인증하는, 사실상의 시스템 유지자(a.k.a. 채굴자)에게 어떻게 보상을 해줄 것인지를 미리 약속해 놓는 것이 합의 메커니즘이다.

이제 합의 메커니즘에 대해 알아보기로 하자.

3.
합의 메커니즘

합의 메커니즘, 혹은 합의 알고리즘이라고도 부른다. 합의 메커니즘은 수많은 개인들이 서로를 신뢰할 수 있는 합의점을 만드는 것이다. 거래가 일어나면 장부(블록체인)에 그 내용이 실시간으로 적혀야 한다. 장부의 의도야 어떻든 잘못된 내용이 적히면 더 이상 이 시스템은 존재할 수 없다. 탈중앙화 시스템에는 수많은 개인들만이 존재한다. 때문에 이 거대한 장부를 업데이트하는 권한을 누구에게 주어야 업데이트된(혹은 거부된) 내용을 신뢰할 수 있겠는가, 그 합의점을 찾기 위한 방법론이 바로 합의 메커니즘이다. 블록체인의 핵심이기 때문에 정말 중요한 내용이다.

수많은 합의 메커니즘이 제시되고 있지만, 가장 널리 알려진 합의 메커니즘으로 '채굴'을 꼽을 수 있다. 채굴은 사토시 나카모토가 제시한 최초의 합의 메커니즘이다. 따라서 채굴에 대한 설명을 먼저 서술하고, 이를 기초로 다른 합의 메커니즘들을 쉽게 풀어보겠다.

자, 여기부터 생소한 용어들이 많이 등장할 것이다. 당황하지 말고 Part 2 용어를 참고하면서 천천히 읽어보자.

PoW(Proof of Work 작업증명방식) : 속칭 채굴(Mining)이다. 비트코인을 통해 구현된 최초의 합의 메커니즘으로, 현재까지도 가장 대중적인 방식이다. ~~그래픽 카드 가격 폭등의 주범이다.~~

채굴이 되었다는 것은 다른 의미가 아닌 블록체인 공공장부가 성공적으로 업데이트 되었다는 것이다. 여기서 두 가지 문제가 발생한다.

첫 번째, 사용자들의 거래 의사를 확인하고, 정당한 거래인지, 부당한 거래인지 확인하는 등 "장부를 업데이트하는 수고"를 한 사람에게는 어떠한 이익이 돌아가는가? 이 거대한 시스템이 선의를 가진 자원봉사자들에 의해서만 유지될 수 있다고 믿는 독자는 없을 것이다. 이들 수고를 한 사람들을 우리는 "채굴자(Miner)"라고 부른다.

두 번째는 이러한 채굴자들이 올바른 거래 정보만을 기반으로 장부를 업데이트했다고 어떻게 믿을 수 있는가? 바꿔 말하면 어떻게 해야 채굴자가 허튼짓을 할 수 없을 것인가. 의도야 어떻든 장부에 업데이트되는 내용이 잘못되었다고 가정하자. 장부 자체가 여러 사람에게 분산되어 있는 시스템에서 그 오류를 찾아내는 것이 어려운 일은 아니지만, 이러한 문제가 반복되는 것은 분명 네트워크의 안전성과 효율성을 저해하고 혼란을 야기한다.

PoW시스템은 이를 '채굴 보상'과 '막대한 양의 단순노동'을 통해 해결한다. 이러한 이해를 기반으로 간단하게 채굴 과정을 설명해보겠다.

PoW시스템은 채굴자('채굴 보상'을 얻기 위해 장부 업데이트 권한을 받고자 희망하는 사람)에게 막대한 양의 단순 노동을 하도록 한다. 바로 특정 해시값을 찾도록 하는 것. 알다시피 특정 해시값을 찾는 것은 공부를 잘한다고 빨리 찾을 수 있는 고난도의 과정이 아니다. <u>일정한 기준</u>[1]을 만족시키는 해시값을 가장 먼저 찾아내어 공표하는 사람에게 장부 업데이트 권한을 부여한다. 이렇게 채굴된 블록에는 해당 채굴자가 찾아낸 해시값, 그리고 채굴자에게 약속된 "채굴 보상"을 지급하는 내용이 반드시 포함된다. 비트코인은 현재 채굴자들에게 블록당 12.5개의 비트코인과 해당 블록 내에 포함된 거래들의 수수료를 경제적 인센티브로 지급한다. 자연스럽게, 해시값을 찾기 위해서는 엄청난 컴퓨팅 파워가 들어간다. 이는 이러한 컴퓨팅 파워를 들이면서까지 악의적으로 잘못된 장부를 업데이트하려는 사람들이 없을 것이라는 반증이 된다. 설령 장부에 허튼 짓을 하더라도(예를 들면 자신에게 없는 100비트코인을 친구에게 송금하는 내역을 포함시킨다든지) 다른 사람들이 가지고 있는 장부와 대조되어 금방 적발되고 무효가 될 것이므로 본인의 컴퓨팅 파워만 낭비한 꼴이 된다.

만약 운이 좋아서 금방 해시 값을 찾아내는 사람도 있지 않느냐 반문할 수도 있다. 결론은 존재할 수는 있으나 확률이 정말 낮고 불가능에 가깝다. 특히나 생성되는 블록이 쌓이면 쌓일수록 이 확률은 더욱 낮아진다. 설령 운 좋게 이에 성공하더라도 극소수일 것이며 네트워크에 미치는 영향은 미미한 수준일 것이다. 이러한 논리와 확률을 기반으로 참여자 모두는 하나의 합의에 도달할 수 있다. 이러한 방법론을

---

1 그 결과 값이 n개의 0으로 시작하는 것, n이 커지면 커질수록 해시함수를 풀 확률이 낮아짐(다른 말로 채굴 난이도가 올라간다고 표현함).

바로 채굴, PoW라고 부른다.

 비트코인을 예시로 부가적인 내용을 덧붙이자면, 인터넷이 느린 오지까지 업데이트된 내용이 퍼지는 시간을 감안하여 10분이라는 블록 생성 주기를 기준으로 잡는다. 이보다 빨라지면 체인이 두 개로 분리될 가능성이 있다. 새로 채굴된 블록이 전체 네트워크에 퍼져야 하는데(누차 이야기하지만 참여자 모두가 장부를 가질 수 있고, 이 모든 장부가 함께 업데이트되어야 하기 때문) 채굴 주기가 너무 짧아지면 네트워크에 정보가 퍼지는 것보다 또 다른 곳에서 같은 순서의 블록을 채굴하여 체인이 분리되는 상황을 뜻한다. 그러나 반대로 이보다 느려지면 블록체인 속도가 필요 이상으로 느려질 수 있다. 때문에 자체적인 시스템이 2주마다 블록 생성주기를 확인하여 10분보다 빠르면 난이도 상향을, 느리면 난이도 하향을 진행한다. 이는 비트코인의 가격과 함께 '채산성'과 직결된다. 채굴자들은 당연히 경제적 이익에 따라 이를 채굴하는 것인데, 난이도가 높아지면 채산성이 떨어져 채굴자가 줄어들 것이고, 반대로 낮아지면 채산성이 올라가 채굴자가 늘어날 것이다. 이러한 경제적 원리로 네트워크는 자체적으로 균형을 유지한다.
 그러나 이 매력적인 시스템은 새로운 문제점을 야기하는데, 채굴자들의 경제이익에 따라 수수료(가스)가 높은 블록을 먼저 처리하다 보니 거래의 속도와 공평성에 문제가 생긴다. 수수료 자체도 끊임없이 올라가게 된다. 그러다 보니 대형 채굴자들의 힘이 지나치게 강해져 암호화폐 본래의 취지와 어긋난 중앙화가 일부 발생한 것 또한 사실이다. 대형 채굴자들은 코인의 채산성에 따라 채굴가능한 코인을 자유자재로 옮겨다니며, 정말 필요한 경우 거대 채굴장의 채굴을 멈춰서(전송속도, 난이도 등 여러 문제가 발생하겠다) 특정 네트워크를 악의적으로 망가뜨릴 수 있다. PoW시스템의 한계가 드러나는 대목이기도 하다.

The Blockchain
Bitcoin Blockchain Statistics

Statistic	Value
# of Blocks Mined	506,858 (16,635,725 BTC)
Days Since Creation (first block)	3,314 (2009-01-03)
Size	162.31 GB (+0.02% today)

Next Reward Halving
2020-05-08

PoS(Proof of Stake 지분증명방식) : 지분증명방식이라는 이름에서도 어느 정도 짐작이 갈 것이다. PoW가 막대한 양의 단순노동을 통해 장부 업데이트 권한을 부여했다면, PoS는 장부를 업데이트하는 사람들의 지분(코인 개수)을 통해 동일한 과정을 거친다고 이해할 수 있다.

좀더 단순화하여 이 원리를 설명하자면, 블록이 생성되고 거기에 해당 코인을 가진 사람들이 <u>'서명'</u>[2]을 한다. 이때 각 사람의 서명은 본인이 보유한 코인량에 비례해 서로 다른 파워를 갖게 된다. 말하자면 같은 한 사람의 서명이라도 코인을 더 많이 가지고 있는 사람이 더 강력한 업데이트 권한을 행사할 수 있다는 뜻! 더 많은 서명이 포함된(해당 블록에 서명한 사람들의 지분이 전체의 51%를 넘어갈 때) 블록이 정당하다고 인정된다.

---

2 채굴처럼 거대한 컴퓨팅 파워를 필요로 하지 않는 아주 간단한 작업이다. 내가 이 블록을 정당하다고 지지한다는 표시 혹은 투표를 하는 행위 정도로 이해하면 쉽다.

이를 통해 사람들은 새로운 블록의 정당성을 신뢰할 수 있다. 이렇게 이해해보자. 내가 1000이더리움을 가지고 있다. 나 한 사람의 서명은 100이더리움을 가진 사람 10명의 서명과 동일한 권한을 갖는다. 만약 내가 어떠한 목적으로 권한을 악용했다고 하자. 네트워크 전체를 망가뜨리기에 충분한 영향력은 아니지만, 여러 차례 혼란이 반복되다 보니 안전성에 문제를 제기하는 사람이 생겨 코인의 가격이 떨어졌다. 1000이더리움을 그대로 가지고 있었다면? 당연히 내 경제적 손해로 직결된다. 또한 100이더리움을 가지고 있는 사람보다 10배만큼의 손해를 보게 된다. 코인 보유자의 입장에서는 당연하게도 해당 코인의 가치가 높아지는 것이 경제적으로 이익이다. 따라서 코인을 많이 가진 사람일수록 네트워크 내에서 갖는 권한을 악용할 동기보다, 네트워크를 잘 유지시키고자 하는 동기가 커질 수밖에 없다.

따라서 일정량 이상(이 역시 사용자 간의 합의가 필요하다)의 코인을 보유하고 있는 사람들만이 본인이 가진 코인을 담보로[3] 장부 업데이트 권한을 받는다. 물론 PoW방식이 주류인 현시점에서 여전히 연구가 더 필요함은 부정할 수 없다. 또한 스테이킹에 필요한 최소 지분에 대한 논의도 끊임없이 일어나고 있다. 지분이 너무 적다면, 그만큼 악용의 여지가 커지고, 과하게 많은 지분이 요구된다면, 역시나 소수의 자본가들에게 중앙화되는 경향이 생길 것이다.

첨언하자면, PoS의 가장 큰 문제점으로는 'Nothing-at-stake'가 꼽힌다. 이 중 at stake는 "~이 걸려있다, ~이 위기에 처해있다"는 뜻으로, "아무것도 걸려있지 않다, 전혀 위험하지 않다" 정도로 직역할 수 있다.

---

3 이렇게 코인을 담보로 제공하는 것을 '스테이킹Staking'이라고 부른다.

PoW시스템에서는 물리적인 컴퓨팅 파워가 필요하기 때문에 여러 블록을 동시에 채굴할 수 없다. 그러나 PoS시스템 내 검증인들은 채굴자들과 달리 자산증명을 생성하는 데 추가적인 비용을 들일 필요가 없다. 쉽게 말해서 블록에 서명을 추가하는 과정이 간단하기 때문에 동시에 두세 개, 혹 그 이상의 블록 모두를 정당하다고 인정해버려도 아무 문제가 없다는 것이다.

이더리움 같은 경우 보증금, 벌금 등을 통해 이 문제를 해결하고자 한다. Nothing-at-stake에서 Something-at-stake로 바뀌도록 하는 제도적 장치로, 장부 업데이트를 하는 검증인들에게 "너 허튼짓 하면 맡겨둔 돈 사라진다!"라고 위협하기 위한 방식 정도로 이해해두자.

PoI(Proof of Importance) : 사용자들의 참여도에 따라 이익을 분배하는 메커니즘. 블록 생성 시 발생하는 수수료를 네트워크에 대한 참여도(기여도)에 따라 랜덤으로 분배하는 방식이다. 부의 재분배 기능과 네트워크 활성화에 순기능을 하지만, 수확4을 위한 일정 이상의 자본금이 필요하다.

DPoS(Delegated Proof of Stake) : PoS메커니즘의 한 종류. PoS는 코인을 보유하고 있는 수많은 증인들이 존재할 수 있지만, DPoS 시스템에서는 보유하고 있는 코인을 통해 소수의 증인을 선출하는 데에 투표로서(혹은 위임) 기여한다. 이때 소수의 증인들이 PoS시스템과 같이 증인의 역할을 수행함에 따라 암호화폐 보상을 얻을 수 있고, 이 보상을 각각의 증인들에게 투표한 개인들이 코인 개수에 따라 나눠 갖는 시

---

4 Harvesting, 기여도에 따라 재분배되는 행위.

스템이다.

물론 그에 상응하는 문제점도 있다. 한 번 증인으로 선정되면 계속 증인의 임무를 수행하게 될 가능성이 높고, 또한 소수의 거대자본 세력에 의해 증인들이 선출되어 중앙화될 가능성이 제기되고 있다.

Stella 합의 메커니즘[5] : 사용자가 본인이 신뢰하는 증명자를 스스로 선택할 수 있다. 수많은 유저가 선택을 하기 때문에 그 사이에 중복이 발생할 것이라 예측할 수 있다. 많은 사용자에게 선택받은(높은 빈도로 중복된) 증명자가 높은 신뢰도를 갖게 된다고 이해하면 되겠다.

아무래도 처음부터 높은 신뢰를 가진 은행이나 중앙시스템이 일반적인 개인보다 증명자로 선택받을 확률이 높기 때문에 기존 중앙화 시스템에서 개선된 것인가에 대한 의문도 제기된다. 그래도 사용자에게 더 넓은 폭의 선택권이 주어지기 때문에 분권형의 모습도 일부 포함하고 있다고 볼 수 있다. 다른 코인들이 주로 기술적, 경제적 원리를 기반하여 합의를 이루어낸 것과 달리 '사회적인 합의'가 주 근간이 되는 메커니즘이다.

---

5 보편적인 명칭을 찾지 못했다. 스텔라루멘 네트워크에서 사용하는 자체 메커니즘이니 우선 이렇게 명명하도록 하자.

4.
블록체인의 분류

퍼블릭체인

탈중앙화에 가장 근접한 모델. 소스 코드에 누구든지 접근하여 보는 것은 물론(오픈소스), 임의로 수정, 활용하는 것도 가능하다. 비트코인과 같이 초기 블록체인의 소스코드를 기반으로 많은 코인들이 개발되고 있다. 메인넷6을 완료한 시스템에 영향을 끼치기 위해서는 유저들의 동의를 얻어야 한다.

프라이빗체인

참여자가 제한된 블록체인으로서 현재 기관들이 주목하고 있는 영역이다. 운영 주체가 명확하고 기존 금융 거래를 하는 것이기에 규제사항 및 법을 준수해야 한다. 책임을 져야 하는 존재가 명확하기 때문에, 데이터가 공개되어서도 안 된다. 현 금융사와 IBM 등의 회사에서 채택하는 블록체인은 모두 프라이빗체인을 일컫는 말이다.

---

6 토큰에서 코인으로 스왑되는 과정. 다른 코인에 의존하지 않고 자체적으로 구동되는 블록체인.

5.
블록체인 제작 난이도

말이야 쉽지만 코딩 작업을 통해 이러한 시스템들을 창작해내는 일은 그리 녹록지 않다. 명령어 안에 들어있는 알파벳 하나만 틀려도 오류가 생길 판인데, 애초에 세상에 없는 범국가적 시스템을 창조한다고 생각해보자. 코드를 짜는 것도 어려울 판에 경제시스템, 철학적 고민 모두가 녹아들어야 한다면, 그 고통이 느껴지는가! 실제로 프로그래밍을 할 때 코딩 언어를 자유자재로 사용하는 것보다 더 어려운 것은 자신의 아이디어를 어떤 로직을 통해 실현할 것인가 하는 문제를 해결하는 것이다. 현재 알려진 블록체인의 개발자들은 대다수가 세계 프로그래밍계의 석학들이다. 스타급 플레이어라고 봐도 무방할 정도의 능력자들임에는 의심할 여지가 없다.

6.
블록체인의 미래

미국의 과학자인 Roy Amara는 "우리는 일반적으로 (새로운) 기술의 효과에 대해 단기적으로는 과대평가를 하는 경향이 있고, 장기적으로는 과소평가하는 경향이 있다."라고 말했다. 2007년에 고인이 되신 Roy가 2018년 지금의 블록체인 열풍에 대해 한마디로 깔끔하게 정리했다. 동서고금을 막론하는 사람들 심리에 대한 어마어마한 통찰이라고 생각된다. 암호화폐의 백서(whitepaper)를 읽어본 적 있는가? 암호화폐 개발진이 제시하는 미래는 장밋빛이다. 각 암호화폐가 가지고 있는 확실한 콘셉트에 따라 개발만 착실하게 되면 정말 세계 경제가 탈중앙화된 상태로 운행될 수 있을 것만 같다.

하지만 로드맵에서 설명되어 있는 개발 예정 시간에 주목해보자. 가까운 미래에 실생활 적용까지 될 수 있는 코인은 거의 없다고 봐도 무방하다. 더군다나 개발 과정에서 도중에 기술적 결함이나 자금부족으로 엎어지지 않는다고 누가 장담할 수 있는가? 실제로 2017년에 진행된 ICO 900여 개 가운데 실패한 ICO가 46%에 달했다고 한다. ICO를 위험한 투자라고 하는 이유도 여기에 있다.

2017년 8월 세계경제포럼이 진행한 블록체인이 산업에 미칠 영향력에 대한 조사에서 IT 분야에서 종사하는 응답자 전체 중 58%가 "2025년까지 전 세계 GDP의 10%가 블록체인에 의해 발생할 것"이라고 답하기도 한 만큼, 우리의 미래를 바꿀 만한 기술인 것은 확실해 보인다. 아래 확장성 파트에서는 어떻게 우리의 미래를 바꿀 수 있을지에 대해 블루프린트를 그려보고, 그 후 현재 어떤 문제점과 개선점이 존재하는지 좀더 객관적으로 알아보도록 하겠다.

1. 금융권에서의 활용

금융업은 블록체인 응용 가능성이 가장 높은 산업으로 꼽히고 있으며, 또한 가장 빠르게 이 신기술을 포용하고 있는 산업이기도 하다.

물론 지금 당장 금융업 전체가 블록체인을 완전히 받아들이는 것은 불가능하다. 우선 아직 각종 코인들 혹은 기타 컨소시엄들은 통일된 표준이 존재하지 않아 리스크와 기회가 공존하는 상황이다. 또한 현재 블록체인 기술이 매일 수 조 달러 규모의 거래가 발생하는 현재 금융시스템을 얼마만큼 수용할 수 있는가 하는 문제도 남아있다. 많은 프로젝트가 각자 다른 실험을 진행하고 있지만 아직까지는 미성숙한 단계이다. 이런 기술적 문제가 해결되더라도 기존 금융 인프라를 개혁하는 것에 높은 대체비용이 수반되고 관련 인재가 상대적으로 부족한 상황이다.

하지만 ▲보안성 향상 ▲거래 속도 향상 ▲비용 감소 등 블록체인 기술의 장점으로 미루어 보았을 때, 암호화폐와 블록체인이 금융업의 근본적인 변화를 가져올 날이 멀지 않았다는 사실이 분명해 보인다. 구체적으로 어떻게 적용될 수 있는지 하나하나 알아보자.

1) 국제적 협업

먼저, 블록체인 기술을 활용하기 위해 글로벌 금융기관과 스타트업 기업 간의 협업이 추진되고 있다. 블록체인 방식에 따라 1) 퍼블릭 블록체인 2) 프라이빗 블록체인으로 구분되는데, 현재 협업을 진행하고 있는 '컨소시엄 블록체인'이라는 반중앙형 블록체인은 프라이빗 블록체인에 속한다. 금융 관련 IT 벤처기업인 R3가 운영하고 JP모건체이스, 시티그룹 등 50여 개의 유수 금융기관이 참여하는 R3CEV, 리눅스 재단에서 주관하고 30여 개의 글로벌 기업이 참여하는 하이퍼레저(Hyperledger) 프로젝트, 중국 기업이 주도하는 차이나레저(ChinaLedger) 등 주요 컨소시엄들은 구성원을 집결시켜 미래 블록체인 기술 표준의 정립에 힘쓰고 있다.

2) 인증 분야

거래가 점점 디지털화되고, 비대면으로 진행될수록 사용자 인증에 대한 수요는 높아져왔다. 특히 우리나라 같은 경우, 전자금융법에 따라 공인인증서는 인증기관이 필요하고 인증기관에서는 공인인증서 발급비용을 부과한다. 하지만 다른 발급 주체가 제공하는 서비스를 이용해야 할 경우 인증서 가져오기/내보내기 등 과정을 거쳐야만 기존 인증서 사용이 가능했다. 하지만 이 과정에서 개인 인증정보 유출이 빈번히 일어났고, 사용자와 발급기관 모두 골머리를 앓아야 했다.

이런 인증 분야에서 블록체인이 이용되면 사용자와 발급기관이 직접 연결될 수 있다. 2017년 10월 우리나라 금융투자협회를 중심으로 국내 주요 25개 증권사가 블록체인 공동 인증 서비스 '체인 아이디(Chain ID)' 시범서비스에 나섰다. 시범서비스가 끝나고 모든 금융업계에 적용되면 금융서비자가 인증서를 한 번만 발급받으면 모든 권역의 금융 업무를 처리할 수 있게 된다.

3) 결제 및 송금 분야

기본적으로 모든 코인은 결제 및 송금의 기능을 가지고 있다. 큰 금액을 완전한 P2P방식으로 거래할 시 가격 변동과 느린 처리 시간이 우려된다면 중간에서 보증을 서주는 서비스를 이용할 수 있을 정도로 빠르게 보편화되고 있다.

단순한 송금이 아닌 외화 송금 혹은 글로벌 결제의 경우, 현존하는 글로벌 결제 시스템은 효율이 낮으며, 소요시간이 길고 인건비 지출을 비롯한 비용이 비교적 높다. 현재 결제 부문에 특화되어 있는 암호화폐인 리플의 말을 빌려 조금 더 자세하게 설명하자면 "오늘날의 글로벌 결제 네트워크는 분산 및 독립되어 있어서 비(非)경쟁성 비용이 발생하고, 결산 시간이 길며 고객 체감 만족도가 떨어진다. 글로벌 결제는 반드시 서로 다른 뉴스전송(News Transfer)과 상계(netting)협약에 의존해야 하며, 각종 대리은행을 통해 처리해야 한다. 시스템상의 저효율 문제는 매년 생태계 구성원들이 총 1.6조 달러의 비용을 낭비하게 한다."라고 한다. 이를 개선하기 위해 출사표를 던진 리플이 어떻게 구성되는지는 리플 파트를 참조하시라!

4) 대출

대출 분야에 블록체인 기술이 응용된다면 P2P 방식에서 더 나아가 중개자를 배제한 상태에서 비대면으로 업무처리가 가능해진다.

독일 비트코인 P2P 대출 업체 비트본드(Bitbond)는 이베이, 아마존 등 온라인 쇼핑몰 사업자를 주요 대상으로 삼고 돈을 대출해준다. 거래 화폐는 비트코인으로, 대출자와 투자자 모두 비트코인으로 거래한다. 기존의 높은 송금 비용 때문에 실현하지 못했던 글로벌 범위의 P2P 대출 서비스를 제공하여 실시간으로 대출을 받을 수 있다. 2013년 독일에서 시작한 이 서비스는 2016년 12월 기준 120개 국에서 1,500건 이상의 대출 거래를 진행했다. 서로 다른 유형의 대출 수요를 한데 모아 투자자들의 다양한 수요를 만족시킬 수 있다는 기존 P2P 대출의 장점에 별도 계좌 없이 스마트폰으로 실시간 대출이 가능한 비트코인의 장점이 합쳐져 앞으로 전 세계 각지에 투자하는 일이 용이해질 전망이다.

5) 무역금융

현재 무역금융은 여러 문제점이 존재한다. 지금의 무역 거래의 처리 과정은 영업, 운송, 납기 등을 포함하며 모두 B/L(선하증권)상에 표기된다. 이는 선적인이 받는 증빙서류로, 화물이 이미 출발했으며 화물의 해운 과정에서의 소유권을 나타낸다. 화물이 목적지에 도달하면 선적인은 B/L 원본을 수취인에게 보내며, 수취인은 이 원본을 증빙서류로 하여 화물을 수령한다. 배송 방식은 일반적으로 익일 퀵서비스 방식이다.

국제 무역의 경우, 화물의 발송과 수취 시간 간의 차이 때문에 중간에 신용 보증을 서주는 은행과 보험회사가 꼭 필요했다. 무역금융의 디지털화는 수년 전부터 진행되고 있으나, 현재 은행, 판매자, 구매자 간의 거래 과정은 아직도 종이서류와 자료에 기초하고 있다. 관련 주체가 많아질수록 운용 리스크가 커지고 법률 분쟁이 일어나기 쉬워지는 것도 큰 문제이다.

블록체인은 이런 과정에서 운송업자, 은행, 대리인, 무역상, 항구 등 공급체인상의 모든 주체를 연결해 서명 기술을 이용해서 합의에 도달할 수 있다. 블록체인은 실시간 업데이트가 가능하기 때문에 모든 자료와 데이터가 실시간으로 블록체인에 저장되고 각 주체들이 직접적 통신이 가능하게 되며, 스마트 컨트랙트를 기반으로 하게 되면 계약 조건이 자동으로 검토되고, 이행되어 거래 효율이 상승하게 된다. 현재 블록체인을 무역금융 장부 내역으로 활용하는 방안에 대해 유니크레딧, 스탠다드 차타드 등의 대형 금융사들이 연구조사를 진행하고 있다. 알리바바 자회사 중 하나인 링크스 인터내셔널(Lynx International)은 국제 물류 서비스에 블록체인 기술 테스트를 완료했다.

2. 데이터 처리

1) 문서 기록

다이아몬드의 품질보증서, 학력 보증서 등도 중요하지만 실물로 만들어져 있는 문서는 항상 위조 방지를 위해 제작과 검증 과정에 엄청난 양의 자금이 투입되어야 했다. 이런 문서와 증서들은 언제나 악의적인 수정과 위조의 위험이 존재하기 때문이다.

Everledger라는 기업은 블록체인 기술을 이용하여 다이아몬드의 핵심 감정 요소와 속성 정보에 대해 번호를 매겨 매 다이아몬드가 고유한 신분증서를 블록체인상에 가질 수 있게 한다. 이것은 기존의 다이아몬드의 품질보증서에 해당하는 것으로, 이런 전자문서는 기록을 하는 데에도, 거래의 경로를 감시하는 데에도 유용하게 쓰일 수 있다. 고객이 다이아몬드를 잃어버렸을 때 보험사가 해당 다이아몬드의 데이터를 이용하여 다이아몬드 배상의 합리성을 따질 수 있는 것이다.

현재 다이아몬드뿐 아니라 개인 여권 등 다른 분야에도 블록체인 기술을 도입하는 방안이 의논되고 있다. 블록체인을 사용한 여권 등 공적인 본인 확인 시스템이 탄생하고 자금 흐름을 추적하는 돈세탁 방지 시스템, 선거 투개표 시스템 역시 블록체인 관리를 통해 변조가 일어날 수 없는 선거가 보장될 수도 있다. 이처럼 문서 기록, 위조 방지 분야에서 블록체인의 혜택을 받을 날이 멀지 않아 보인다.

2) 지식재산권

디지털화된 상품은 권리 확보가 어렵고 침해당하기 쉬워 저작권 보호에 대한 어려움이 많았다. 당국이 끊임없이 규제하고는 있었지만 불법 다운로드를 근절하기는 어려웠다. 이런 방면에서 블록체인은 디지털 상품들의 가치, 사용 등을 투명하게 관리할 수 있도록 한다. 블록체인 기술을 통하면 합법적인 사용자만이 정상적인 사용을 할 수 있도록 보증할 수 있으며, 원작자, 소유자의 저작권을 보호하고 합법적이고 합리적인 수익을 얻을 수 있도록 한다. 또한 저작권이 침해되었을 경우 해당 디지털 데이터의 저작권과 관련된 모든 정보를 감별해 그 진위를 가릴 수 있다.

3. 스마트시티

1) IoT

향후 십 년이면 사물인터넷 기기가 천억 개에 달할 것으로 예측되는 시대가 도래한다. 이런 상황에서 기존의 중앙컴퓨터 시스템을 사용할 때 사용자의 데이터, 프라이버시 관련된 문제들이 대량 발생하고 있다. 외부의 침입에 취약하여 데이터가 임의로 수정되고 남용되는 문제도 심각한 수준이다. 또한 서로 다른 스마트 기기는 상이한 사물인터넷 표준을 설정할 확률이 높은데, 이는 사물인터넷의 비용을 높이는 원인이 된다.

블록체인을 이용한다면 통일된 표준을 적용하는 것은 물론, 데이터 수정에 대해 해당 변동과 관련하여 과거의 데이터와 대조하고, 스스로에게 영향을 미치는가를 판단하여 해당 변동을 승인할 것인지 저지할 것인지를 서로 근접한 기기들이 함께 결정할 수 있게 된다. 이는 블록체인의 탈중앙화 네트워크 구조를 이용한 것으로, 사물인터넷 기기의 자가관리 시스템을 완전하게 구축해 사람의 손을 거치지 않아도 유지와 보수가 가능하게 된다.

또한 사물 인터넷 내부의 통합적 자금유동이 필요한 상황에서 블록체인은 필수불가결한 위치에 놓이게 된다. 현재 사물인터넷은 물류와 정보의 이동에 그 기능이 제한되어 있다. 통합적 자금유동이 필요해진다면 모든 사물이 각자 계좌를 가지고 있어야 한다. 하지만 현재의 은행시스템에서 계좌 하나를 유지하는 데 드는 비용은 비교적 높은 수준이어서 천문학적인 개수의 사물과 기기의 계좌를 유지하기는 불가능에 가깝다.

하지만 스마트 컨트랙트 기능에 기반하면 자금의 이동이 수반되는 명령, 예를 들면 세제가 떨어졌을 때, 자동적으로 세제판매상에게 물건을 요구하는 명령을 내릴 수 있다. 이러한 계약은 기기가 자체적으로 결제할 수 있음을 나타내며, 소매상으로부터 발송된 결제확인정보, 물품발송정보 등을 식기세척기의 주인이 스마트폰 알람으로 받아볼 수 있다. 이런 자금의 이동은 기기 간의 신뢰할 수 있는 보안성 전제가 필수적이며, 블록체인 기술이 이를 가능하게 한다. 삼성과 IBM 등 대기업은 이미 이런 생활이 가능하도록 하는 시스템을 개발 중에 있는 것으로 알려졌다.

2) 빅데이터

블록체인은 빅데이터의 보안성을 높여줄 수 있다. 빅데이터 시대가 도래함에 따라 점점 많아지는 개인정보 혹은 민감한 정보가 네트워크 상에 올라가고 있지만, 중앙 집권형 데이터베이스는 수많은 해커들의 표적이 되며 실제로 근 몇 년간 데이터 유출은 빈번하게 일어나고 있었다.

블록체인을 통하면 관리인의 신분을 가지고 있다고 하더라도 데이터를 수정할 수 없으며, 그 어떤 개인도 단독으로 네트워크를 통제할 수 없다. 단일 비밀키의 유실 혹은 하나의 계정에 대한 해킹이 전체 데이터의 유실로 이어지지 않는 것이다.

3) 권한 부여

스마트 컨트랙트 기술을 이용하면 Airbnb 같은 공유경제 서비스 내에서 이용자의 지불이 이루어진 후, 집에서 멀리 떨어져 있는 집주인이 집의 비밀번호를 사용자와 공유하는 것이 가능해진다. 여기에 더하여 집주인은 일정 조건을 전제로 하여 비밀번호를 변경할 수 있는데, 예로 이용자가 이용시간을 지키지 않는다면 해당 이용자가 가지고 있었던 비밀번호가 자동으로 변경되며 집에 전기 제공을 멈추는 형식이다.

공유경제뿐 아니라 유산 이행 내용을 스마트 컨트랙트 형식으로 설정해두거나, 도박에 대한 보상이 자동으로 이루어지게 하는 등의 권한 부여가 널리 쓰인다면 인건비 절감은 물론, 과정 중간에 발생하는 오류 역시 크게 감소시킬 수 있다.

4) 공급망 Supply Chain

복잡한 과정의 공급망 역시도 스마트 컨트랙트를 통해 주문, 배송, 영수증 발부, 결제까지 모든 과정을 통제하여 상품의 이동과 자금의 순환이 동시에 일어날 수 있도록 한다. 또한 모든 참여자가 운송 상태를 실시간으로 확인할 수 있게 된다.

고급 와인의 진행과정을 예로 들어 설명해보겠다. 와인 생산자는 먼저 상품을 위탁 판매상들에게 공급하는데, QR 코드를 사용하여 모든 와인에 대한 식별이 가능하도록 한다. 중개상이 상품의 일부를 다른 중개상에게 보낼 때 역시도 해당 코드를 첨부하게 되는데, 만약 누군가 이 코드의 복제를 시도하면 시스템은 이를 발견하고 복제자를 추적해 상품의 권리에 대한 침해와 위변조 등의 사유로 처벌한다. 이는 상품에 대한 확실한 보증이 되는 메커니즘이다. 마지막으로 최종 결제를 진행할 때, 다중 서명을 통해 참여자 모두가 동의하면 스마트 컨트랙트에 의해 자동으로 자금이 이체된다.

이런 서비스를 제공하는 SkuChain의 현 서비스 범위는 주로 사치품과 대형 브랜드에 집중되어 있으나 조금 더 보급된 상태가 된다면 공급망 효율 제고에 큰 역할을 맡을 수 있을 것으로 보인다.

5) 에너지

에너지의 과도한 집중과 낭비를 막아주는 TransActive Grid 프로젝트 역시 큰 주목을 받고 있다. 가정에서 태양열 전지판을 이용해 발전된 전력을 개개인의 수요에 따라 자동으로 거래하는 방식이다.

그 과정을 좀더 자세히 살펴보면, 가정에서 생산한 잉여 에너지에 대한 정보는 자동으로 블록체인상에 전송되고, 블록체인 네트워크는 전송되어 온 정보들을 단위별로 계산하고 기록한다. 에너지를 필요로 하는 네트워크상의 사용자는 수요에 대한 정보와 함께 그에 상응하는 금액의 암호화폐를 전송한다. 블록체인은 이 암호화폐를 공급 측에 전송하고 에너지를 수요 측에 제공한다. 이는 에너지 불균형 현상을 완벽히 방지할 수 있지만, 사람이 전혀 개입하지 않음으로써 획기적으로 비용을 낮출 수 있다.

각 국가의 선두정이 비슷한 프로젝트를 진행하고 있지만, 생산 배전 공급 등 복잡한 문제가 얽혀있다. 더군다나 어마어마한 양의 기초 인프라가 전제되어야 하기 때문에 이상적으로 잘 진행될지는 두고봐야

겠다.

6) 의료

지금까지 개개인의 의료데이터를 보관하는 문제는 해결하기 까다로운 문제로 여겨졌다. 개인 건강 관련 데이터 수가 증가함에 따라 데이터가 유출되면 차별, 인권 침해 등 커다란 재앙을 불러올 가능성이 높기 때문이다. 블록체인의 수정불가성, 전체 시스템 안정성은 이런 데이터 보관에 최적화되어있다고 말할 수 있다.

그 외에도 환자 1명의 모든 병례에 대한 복잡한 권한체계의 관리에도 도움을 준다. 이는 특정 환자의 병례를 의료진이 하나의 통일된 비밀키를 가지고 관리를 할 수 있다는 뜻이다. 스마트 컨트랙트 기능을 이용하면 인권 침해에 대한 우려도 불식시킬 수 있다. 예를 들면 간호사가 주사를 놓을 경우, 의사와 간호사, 환자 본인이 모두 동의했을 때에만 환자의 의료 데이터에 접근할 수 있는 방식을 채택할 수 있다.

7.
기술적 한계와 개선

1) 확장성의 한계

암호화폐의 들쭉날쭉하고 느린 블록 생성 시간과 블록의 작은 크기 때문에 사용자가 많아질수록 암호화폐의 거래는 필연적으로 느려진 다. 이는 지금 블록체인의 가장 큰 한계점으로 꼽히고 있다.

2) 초기비용

앞서 금융권에서 앞다퉈 블록체인 인프라를 도입하려고 한다고 서술한 바 있다. 그런데 이를 위해서는 초기에 많은 비용이 수반된다. 한 기업에서 사용하기에 퍼블릭 블록체인은 보안성과 속도 면에서 적절치 못하다고 판단하는 의견이 많기 때문에 보통은 프라이빗 블록체인을 도입하려고 할 것이다.

그런데 프라이빗 블록체인 같은 경우 지갑을 다운받아 사용하는 것처럼 간단하지 않다. 블록체인을 잘 이해하고 있는 개발자가 필요하고, 기업에서 필요로 하는 기능을 최대한 부각시킨 프로그래밍이 필요하다. 잠깐만 생각해봐도 어마어마한 자금이 들어갈 것을 짐작할 수 있다. 골드만삭스 등의 대형 투자은행같이 현금을 다발로 들고있는 기업들이 아니면 해결하기 힘든 문제라는 것을 짐작할 수 있다.

3) 합의 과정에서의 비효율성

알다시피 블록체인과 암호화폐는 '암호화폐 경제학'이라는 합의에 관한 화두를 던졌다. 그런데 만약 어떤 문제에 대해 참여자 간 불협화음이 생기면 어떻게 해야 할까? 당연히 소수가 다수에 복종해야 하는 것일까? 이렇게 다분히 원칙주의적인 방향으로 발전하면 이용자 중 대다수에 속하지 못하는 참여자들은 불만을 가질 수 있고, 플랫폼의 사용과 발전을 지연하는 결과를 낳을 수 있다. 이런 참여자 간의 불협화음을 가장 잘 나타낸 것이 바로 비트코인에서 비트코인 캐시가 하드포크되어 떨어져 나온 사건이다. 이는 뒤에 코인백서 파트에서 자세히 다뤄보겠다.

4) '수정 불가'의 문제점

보이스피싱, 신용카드 분실, 입력 오류 등 문제를 만회하는 데 중요한 것은 거래취소이다. 거래취소란 한마디로 거래를 진행시켜준 제3자 기관에서 거래가 합법적이지 않았거나 합리적이지 않았다는 이유로 거래 승인을 다시 되돌려 장부상의 기록을 다시 되돌려놓는 것인데, 블록체인은 분산 장부를 사용하고 거래가 한번 진행되면 되돌릴 수 없는 특징이 있기 때문에 암호화폐 지갑을 분실하거나 상대방의 지갑 주소를 잘못 입력하는 등 문제가 발생하여도 이를 되돌려줄 중앙화된 기관이 없다.

5) 기술의 미흡함

앞서 언급했지만, 블록체인과 암호화폐는 아직 매우매우 초기단계라고 할 수 있다. 그렇기 때문에 로드맵을 벗어나거나 치명적인 결함이 발생하는 경우도 상당히 빈번하다. 이더리움의 DAO 사건이나 중앙화 거래소가 지갑을 탈취당하거나 하는 등의 사건이 하루가 멀다 하고 발생하고 있는 상황에서 이를 완벽히 막을 수 있는 확실하고 구체적인 방법이 존재하지 않는다는 것은 상당히 우려스러운 부분이 아닐 수 없다.

블록체인과 암호화폐는 우리에게 무한한 가능성을 제공한다. 블록체인이 인터넷의 발명 이후로 우리의 삶을 가장 근본적으로 뒤흔들어놓을 기술에 빠지지 않고 손꼽히는 이유이기도 하다. 하지만 위와 같은 몇 가지 문제점도 존재하는 것은 부정할 수 없는 현실이다.

또한 2018년 1월 폭락장의 원인으로 꼽혔던 한/중/미 나국의 농시 규제 등 규제 이슈도 아직 존재한다. 아직 정식으로 사법 제도 안에서 운영된다고 보기 힘들기 때문에 그 불확실성이 매우 커서 감독당국자 한 마디, 한 마디에 크게 영향을 받을 수밖에 없다. 하지만 제도권에 편입되려면 명백한 책임구조와 문제 발생 시 처리 가이드라인을 제정해야 하는데 이는 정부 관계자들의 블록체인에 대한 이해가 필수이다. 과거 역사에 비춰 생각해본다면 시간이 꽤 오래 걸릴 것으로 생각된다.

많은 사람들이 암호화폐를 튤립, 혹은 닷컴 버블 시절의 관련 주식에 빗대어 말한다. 워렌 버핏조차도 암호화폐에 투자하지 말라고 적극 말린다. 높은 변동성, 정보의 비대칭성 등 투자 리스크가 매우 높기 때문이다. 실제로 '닷컴'이라는 말만 들어가면 주가가 하늘 높은 줄 모르고 치솟던 당시의 상황과 유사한 면도 보인다.

그런데 여기에 겁먹어서 암호화폐와 블록체인을 단순 버블이라고 치부해버리면 안 된다. 주식 오래 하신 분들이 농담 반 진담 반으로 하는 얘기가 있다. "그때 삼성전자 주식만 사놨어도…" 이 얘기의 미국 버전은 아마도 "그때 마이크로소프트 주식만 사놨어…" 일 것이다. 닷컴 버블은 물론 의심할 바 없이 거품이었다. 하지만 그 거품의 밑바닥에는 정말 아무 실체도 없는 비눗물만 있었는가? 아니면 그 거품 밑에 숨겨진 투자 자산이 존재했는가? 모두가 생각하는 답은 아마도 후자일 것이다.

암호화폐 투자도 마찬가지다. 흔히 '스캠 코인'이라고 불리는 실체 없는 코인도 말만 번드르르하게 써놓으면 잘 알지 못하는 투자자들은 속아 넘어갈 수 있다. 다단계 사기도 판을 친다. 그나마 잘 안다는 코인 투자자 중 블록체인이 무엇이냐고 물어봤을 때 자신 있게 대답할 수 있는 사람이 과연 얼마나 될까? 버블이 없다고 말할 수 있는 상황이 아니다. 영어에 능통하지 않으면 퀄리티 있는 정보를 구하기에도 어느 정도 한계가 있어 깜깜이 투자자들도 많아 정부 입장에서는 우려될 수밖에 없는 상황이다.

현재 우리가 알고 있는 정보에 기반해서 몇 가지의 질문을 던져보려 한다. 암호화폐와 블록체인은 정말 한 푼의 가치도 없는가? 닷컴버블은 무엇을 남겼는가? 당신이 닷컴버블 직전으로 타임머신을 타고 간다면 무엇을 할 것인가?

문제는 무엇을 언제 살 것이냐 하는 것이다.

신이 아닌 이상 미래에 어떤 일이 벌어질지는 알 수 없다. 투자자들이 할 수 있는 최선은, 이용 가능한 모든 정보를 모아 인사이트와 투자 신념을 세우고 그 신념에 따라 투자하는 것이다. 바람의 방향이 바뀌는 것을 읽고 거기에 따라 포트폴리오를 조정하는 현명함이 필요하다. 하지만 이런 현명함은 그냥 가만히 앉아서 차트만 본다고 생기는 것이 아니다. 부족하더라도 코인 백서를 읽고, 그 백서의 실현 가능성을 꼼꼼히 따져보며 지속적으로 거시상황과 정책 방향을 팔로우업해야 한다.

코인 백서 파트에서 투자에 조금이나마 도움이 되길 바라는 마음으로 나름대로 열심히 모은 정보들을 객관적으로 정리해 보았다. 단순히 그 정보들을 읽는 데에 그치지 말고 주통석으로 나른 정보도 수집하고 까다롭게 선별해서 10년, 20년 후에 "그때 '삼성전자 주식'을 사놓은 사람"이 되길 바란다.

PART

2
····

용어

WARNING:

여기서부터는 목차 순으로 책을 읽어내려가려고 시도한다면 불면증에 걸린 사람도 기절하는 신비한 경험을 할 수 있다. 그렇기 때문에 독자 자신이 흥미를 가지고 있는 부분을 먼저 읽은 다음, 책을 끝까지 훑어보고 코인과 블록체인 산업에 대한 큰 맥락을 잡아보고 싶을 때 천천히 정독하는 것을 권한다.

특히 기술용어 파트는 그 난이도가 극악 수준이기 때문에 (우리도 쓰면서 토하는 줄 알았다) 평소에 궁금했던 용어만 훑어보고 나중에 코인백서 파트에서 모르는 용어가 나왔을 때 사전을 참조하듯 다시 찾아보는 것이 좋을 수 있다. 하지만 만약 기술용어를 정독하는 위대한 집중력과 인내력을 가지고 있는 독자라면 남들은 쉽게 느낄 수 없는, 블록체인에 대한 퍼즐이 하나하나 맞춰지는 쾌감을 느낄 수 있을 것이다.

1.
블록체인의 구조와 개념

블록

블록체인이란 사실상 블록이 체인이 연결된 상태라고 할 수 있다. 블록은 사용자들이 암호화폐를 거래한 거래내역, 이전 블록의 해쉬값, 난이도, 논스 등을 포함하고 있는데, 매 10분을 주기로 발행된다. 매 블록은 바로 전 블록의 해쉬값을 담고 있다.

블록은 블록 헤더와 블록 바디로 구성된다.

블록헤더

블록헤더는 해당 블록의 모든 정보를 요약해놓은 엑기스로, 아래 6개의 정보를 담고 있다. 1) 버전(version): 해당 블록체인의 버전. 2) 이전 블록의 해쉬: 현재 생성 중인 블록의 바로 앞에 위치하는 블록의 해쉬값. 3) 머클트리루트. 4) 타임스탬프. 5) bits: 난이도 조절용 수치, 해쉬 목표값. 6) 논스 Nonce

이렇게만 보면 머릿속이 대혼란 상태가 될 것이다. 무슨 말인지 하나

하나 아래에서 설명해드리도록 하겠다.

블록바디=거래 카운터+거래 내역

거래 카운터는 해당 블록 안에 거래가 몇 개 들어있는지 나타내는 숫자이다. 거래 내역이란 해당 블록 안에 기록된 모든 이체 내역이다. 블록 바디는 이 두 개의 합이다.

해쉬(HASH)=해쉬값=해쉬 코드=해쉬 체크섬(CHECKSUM)

해쉬는 본래 "잘게 썰어놓은 것"이라는 뜻을 가지고 있다. 아래 해쉬값의 예시를 본다면 왜 이런 이름이 붙었는지 알 수 있을 것이다. 흡사 영어 단어들과 숫자를 잘게 다져서 뭉쳐놓은 떡갈비 같다.

542f69d65f81466d07c8e52417f2b005e8577e6e75c80d6d51539b8b-118b1e89

모든 파일은 고유의 해쉬값을 가지고 있는데, 파일이 조금이라도 수정되면 해쉬값이 완전히 바뀌기 때문에 원본 파일의 해쉬값과 대조하면 위/변조가 있었는지 확인할 수 있다.

굳이 이렇게 해쉬값을 출력해서 비교하는 이유는 큰 파일도 128글자로 나타내 작은 용량만을 가지고도 원본인지 아닌지 식별이 가능하기 때문이다. 해쉬값이 일치해야 원본으로 입증받는 셈이다.

해쉬 함수

어떤 메시지나 데이터를 고정 길이의 해쉬로 바꿔주는 함수, 같은 메시지 입력에 대해서는 항상 같은 해쉬값이 나온다. 그렇지만 해쉬값을 가지고 원본을 역으로 계산해내는 것은 불가능하다.

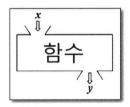

우리는 이런 해쉬함수의 특성을 이용하여 암호화폐 지갑에 로그인 하는 것이다. 로그인 시 키파일을 업로드하고 그 다음에 우리가 키파일을 생성할 때 사용한 패스워드를 입력한다. 그럼 "지갑"은 패스워드를 해쉬함수에 집어넣어 해쉬값을 생성한다. 만약 이 해쉬값이 키파일의 해쉬값과 같다면 본인인증 되어 로그인이 허용된다.

논스(NONCE)=난수

(어떤 X이 난수라고 번역해놨어…)

논스값은 이 값을 입력값 중의 하나로 해서 계산되는 블록 해쉬값이 특정 숫자보다 작아지게 하는 값을 말한다. 작업증명 알고리즘에서 사용되는 변수로서 이를 특정 해쉬함수에 입력해 출력되는 값을 가지고 연산하는 데 이용한다.

예를 들어보자. PoW 방식을 채택하는 코인을 '채굴'하는 채굴자 A의 작업 내용이다. 해당 블록을 체인에 끼우려면, 블록 헤더를 해싱해서 나온 블록의 해쉬값이 00000a73…(64자리 숫자)보다 작아야 한다. 이는 프로그램에 의해 미리 정해져있으며, 이 숫자가 작을수록 채굴 난이도가 올라간다.

해쉬 함수의 특성상 어떤 해쉬값을 결과로 나오게 하는 입력값을 찾으려면 역으로 계산하는 방식으로는 찾을 수 없고, 무작위로 입력값을 계속 바꿔가면서 찾아낼 수밖에 없다. 채굴자 A는 논스를 무작위로 계속해서 바꿔가면서 맞는 해쉬값을 찾으려고 시도한다. 논스값은 1씩 증가하며, 채굴자 A의 경우 102번째 시도에서 해싱한 해쉬값이 00000a63…으로 목표값인 0000073…보다 작다. 채굴에 성공한 것이다.

사실 102번째 시도 만에 채굴에 성공한다는 것은 채굴 난이도가 매우 쉽다는 것에 뜻한다. 몇만 번, 몇십만 번까지 채굴해야 하는 경우도 있다. 이때 논스값은 1씩 증가해서 몇만, 몇십만까지 가는 경우도 있다. 이것이 PoW가 노가다라고 하는 이유다.

타임스탬프(TIME STAMP)

채굴자가 특정 블록 채굴에 착수한 시점의 시간을 타임스탬프라고 부른다. 가장 먼저 논스를 찾는 사람의 블록만이 블록체인에 추가된다.

머클트리 & 머클루트

머클트리는 이진트리(binary tree)라고도 하는데, 이진트리라는 것은 거래를 두 개씩 묶는다는 것이다. 아래 그림을 보면 거래 1과 거래 2를 하나로 묶어 거래(1+2)가 된 것을 볼 수 있다. 이렇게 거래를 두 개씩 묶다 보면 맨 위에 있는 거래(1+2+3+4+5+6+7+8)가 되는데, 이를 머클루트라고 부른다. 머클루트는 해당 블록에 있는 모든 거래 내역을 요약하여 작은 사이즈의 용량으로 만든 데이터이다.

왜 블록체인의 거래 내역을 요약해야 하는가? 시간이 지나고 거래 내역이 늘어날수록 블록체인의 용량은 커지기 마련이다. 만약 누군가가 악의적으로 거래 내역을 위조하려고 하는데 모든 거래 내역이 하나로 뭉뚱그려져있다면 이 사실을 대조하고 확인하는 데 엄청난 시간이 걸릴 것이다. 하지만 머클트리의 경로를 따라가게 되면 금방 거래의 위변조를 알 수 있게 된다.

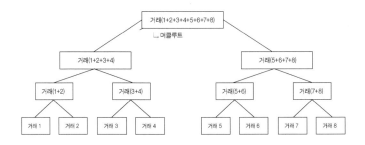

예를 들어 설명해보겠다.

거래 16개를 몇 번씩 반복 해싱해서 머클트리 하나를 만들었다. 모든 해쉬의 크기는 32바이트이다. 누군가 거래 11이 해당 블록에 포함되어 있는지 확인하고 싶어한다고 하자. 그럼 이 머클트리에서 해쉬 12, 해쉬 25, 해쉬 34, 해쉬 41 이렇게 4개의 해쉬로 이루어진 머클경로만 알고 있으면 빠르게 확인이 가능하다.

해쉬11'+해쉬12 — (해싱) → 해쉬26'

해쉬26'+해쉬25 — (해싱) → 해쉬33'

해쉬33'+해쉬34 — (해싱) → 해쉬42'

해쉬41+해쉬42' — (해싱) → 해쉬51'

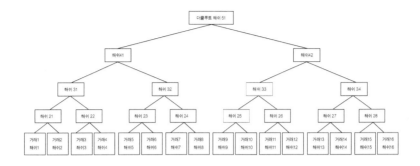

이렇게 계산해낸 해쉬51'과 원래 머클루트의 해쉬51을 대조한다. 만약 두 개의 해쉬값이 같다면, 거래11은 해당 블록에 포함되어 있는 것이다.

위 예시에서와 같이 거래의 건수가 16건이면, 블록의 대략적 크기는 4킬로바이트이다. 경로의 크기는 해쉬 4개이므로 4*32=126바이트이다. 4킬로바이트의 거래를 검증하는 데에 126바이트 크기의 머클경로만 있으면 된다.

만약 거래 건수가 16건이 아닌 2^16=65,535건이라면? 블록의 크기는 16메가바이트가 된다. 하지만 경로 크기는 해쉬 16개이므로 16*32=512바이트이다. 거래 건수가 늘어날수록 블록의 크기는 매우 빠르게 커지지만, 거래를 검증하는 데 필요한 머클경로의 크기는 상당히 느리게 증가한다. 그렇기 때문에 머클트리를 사용하는 것이 효율적이라고 하는 것이다.

머클트리를 사용하면 노드는 작은 용량의 블록 헤더만을 다운받아 거래가 블록에 포함되었는지 여부, 거래가 위조되었는지 여부를 파악할 수 있다. 거대한 용량의 블록체인을 다운받지 않아도 되는 것이다.

블록 높이 BLOCK HEIGHT

몇 개의 블록이 체인에 끼워져있는지를 나타내는 숫자이다. 그 전에 39,999개의 블록이 존재했다면 새로 생성된 블록의 높이는 40,000이 된다.

SHA 256(SECURE HASH ALGORITHM)

해쉬함수의 일종으로 내용이나 크기에 상관없이 언제나 64자리, 즉 32바이트짜리 결과값으로 치환한다.

비트코인과 비트코인 캐시 등이 해당 암호화 알고리즘을 사용한다. 블록헤더에 담긴 정보를 32바이트짜리 해시값으로 변환한다.

노드

노드는 쉽게 말해 블록체인 네트워크를 잇는 각각의 점들이다. 무슨 말이냐고? 아래 그림을 참조하라. 파란 점이 노드다. 당연히 서로 연결되어 있는 것을 볼 수 있다. 노드는 라우팅(routing), 블록체인 데이터베이스, 채굴, 지갑서비스의 4가지 기능을 수행한다. 서로 다른 기능에 따라 다른 이름으로 불린다.

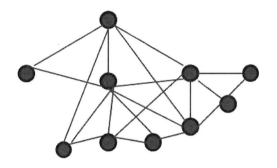

1) 풀노드(full node)

4개의 기능을 모두 가지고 있는 노드, 가장 최신의 블록체인 기록을 전부 가지고 있다. 엄청난 크기의 데이터를 가지고 있기 때문에 독자 적으로 거래에 대한 검증이 가능하다.

2) 채굴노드(mining node)

지갑의 기능을 제외한 3가지의 기능을 가지고 있다. 우리가 흔히 알고 있는 채굴자들이 바로 이 채굴노드를 가지고 있다. 종종 풀노드로 채굴을 진행한다.

3) SPV 노드(lightweight node)

얼핏 보면 가장 헷갈리는 부분이다. 풀노드는 전체 블록체인의 사본을 가지고 있지만, SPV 노드는 블록 헤더만 다운로드하여 거래를 검증할 수 있다. 여기서 드는 의문, 채굴노드는 새로운 코인과 수수료를 보상으로 받지만 SPV 노드는 왜 무상으로 봉사를 하고 있는 것이냐는 것이다. 답은 간단하다. SPV 노드는 사실상 우리가 사용하는 비트코인 지갑이기 때문이다. 우리가 진행한 트랜잭션의 거래 유효성을 검증하는 것이다.

4) 마스터노드(master node)

마스터노드는 채굴노드와 비슷하지만, 채굴노드는 채굴의 의무가 주어져있지 않은 반면, 마스터노드는 모종의 의무(혹은 책임)가 주어진 노드다. 모든 블록체인이 마스터노드의 개념을 채택하지는 않았지만 마스터노드를 도입한 블록체인의 경우 새로 발행된 코인(검증 작업을 통해)의 상당 부분을 마스터노드에게 경제적 유인으로 제공한다. 대표적으로 DASH코인이 마스터노드가 활성화되어 있는데, 채굴자들에 의해 블록이 채굴되면(코인이 발행되면) 이 채굴보상을 채굴자뿐 아니라 마스터노드도 나눠갖게 되는 것이다(코인 파트에서 보다 자세하게 설명해두었다). 이러한 보상을 받기 위해서는 앞서 말했던 의무를 수행해야 한다.

첫 번째로 마스터노드는 해당 블록체인 네트워크가 규정한 상당량의 코인을 반드시 보유하고 있어야 한다. 이는 무분별한 마스터노드 생산에 적절한 제제가 된다. 두 번째로 마스터노드는 네트워크 유지를 위해 24시간 서비스를 제공할 의무가 있다(쉽게 말하면 24시간 컴퓨터를 켜놓아야 하는 것). 이를 통해 블록체인 네트워크는 안정성과 편리성을 얻을 수 있고, 마스터노드는 충분한 경제적 이익을 제공받는다. 첨언하자면 마스터노드가 많을수록 유통되는 코인 수가 적어져 가격방어에도 훌륭한 이점을 제공한다고 볼 수 있다(언제나 그렇듯 절대적인 법칙은 아니다).

2.
블록체인의 합의와 발전

하드포크 & 소프트포크(HARDFORK & SOFTFORK)

   블록체인의 경우 "탈중앙화"를 기반으로 하기 때문에, 블록체인 자체에 대한 업데이트를 특정인(예를 들면 개발자)이 임의로 진행할 수가 없다. 따라서 블록체인 참여자들의 합의에 의해, 참여자들의 동의를 얻어 블록체인을 업데이트하는데, 이때 블록체인의 변화 정도에 따라 크게 두 가지로 분류가 된다.

블록체인의 하드포크와 소프트포크

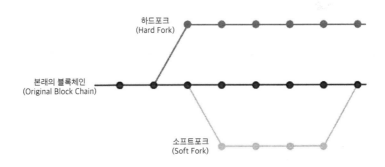

1) 하드포크

기존 체인과 완전히 서로 체인이 분리되어 나오는 것이다. 쉽게 말해 코인이 두 가지로 복제가 되는 것! 이때 하드포크되어 새로 생기는 코인은 기존 코인과 전혀 다른 코인이라고 보면 된다. 특히나 거래소에 코인을 보관하는 사람들은 해당 거래소가 새로운 코인을 지원하는지 확인할 필요가 있다. 거래소가 지원하지 않는 경우 거래를 할 수도 없고, 심하게는 새로운 코인 자체를 지급받지 못하는 경우도 생긴다.

2) 소프트포크

기존의 체인도 상호호환 속에 유지되며, 각각의 사용자가 원하는 때에 업데이트만 하면 아무런 문제가 되지 않는다. Window8과 10의 차이 정도로 생각하면 되겠다. 10이 나왔다고 해서 8이 단시간에 사라지는 것도 아니고, 여전히 문제없이 사용할 수 있지만, 중장기적으로 봤을 때 더 기능이 좋은 10으로 유저들의 수요가 귀결되는 것과 같은 이치다.

BIP 91/141/148(BITCOIN IMPROVEMENT PROPOSALS)

BIP는 쉽게 말해 비트코인 네트워크의 발전을 위해 제시된 제안이다. BIP 91/141/148로 나뉘는데, 비트코인 보유자들에 의해서 투표가 진행되고, 투표 결과에 따라 활성이 될지 안 될지가 결정된다. 모든 BIP는 활성화 조건이 각각 다르다. 자세한 내용은 여기서 따로 서술하지 않겠다.

세그윗 SEGWIT & SEGWIT2X(SEGREGATED WITNESS)

블록 내 거래데이터와 전자서명데이터를 분리하는 작업. 해결하고자

하는 문제는 대표적으로 1) 확장성 (Scalability), 2) 거래 가변성(Transaction Malleability), 두 가지를 꼽는다.

세그윗은 Bitcoin Core 측 개발진들의 비트코인 업데이트 제안이다. 블록체인 파트에서도 다뤘는데, 현재 블록체인의 가장 큰 문제로 꼽히는 것은 확장성이다. 비트코인은 평균 10분에 하나의 블록이 채굴되는데, 다시 말하면 하나의 블록 안에 얼만큼의 거래 정보가 들어갈 수 있는가 하는 질문이 비트코인 시스템이 10분당 처리할 수 있는 정보의 양이 얼마만큼 되는가라는 질문과 일치하며, 결국 비트코인 시스템의 속도와 직결된다. 결론적으로 비트코인이 너무 느려서 사용자가 늘어날 것을 가정했을 때 실생활에서는 사용되기 어렵다는 것이다. 이를 해결하기 위한 여러 가지 방법들이 연구되고, 시도되고 있는데 이 중 한 가지가 세그윗이다.

블록의 확장성을 확보하는 방법 중 가장 손쉬운 방법은 블록의 크기를 키우는 것이다. 10분에 1Mb가 아닌 100Mb로 키우면, 속도는 100배로 빨라지기 때문이다. 그러나 이는 보안과 경제 시스템에 심각한 문제를 야기한다. 따라서 블록의 크기를 건드리지 않고, 블록 내에 담는 정보를 선별하자는 것이다. 블록의 구조를 다시 살펴보면, 가장 큰 용량을 차지하는 것이 거래 내역과 서명 정보다. 따라서 거래 내역을 더 많이 블록에 담을 수 있도록 서명 정보를 따로 분리해서 저장하자는 것이 세그윗의 골자다.

ON-CHAIN & OFF-CHAIN

On-chain Scaling : 기존 블록체인의 블록에 들어가는 정보의 양을 늘리는 방식을 채용하여 확장성을 확보하는 것으로 세그윗이 그 대표적인 예시다.

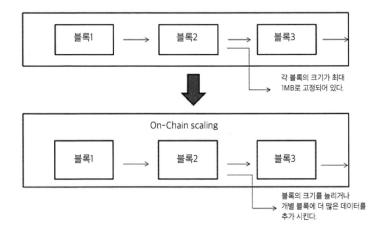

Off-chain Scaling : 기존의 블록체인을 건드리지 않고 확장성을 키우는 방식. 블록체인과 다른 데이터 체인(?)을 실시간 동기화시킴. Side-chain과 라이트닝 네트워크가 대표적인 예.

REPLAY ATTACK & PROTECTION

2017년 11월, 본래 494794블록에서 일어날 뻔했던 비트코인 세그윗 2X(Bitcoin Segwit 2X) 때문에 더 이슈화되었던 리플레이 어택. 이 리플레이 어택에 대해서 알아보자.

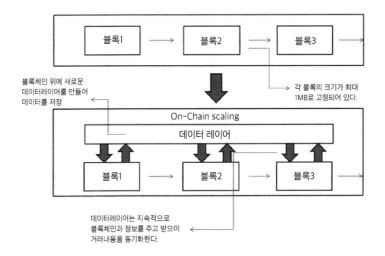

블록체인 위에 새로운
데이터레이어를 만들어
데이터를 저장

각 블록의 크기가 최대
1MB로 고정되어 있다.

On-Chain scaling

데이터 레이어

블록1 → 블록2 → 블록3

데이터레이어는 지속적으로
블록체인과 정보를 주고 받으며
거래내용을 동기화한다.

리플레이 어택이란 하드포크 시 공격당할 수 있는 최악의 경우로서, 체인 분리 발생 초기에 하나의 체인에서 코인을 전송하면 다른 체인에서도 그 프라이빗 키가 소유하고 있는 코인이 전송되어 버리는 대참사가 일어나는 일을 뜻한다.

간단하게 설명하자면 2X 포크가 발생하여 BTC와 B2X로 나뉜다면 철수의 비트코인 지갑에는 BTC와 B2X 코인 2개가 생긴다. BTC와 B2X 코인을 갖고 있는 지갑은 주소도 같으며 개인키도 똑같다. 하지만 이때 철수가 BTC를 거래소로 전송하게 되면 같은 개인키로 트랜잭션이 발행되다 보니 B2X도 같이 전송되어 버린다. 이렇게 되면 B2X는 거래소가 공짜로 먹는 말도 안 되는 상황이 일어나게 된다.

리플레이 어택을 방지하려면 분리 이후에 새롭게 생성된 블록의 코인과 섞어서 조심조심 잘 전송해야 한다. 콜드월렛에 꽁꽁 숨겨놓는 것이 가장 안전한 홀딩 방법이지만, 핫 월렛상에서 거래되는 비트코인들은 어떻게 한다는 말인가. 세그윗 2X는 이러한 단점을 보완하지 못했고, 결국 강경한 반대파에 의해서 무산되었다. 이후 하드포크 되어서 나온 비트코인 골드, 다이아몬드 등은 리플레이 어택의 방지기능을 탑재한 채 세상에 나왔고, 이를 경쟁력으로 삼아 본인들의 코인을 광고했다.

51% 공격

한 명, 혹은 하나의 목적을 공유하는 집단이 블록 인증 권한의 51% 이상을 독점하였을 때 생기는 일. 블록체인은 더 많은 사람이 인정한 블록을 장부에 추가시키기 때문에, 51% 이상의 인증 권한을 독점한 사람, 혹은 집단이 임의로 블록의 내용을 수정하고, 그러한 잘못된 블록을 "진짜"로 인정해버릴 수 있다. 이 경우 해당 블록체인 네트워크는 공격자의 의도대로 조작되어 망가지게 된다.

POW같은 경우 51% 이상의 채굴 연산량(컴퓨팅 파워). POS 같은 경우 51% 이상의 자본을 갖게 되면 51% 공격을 감행할 수 있다.

UTXO(UNSPENT TRANSACTION OUTPUT)

사실 이 개념은 오로지 투자를 목적으로 하는 독자들에게는 그렇게 필요하지 않을 수도 있다. 개념 자체도 이해하기 쉽지 않을뿐더러, 우리가 갖고 있는 암호화폐 지갑들이 알아서 이런 작업들을 진행하기 때문에 체감이 되지도 않는다. 그러나 블록체인을 이해하기 위한 기초이며, 채굴 혹은 PoS를 돌리는 과정에서 종종 등장하기 때문에 최대한 간단하게 설명해보겠다.

한 개의 비트코인은 단순히 우리가 생각하는 동전 한 개, 혹은 지폐 한 장이라는 개념으로 설명하기에는 부족하다. 이와 관련해 UTXO라는 개념이 등장하는데, 이는 Unspent Transaction Output, 즉 "아직 사용되지 않은 거래 묶음" 정도로 생각하면 되겠다.

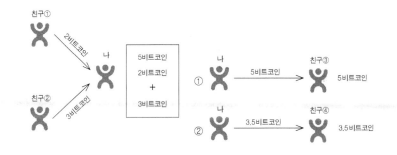

예로 친구①과 ②가 나에게 각각 2비트코인, 3비트코인을 보냈다고 가정해보자. 이때 내 지갑에 표시되는 5비트코인은 5개의 코인을 뜻하는 것이 아니라 각각 2, 3개의 비트코인을 포함한 두 개의 거래기록이다. 그럼 여기서 내가 친구3에게 5비트코인을 전송한다고 해보자. 이때 2, 3으로 나뉘어져있던 거래가 합쳐지면서 5비트코인이라는 하나의 UTXO 형태로 친구의 지갑으로 전송된다. 따라서 친구③은 5비트코인을 포함한 하나의 UTXO를 갖게 된 것이다. 반대로 UTXO를 쪼개보자. 친구1, 2가 보내줬던 다섯 개의 코인은 둘로 나뉜 거래기록이라고 말했다. 그럼 친구3에게 비트코인 3.5개를 보낸다면? 내게 3.5비트코인을 포함한 UTXO가 없기 때문에 기존 두 거래는 다시 1.5와 3.5개로 나뉘어 새로운 UTXO를 만들어낸다.

ASICBOOST

비트메인의 대표 우지한이 팔아제끼는 채굴기. 2015년에 특허기술을 보유했다.

비트코인이 시중에서 가격을 형성하기 이전에는 일반 컴퓨터 CPU만으로 채굴이 진행됐다. 그러던 중 한 프로그래머에 의해 GPU를 이용한 채굴법이 개발되었고, 이는 채굴량의 급등으로 이어진다. 해서 사람들은 GPU를 여섯 개씩 붙인 괴물 같은 채굴기를 만드는 걸로도 모자라서, 말 그대로 채굴에 특화된 기계 ASIC마저 만들게 된다. 이는 채굴업자들의 채산성과 채굴경쟁력을 크게 올려주었고(마이닝 효율을 20~30%가량 증가시킨다고 한다), 우지한 대표가 비트코인 캐시를 자리 잡도록 하기 위해 암암리에 사용한 수단이 되기도 했다. 예를 들면 채굴기를 비트코인 캐시로만 결제가 가능하게 하는 것이다.

아무튼 이런 친구들은 업데이트 되는 속도가 빨라 번번히 새로운 기계가 나오고, 이는 채산성의 현저한 차이를 야기하기 때문에 일반인들의 채굴 진입 장벽이 더욱 높아지는 하나의 계기로서 작용하기도 한다. 이를 방지하고자 ASIC기계를 사용하지 못하도록 하는 알고리즘을 채용한 것이 Bitcoin Gold이기도 하다.

ex) 비트코인 채굴기, 대시 채굴기, 라이트 코인 채굴기, 시아코인 채굴기(가상 최신)

3.
거래

지갑 종류

'암호화폐 지갑'이라는 단어는 투자자라면 누구나 한번쯤 들어봤을 법한 용어이다. 자신이 소유한 코인을 담고 있다는 부분에서 지갑과 용도가 매우 비슷하기 때문에 붙여진 이름이다. 지갑은 핫월렛과 콜드월렛으로 또다시 구분되는데, 핫월렛과 콜드월렛을 구분하는 방법은 간단하다. 인터넷에 연결되어 있으면 핫월렛, 그렇지 않으면 콜드월렛이다.

좀더 구체적으로 얘기해보면, 핫월렛은 현재 가동되고 있는 지갑이고, 거래정보를 주고받을 수 있는 지갑을 말한다. 블록체인인포, 마이이더월렛 등의 지갑 서비스는 모두 핫월렛이라고 할 수 있다.

콜드월렛은 인터넷에 연결되어 있지 않으며, USB나 외장하드의 개념에 조금 더 가깝다고 할 수 있다. 그런데 USB랑 매우 다른 것은 콜드월렛은 절대 인터넷과 연결되지 않는다는 것이다. 그렇기 때문에 콜드월렛은 해킹에서 안전하다고 할 수 있다.

수수료

암호화폐 지갑에서 다른 지갑으로 송금할 때 채굴자들에게 수수료를 지불해야 하는데, 수수료의 높고 낮음은 본인이 선택할 수 있다. 하지만 수수료가 너무 낮으면 거래가 무한정 지연되거나 아예 무시당할 수도 있으니 주의해야 한다. 합의 메커니즘 파트에서도 다뤘지만, 채굴자들은 이런 P2P 시스템을 유지시켜 주는 사람들이니 그들에게 수수료를 지불하는 건 일종의 시스템 사용료이다(수수료가 없으면 블록체인 네트워크는 유지가 거의 불가능하다, 채굴자들이 일을 안 하기 때문에…) 너무 억울해하지 말자.

하지만 거래소 수수료와 블록체인 수수료는 다르다. 매우 다르다. 이건 좀 억울해도 된다. 보통 거래소 수수료는 실제 전송에 필요한 네트워크 수수료의 다섯 배에서 열 배 이상까지 가는 곳도 많다. 거래소 하루 수수료 매출이 몇십억씩 나올 수 있는 비결(?!)이 바로 여기에 있다. 계속 읽다 보면 자연스레 느끼겠지만 양 심없는 거래소가 널리고 널렸다.

공개키 & 개인키

언급되는 빈도수에 비해 이해하기 살짝 난해한 파트이다. 기술적으로 깊이 이해하지 못해도 좋지만 이것만은 기억하자, 개인키는 절대절대절대로! 그 누구와도 공유해서는 안 된다. 아무리 강조해도 지나치지 않은 부분이다.

공개키와 개인키는 암호화와 깊은 관련이 있다. 현재 가장 널리 사용되는 암호화 방법은 하나의 패스워드를 이용하여 잠그고, 같은 패스워드를 이용하여 푸는 단일키 암호화인데, 이보다 조금 발전된 방법이 공개키와 개인키를 모두 이용하는 방법이다.

재밌는 점은, 수취인과 암호화하려고 하는 대상에 따라 암호화 방법이 두 개로 나뉜다는 것이다. 첫 번째는 받는 사람의 공개키로 암호화하는 것이고, 두 번째는 보내는 사람의 개인키로 암호화하는 것이다.

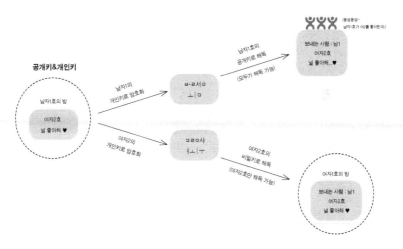

예를 들어보자. 유명 프로그램 '짝'에서 암호화된 익명의 메시지를 주고받을 수 있다고 가정해보자. 남자 1호는 여자 2호에게 이 메신저를 통해서 자신이 여자 2호를 좋아한다는 고백을 하고 싶어한다.

만약 남자 1호가 자신의 고백을 여자 2호만이 열어볼 수 있게 설정하고 싶다면 첫 번째 암호화 방법을 사용하면 된다. 남자 1호는 여자 2호의 공개키로 메시지를 암호화한다. 전달된 메시지는 오로지 여자 2호의 개인키로만 열리게 되며, 여자 2호의 개인키가 유출되지 않는 이상 다른 사람은 메시지를 절대 열어볼 수 없다.

하지만 만약 남자 1호가 애정촌에 있는 모두에게 자신의 고백 사실을 알리고 싶어한다면? 고백 내용을 남자 1호 자신의 개인키로 암호하여 개개인에게 모두 전송하면 된다. 이 문서는 누구든지 자신의 공개키를 이용하여 열어볼 수 있으므로 암호화의 의미는 없지만 남자 1호의 개인키로 암호화된 문서이므로 모든 사람은 이 문서가 남자 1호에게서 왔다는 사실을 알 수 있다. 일종의 '남자 1호가 서명한 고백 문서'가 되는 셈이다.

지갑 주소 A.K.A 공개키

지갑들에는 모두 고유의 주소가 있는데, 이 주소가 바로 '공개키'이다. 흔히 숫자와 영어 알파벳을 무작위로 섞은 듯한 한 줄 텍스트이며 이는 은행의 계좌번호와 같다.

OTP(ONE TIME PASSWORD)

OTP는 '일회용 패스워드'라는 뜻으로 기존 금융권에서도 자주 사용되었던 보안 방법이다. 보안 원리인 '나만 알고 있는 번호를 입력하여 본인인 것을 인증한다'는 면에서 보안카드와 비슷하지만, 번호가 그때그때 바뀌어 보안카드보다 훨씬 안전한 방법이다. 기존에는 보통 삐삐 크기의 하드웨어를 통해 OTP를 받게 되었지만 암호화폐 OTP 인증은 보통 구글OTP(Google Authenticator) 혹은 Yubikey 등 휴대폰 앱을 이용하여 휴대폰 번호 인증을 거치게 된다. 명심할 것은 일정 시간을 넘겨 앱에 표시되는 번호가 바뀐다면 그 전의 번호는 더 이상 유효하지 않고, 새로운 OTP 번호를 입력해야 한다는 것이다.

프로토콜

프로토콜은 통신 시스템이 데이터를 교환하기 위해 사용하는 통신 규칙이다. 신규 코인 발행 시 설명서에서도 자주 등장하는 단어인데 이렇게 사전적 정의만 보면 잘 감이 오지 않는 독자들도 있겠다. 외교 프로토콜을 생각해보면 의외로 간단한 개념이다. 외교 프로토콜은 국가 간 교류를 원활하게 만들어주는 의례 지침서로서, 국가 간의 약속을 나타낸다.

통신 프로토콜도 마찬가지이다. 기기 간 연결과 교류를 원활하게 하기 위해서 미리 통신 규칙을 정해놓는 것이다. 인터넷이 전 세계에서 자유롭게 사용되는 것도 TCP/IP라는 이름의 프로토콜 덕분이다.

보다 단순하게 정의하면, 코인이 사용되고, 유지되기 위한 시스템의 '규칙' 혹은 '약속' 정도로 생각하면 되겠다. 예로 철수가 보낸 비트코인이 채굴, 타임스탬프, 해쉬 등등의 규칙(프로토콜)에 따라 영희에게 도착하는 것이다.

TPS(TRANSACTION PER SECOND)

'초당 일어날 수 있는 트랜잭션의 횟수'라는 뜻이며, 블록체인 성능을 평가하는 대표적인 지표이다.

컨펌=승인=이체확인(CONFIRMED TRANSACTION & CONFIRMATION NUMBER)

사용자가 암호화폐 이체를 진행하면, 채굴자들이 저장하고 있는 과거 거래내역을 통해 인정을 받아야 하는데 이 과정이 컨펌이다.

블록체인 인포(blockchain.info) 사이트에서 송금한 비트코인 등 몇 종류의 암호화폐의 블록체인 컨펌 숫자를 확인할 수 있다. 채굴자는 이 내역을 자신의 블록에 넣어서 발행하게 되는데 블록에 내역이 포함되는 순간 컨펌 숫자는 1이 된다(통상 1컨펌으로 표기됨). 만약 다음 블록이 발행된다면 이체확인 숫자는 2가 되는 식이다. 비트코인 프로그램은 이체가 총 6번의 컨펌을 받아야 재이체가 가능하도록 설계되어 있다. 하지만 보통의 거래소의 경우 1 컨펌만으로도 암호화폐 입금을 인정해주고 있다.

4.
ICO

정의

ICO(Initial Coin Offering)는 암호화폐와 블록체인 기반의 기업 자금 모집 방식이다. 기존 주식 시장의 IPO라고 생각하면 쉽다. 비트코인 혹은 이더리움으로 새로 발행되는 코인을 사는 방식을 많이 채택하고 있다.

ICO는 보통 프리세일(Pre Sale)과 ICO 두 단계로 진행되지만 프리세일을 생략하는 경우도 있고, 프리세일에서 완판되어 ICO를 진행하지 않는 경우도 있다.

ERC20

ERC20이란 Ethereum Request for Comment 20의 약자로서 이더리움 블록체인 네트워크에서 발행되는 토큰의 표준이다. 이러한 토큰들은 다른 코인들과 마찬가지로 가치를 지니며, 개인 간, 그리고 상장되어있는 거래소를 통해서 주고받거나 사고 파는 것이 가능하다.

댑 DAPP

댑dApp은 decentralized Application의 약자로, 우리가 흔히 아는 애플리케이션App에 '탈중앙화'를 붙인 것이다. 그냥 블록체인에 기반한 애플리케이션 정도로 생각하면 쉬울 것이다. 때문에 이들 역시 중앙시스템이 존재하지 않으며, 탈중앙화의 특성을 가지고 있다.

대부분의 댑들은 플랫폼에 기반하여 만들어진다. 그 종류와 콘셉트 역시 무궁무진하다(블록체인 파트 내 '확장성' 부분 참고). 어떠한 플랫폼에 기반하였는가에 따라 이더리움 댑, 네오 댑, 큐텀 댑 등으로 불리며, 역으로 얼마나 많은 댑이 기반하고 있는가에 따라 플랫폼의 파워가 결정되기도 한다.

에어드랍

에어드랍의 사전적 의미는 '항공기나 낙하산 등으로 인원이나 식량 등을 충원한다'는 의미를 가지고 있다. 암호화폐 세계에선, 특정 암호화폐를 보유한 사람에게 추가로 코인을(주로 토큰) 일정 부분 배분해 준다는 뜻이다. 주식으로 따지면 주주배정 무상증자와 같은 개념이 되겠다. 에어드랍은 보통 이더리움이나 네오와 같은 플랫폼 코인을 개인지갑에 보관하고 있을 때 주어지며, 에어드랍의 주체는 해당코인의 재단에 있는 경우가 대다수이다. 비트코인의 포킹을 통해 주어진 비트코인 캐시, 골드, 다이아 등등도 에어드랍의 일종이라고 할 수 있다.

하드캡 & 소프트캡

하드캡. 모금 상한선이 정해져있다. 예를 들어 3만 이더리움까지 펀딩을 받는다고 명시되어 있으면, 3만 이더리움이 모금되는 시점으로 ICO가 종료된다. 따라서 ICO가 종료된 시점 이후로 송금된 이더리움은 스마트 컨트랙트에 의해 자동으로 반환된다. 물론 하드캡을 다 채우지 못한 경우도 자주 발생한다.

소프트캡은 반대로 모금 하한선이다. 개발진이 판단하기에 사업을 로드맵대로 진행하기 위한 최소금액(개발진들도 밥은 먹고 살아야 할 것 아닌가!)이라고나 할까. 소프트캡을 채우지 못한 ICO는 가난하게 프로젝트를 진행하거나 종종 무산되기도 한다. 소프트캡을 초과하여 ICO가 성공적일 경우, 초과시점을 기준으로 24시간 이후에 ICO를 종료하는 등의 방식을 채용하기도 한다. 혹은 애초에 여러 단계에 걸쳐 ICO를 진행하는 경우도 있다. 예를 들어 첫째 주에는 1이더당 토큰 200개, 둘째 주에는 150개, 마지막 주에는 100개와 같은 방식이다. 소프트캡을 채용하는 경우, 돈을 무제한으로 받으려고 한다는 비판에 직면하게 된다. 사실이 어떻든 그에 대한 명분으로 ICO열풍 당시 몇몇 고래들에 의해 코인이 잠식당하고, 개인 투자자가 거의 참여하지 못하는 경우를 방지하기 위함이라고 설명한다.

ICO방식은 워낙 각양각색이라 독특한 ICO 방식만으로 주목받은 코인도 더러 있었다.

백서(WHITEPAPER)

코인이나 토큰 발행 전 개발진 측에서 콘셉트과 기술 등 해당 코인의 모든 것에 대해 서술해놓은 pdf 파일이다. 다들 공돌이라서 그런지 외관 면에서 예쁘게 꾸며놓거나 한 것은 여태까지 거의 보지 못했고, 대부분이 정말 백서라는 이름답게 "하얀 건 좋이요, 검은 건 글씨이니라" 느낌으로 무뚝뚝하게 써놓았다. 가장 유명한 백서는 사토시 나카모토의 비트코인 백서로, 9페이지의 짧은 분량에 함축적으로 깔끔하게 써놓아서 번역본이라도 일독을 권하는 바이다.

PART

3
. . . .

코인 백서

1.
주요 코인

비트코인 광풍이 한 차례 지나가고, 투자와 투기에 대한 명확한 정의가 내려지지 않은 지금이다. 투자와 투기는 종이 한 장 차이라는데, 단순히 알고 하면 투자, 모르고 하면 투기라고 정의하기도 모호하다.

워낙에 다양한 암호화폐, 블록체인 시스템이 존재한다. 때문에 절대적인 하나의 선을 긋기란 어려운 일이다. 그럼에도 우리는 보다 오랜 시간 보아오며 익숙해진 주식에 빗대어, 하나의 새로운 견해를 독자 여러분에게 전달하고자 한다.

아주 단편적으로 비교를 해보자면, 주식을 소유하여 주주가 된다는 것은 회사에 유동적인 자금(현금)을 제공한다는 것이다. 보통 투자결정을 할 때는 회사의 재무상태가 양호한지, 회사의 주가가 올라갈 만한 이벤트가 있는지 등을 보고 투자하는 것이 보통이다. 회사에 유동적인 자금을 제공하는 댓가로 우리는 배당금을 받거나 주식 시세차익을 누릴 수 있다. 시세차익을 노리는 경우, 본인이 미래 현금흐름을 직접 기준을 가지고 미래 주가를 예상하거나 증권사 애널리스트들이 산출해내는 목표주가를 참조해 결정을 내리는 경우가 많다.

모두가 갖는 의문은 이렇다. 그래서 적정한 암호화폐 가격은 어떻게 산출해낼 것인가? "어디까지가 거품이고, 어디까지가 적정가치인가"에 대해 속 시원히 이야기할 수 있는 사람은 어디에도 없을 것이다. 때문에 마냥 버블이라고 비난하기에도, 혹 그 반대의 스탠스를 취하기에도 난감하다. 이는 책을 쓰는 우리도 마찬가지다.

코인에 투자를 한다는 것은 도대체 무엇에 투자하는 것일까. 여전히 쉽지 않은 문제이나 한 가지 분명한 것은, 암호화폐를 단순히 주식과 비교해서는 안 된다는 것이다. 코인과 블록체인은 기존 세계에 존재하지 않는 꽤나 혁신적인 시스템이다. 워낙에 우리나라에서 그 투자적인 측면이 부각되어 그렇지, 코인을 소유한다는 것은 주식시장에서 주주가 된다는 것과는 또다른 의미를 갖는다.

코인 소유자는 투표권을 행사하고 회사에 자금을 제공하는 일반적인 주주의 역할을 수행하게 된다. 그러나 이뿐 아니라 코인을 이용해 실제로 가치/물건/서비스를 주고받는 사용자, 그리고 나 외에 다른 사람들이 해당 네트워크를 원활히 사용할 수 있도록 하는 매개자 등 기존과 다른 새로운 역할도 부여받을 수 있다.

이러한 이유로 구매 동기가 어떻든 우리는 코인 투자자를 결국 블록체인 네트워크에 실질적으로 기여하는 참여자로 볼 수 있다고 주장한다. 물론 이러한 주장이 코인을 사는 모든 여러분으로 하여금 금전적 가치보다 더 높은 이상을 추구해야 한다고 강요하는 것은 절대로 아님을 밝힌다. 다만 블록체인이 단순히 투자의 대상이 아닌, 참여의 대상이라는 전체적인 인식으로부터 코인을 바라보기 시작할 수 있다면? 보다 새로운 투자의 영역이, 토론의 장이 열리지 않을까 한다. 본 파트에서 소개하는 여러 가지 코인이 많은 사람들의 관심을 끌고 새로운 토론의 장을 여는 계기가 되었으면 좋겠다.

아, 그렇다고 밑에서 소개하는 코인들에 대해 추상적이고 지루한 견해만을 늘어놓지는 않았으니 걱정은 마시라!

비트코인 BTC #블록체인의_정체성 #POW #사토시_나카모토 #이중지불_방지

사실 비트코인이라는 파트에 어떤 내용을 담아야 할까 고민을 많이 했다. 블록체인 파트에서 대부분 설명했기 때문인데, 그럼에도 비트코인을 다시 강조하는 이유는, 그만큼 중요하기 때문이라고 해두겠다. 블록체인 파트에서 기술적인 요소들을 주로 다뤘다면, 이곳에서는 보다 가볍고, 시장에서의 입지에 대한 이야기들을 주로 풀어보려 한다.

개요
1. 개발자: 사토시 나카모토(익명)
2. 생일 : 2008년 추정
3. 발행량 : 2100만 개(약 2100년경 전량 채굴완료 예정)
4. 유통량 : 약 1675만 개(2017.12.19 코인마켓캡 기준)
5. 합의 매커니즘 : POW(채굴)
6. TPS : 최대 7tps
7. 주 프로그래밍 언어: C++
8. 용도 : 화폐
9. 별명 : 대장님

간략한 역사
비트코인을 이야기하자면 말 그대로 블록체인의 정체성이라 보아도 무방할 것이다. 2017년 말 한국에 비트코인 열풍이 불기 시작하며, 다른 알트코인들을 거래해본 사람들은 확실히 체감할 것이다. 비트코인은 블록체인의 상징이며, 코인시장의 기축통화이고, 당연하게도 그 등락에 의해 수많은 코인들의 가격이 출렁이게 된다. 이른바 "대장님"의 움직임은 전 세계 모든 코인 트레이더들이 한순간도 눈을 떼지 않는 하나의 지표라고 할 수 있다.

2008년 10월 31일 뉴욕 시간 오후 2시 10분, 암호학 전문가 및 아마추어 등 관련자 수백 명이 사토시 나카모토라는 익명을 사용하는 개발자에게서 이메일 한 통을 받게 된다. 그는 "신뢰할 만한 제3자 중개인이 전혀 필요 없는, 완전히 당사자 간 1:1로 운영되는 새로운 전자 통화 시스템을 연구해오고 있습니다"라고 밝히며 9쪽짜리 보고서의 링크를 공유했다.

그가 공개한 보고서는 블록체인의 기본 원리인 "두 개인이 신상 정보 등 금융 계정 관련 보안이 필요한 개인정보를 공개하지 않으면서도, 암호화를 사용해 가치를 가진 토큰을 직접 교환할 수 있는 온라인 교환 시스템"을 소개한다. 하지만 불행히도 최초 수신자들의 대부분은 그 이메일로부터 비트코인 혁명이 시작될 것이라는 사실을 알아차리지도 못했다. 9쪽짜리 백서를 읽기 귀찮아했고, 비트코인이 대중에게 어필할 수 있을 것이라는 생각도 하지 못했기 때문이었다.

이런 무관심에도 단념하지 않고 나카모토는 그 후로 다수의 이메일을 추가로 전송하며 사람들에게 비트코인을 채굴, 사용해 볼 것을 권유했고, 할 핀니(Hal Finney)라는 PGP 주식회사의 수석 개발자가 흥미를 느끼고 나카모토에 이어 비트코인의 두 번째 어댑터가 되었다.

나카모토와 핀니는 지속적으로 메일을 주고받으며 비트코인을 전송하고, 프로그램의 버그를 수정해나갔다. 하지만 사람들이 관심을 갖고 이에 가치를 부여하지 않으면서 존재가치가 없는 비트코인은 한계에 부딪힌 듯했다. 그렇다면 10년이 채 되지 않는 시간 동안 무엇이 사람들로 하여금 비트코인에 열광하게 한 것일까?

2008년 9월 15일은 리먼 브라더스라는 월가의 공룡이 쓰러진 역사적인 날이다. 거대 금융사들이 '수학 천재'들을 고용해 주택 담보대출을 결합한 새로운 금융상품을 만들어내는 '금융 혁신'은 가짜 호황을 만들어냈고, 심각한 대차대조표의 왜곡은 결국 버블을 터트렸다. 그후 메릴린치, AIG 등 대형 금융사들의 위기 소식이 줄을 이었고 미국발 금융위기는 전 세계를 강타한다. 이후 전 세계 정부는 상호 연결되어 있는 금융 시스템이 무너지는 것을 막기 위해 수조 달러의 파운드와 유로를 쏟아부었다.

당시의 새로운 금융상품은 '상대가 부채를 상환할 능력이 있을 것이라는 믿음', '완벽한 시장 가설이 성립하고, 자산의 가격은 이용 가능한 모든 정보를 반영하여 합리적일 것이라는 믿음' 등 신용과 신뢰가 바탕이 되었기 때문에 가능했다. 이렇듯 신용이 무엇보다 중요한 사회 내에서는 필연적으로 월스트릿의 중앙집권이 심화되고, 거대한 금융위기는 자연히 은행에 대한 불신, 자산의 가치와 시장가격에 대한 불신을 불러왔다.

이에 따라 '탈중앙화된 화폐 시스템'이라는 나카모토의 아이디어가 모든 것을 바꿀 수 있는 대체적 수단이 될 수 있을 것이라고 생각하는 사람들이 불과 수개월 내 점점 증가하게 된다.

점차 커뮤니티가 커지게 되고 여기에 그동안 한정된 사람들만이 진행하고 있었던 채굴 프로세스에 한 엔지니어가 CPU 사용 채굴 방식에서 벗어나 GPU를 이용한 채굴에 성공함에 따라서 비트코인 채굴 가능성이 높아지게 되었다. 이는 많은 사람들의 주목을 받았다. 당시 일반 가정용 컴퓨터의 채산성도 나쁘지 않았으니까 말이다.

비트코인 커뮤니티의 사람들은 당시 비트코인의 가치는 그리 크지 않지만, 그 가치가 상승하면 큰 수익을 가져다줄 수 있을 것이라 믿었다. 이는 새로운 골드러시 경쟁을 형성했고, 사람들은 너나 나나 할 것 없이 암호화폐 채굴과 거래에 뛰어들었다. 이는 자연스럽게 비트코인 가격의 상승을 불러왔고, 후발 투자자들이 대거 진입하는 유인이 되었다.

상징성

굳이 나누자면 두 가지로 볼 수 있다. 첫 번째는 블록체인의 정체성, 바로 그 시작이라는 것, 두 번째는 그로 인해 코인시장에서 기축통화로서의 되는 지위 정도로 해두자.

비트코인은 앞서 이야기했듯, 블록체인 역사의 시작이라는 꽤나 추상적인 상징적 의미를 갖고 있다. 이러한 상징적 의미가 갖는 효과, 또 다른 말로 그 선점효과는 대단하다. 우선 코인마켓캡을 살펴보면 제일 상단에서 코인마켓 전체 시총, 전 세계 24시간 거래량, 그리고 비트코인의 도미넌스(비트코인의 시총이 전체 시총에서 차지하는 비중 정도로 이해하면 좋을 것 같다), 이렇게 세 가지가 확인 가능하다. 역사 이래 비트코인의 도미넌스가 40% 이하로 떨어진 것은 지난 2017년 6월 중순 한국 거래소 기준 48만 원까지 고공행진을 하던 당시(필자는 그 때 진짜 어터러움이 비트코인을 추월하는 줄 알았다. 웅 아니야), 2017년 12월부터 2018년 1월까지 이어지는 동전주의 향연(리플의 2위 재탈환 및 에이다, 트론 등의 10위권 진입 진짜 막말로 동전 가격이던 코인들은 그냥 다 지폐가 됨), 이렇게 두 번에 불과할 정도로 비트코인은 코인시장의 대장으로서 기축통화의 역할을 톡톡히 하고 있다 볼 수 있겠다.

법정통화로 코인을 구매하는 것(달러나 위안화로 암호화폐를 직접 구매하는 행위, 서비스)이 금지된 미국, 중국과 달리 한국은 대부분의 거래소에서 원화로 직접 여러 코인을 구매할 수 있는 서비스를 지원한다. 그러나 외국 거래소를 한 번이라도, 혹은 업비트 등의 거래소에서 비트코인 마켓을 통해 거래해 본 경험이 있는 사람들은 이러한 기축통화의 의미를 보다 실감할 수 있을 것이다. 외국 거래소에서 알트코인을 사려면 필시 비트코인이나 이더리움을 사야 하는 현 거래소 시스템에서 투자에 꽤나 익숙해진 사람들(그중에서도 투자 규모가 작지 않은 투자자들)은 수익을 따질 때 달러나, 원화 대비 수익보다는 비트코인이나 이더리움 개수가 늘었는가를 살피게 된다. 그만큼 시장 참여자들이 비트코인, 이더리움 장기 우상향에 대한 믿음이 강하다는 반증이기도 하다.

아이러니한 것은 사토시 나카모토의 비트코인 백서에서 알 수 있듯, 비트코인의 취지는 제3의 중개인에 의존하지 않는 탈중앙화된 거래 시스템의 구현이다. 조금 극단적으로 말하면 거래소라는 중앙화된 기구에서 비트코인을 사고파는 것 자체가 그 의미를 훼손시키는 행위라고 볼 수도 있겠다.

블록체인 파트에서도 이미 충분하게 설명을 했지만, 비트코인은 블록체인 기술이 최초로 실현된 블록체인의 역사 그 자체라고 할 수 있겠다. 비트코인은 "탈중앙화"를 구현하기 위해 발생하는 모든 문제(이중 지불 문제, '장부 기록자' 들에 대한 보상 체계, 보안, 투명성 문제 등등) 전부를 우아하게 해결하는 솔루션 그 자체로 군림했다. 물론 모든 선구자가 그렇듯, 비트코인을 기반으로 수많은 더 나은 솔루션들이 나오고 있을 수도 있다. 그러나 이 역시 비트코인의 확장성 문제에 대한 끝나지 않은 논쟁 등을 포함해 여전히 전 세계에서 격렬한 토론이 벌어지고 있으며, 때문에 섣불리 단정 지을 만한 간단한 것은 아니라고 생각한다.

가격변동 원인

비트코인을 필두로 한 암호화폐 회의론자들이 가장 먼저 펼치는 논리는 이것이다. "가격의 변동 폭이 너무 커 화폐의 역할은 절대 하지 못할 것". 필자는 이에 동의한다. 하루에도 몇 번씩 수에서 수백 퍼센트까지 오르락내리락하는 코인을 누가 화폐로 사용할 수 있을까! 물론 비트코인을 이용한 상거래가 유럽이나 일본 등지에서는 꽤나 활발하다고 알고 있지만, 그 역시 이러한 등락폭에 대해 쉽게 대응하기 어려운 것은 사실일 것이다. 그 예로 게임 플랫폼 스팀 Steam(최근 배틀그라운드 최초 배급 플랫폼으로 더욱 유명해진)에서도 비트코인 결제 서비스를 제공하였으나 지나친 가격 변동으로 환불 문제 등이 발생, 해당 서비스를 취소한 바 있다.

굳이 첨언을 하자면, 현재 암호화폐 시장은 투기적 수요가 상당하다. 그 기술과 가능성을 염두에 두고 가치 투자를 하는 사람들도 분명히 다수 존재하지만, 고점에서 물린 사람들이 흔히 "가치 투자 당해버렸다"라고 말하는 것처럼 가치 투자를 비웃는 목소리도 작지 않다. 그만큼 기술력이나, 로드맵 어쩌면 그 이상으로 중요하게 작용하는 것이 사람들의 심리라는 반증일 수도 있다.

이 글을 쓰는 현 시점, 2018년 1월 5일에 암호화폐 시장은 구글보다 높은 시총을 갖고 있다. 실로 대단한 성장세가 아닐 수 없다. 생각해보자. 암호화폐는 한 나라에 국한된 것이 아닌, 전 세계 사람들이 사고파는 물건이다. 주식과 달리 장 마감이라는 개념이 없으며, 가격변동은 24시간 지속된다. 이렇듯 전 세계 사람들이 24시간 사고파는 물건이라는 전제하에, 지금의 시총은 그리 크지 않은 수치일 수도 있다. 그 명확한 기준이라는 것은 어디에도 존재하지 않지만, 이러한 시총도 비트코인 혼자만의 파이가 아닌, 수백, 수천 가지에 달하는 수많은 코인들이 나눠 갖는 수치에 불과하다. 따라서 큰 규모의 자금 유출입, 정부의 정책, 호재, 악재, 루머 등에 영향을 꽤 크게 받을 수밖에 없는 작은 덩치는 아닐까.

그렇기 때문에 '암호화폐의 변동성이 너무 크기 때문에 실사용이 거의 불가능하다'라는 약간은 지나치게 성급하게 내려진 결론에 대해 조금 더 시간을 두고 지켜봐야 할 것 같아 보인다.

비트코인 캐시 BCC/BCH #우지한 #POW #전설의_270

BCC 혹은 BCH로 통용되는 비트코인 캐시로 넘어가보자. 들어가기에 앞서, 비트코인에 대해, 해시Hash라는 개념에 대해 최소한의 이해가 전제되어야 함을 알려드린다.

개요

1. 출생일 : 2017년 8월 1일 10시 16분
2. 개발자 : Bitcoin Unlimited
3. 발행량 : 2100만 개(비트코인과 동일)
4. 유통량 : 약 1687만 개(비트코인보다 미세하게 앞섬)
5. 합의 매커니즘 : POW
6. 용도 : 화폐
7. 별명 : 비캐, 치킨, 우지한코인, 드래곤 슬레이어

비트코인 하면 빼놓을 수 없는 그 이름. 비트코인 캐시(속칭 비캐)다. 코인을 2017년 상반기, 혹은 그 이전에 접한 독자라면 4월, 5월의 대호황장, 6월, 7월을 아우르는 대계단식 하락장을 기억할 것이다(물론 필자와 같이 하락장을 온몸으로 견뎌온 사람들도 있을 것. 당시 뉴비였던 뉴뉴! 필자는 시장 흐름에 대한 이해도가 너무너무너무 부족했으며 6분의 1토막어 나는 자금을 두 눈으로 지켜보며 마음이 찢어졌다).

당시 가장 핫했던 키워드를 꼽자면 아마 비트코인 캐시였을 것이다. 이더리움과 이더리움 클래식의 사태를 전례로 가지고 있는 코인세계는 비트코인 캐시 역시 하나의 이단으로 치부하는 경향이 강했다. 비트코

인 캐시는 정확하게 2017년 8월 1일 10시 16분에 발생한 블록에서 하드포크가 일어나며, 비트코인 소유자들에게 1:1의 비율로 배포되었다. 대상승장에 이은 조정과 비트코인에 대한 불확실성이 맞물리며 거대한 폭의 하락장을 보여줬다.

8월 1일 하드포크를 앞두고 필자와 같이 비트코인 캐시에 대한 불신과 하드포크 이후 비트코인 역시 가격방어를 하지 못할 것이라 예측한 시장 참여자들은 비트코인을 현금화 했을 가능성이 높다. 그와 반대로 비트코인 홀더들, 비트코인 캐시에 대한 신뢰, 혹은 1+1의 기회로 여기는 참여자들은 비트코인을 들고 있었고, 결과는 필자의 참패였다. 비트코인 캐시는 비트메인의 우지한 대표와 로저 버 등의 강력한 지지를 힘입어 시장에서 자리를 잡았다. 물론 출시 당시에는 엄청난 가격 등락폭을 자랑했다. 한화로 약 100만 원 안팎의 굉장히 높은 가격대에서 초당 5만 원, 10만 원, 심하게는 수십만 원씩 그 가격이 오고 갔다. ~~천하제일 단타대회가 열린 것이다.~~

시장은 비트코인과 비트코인 캐시의 모두의 손을 들어주었다. 무슨 소리냐고? 비트코인이 싸진 만큼 비트코인 캐시의 가격이 형성된 것이 아니라 비트코인의 가격이 그대로인 상태에서 비트코인 캐시도 어마무시하게 높은 가격에 자리를 잡은 것이다. 그렇다면 그 돈은 다 어디서 왔을까? 아마(사실 100%) 다른 알트들의 자금이 빠지고 비트코인으로 몰려들었다라고 보는 것이 맞을 것이다.

아무튼 그렇게 비트코인 캐시의 대란이 끝나고 꽤나 잠잠한 듯하더니 11월 중순 하드포크를 예고하며 또 한 번 가격이 펌핑되기도 하는 등 끊임없이 살아있음을 스스로 증명하는 코인이다. ~~아마 11월에 "크~~

거래소" 서버가 터지면서 물린 사람들이 많을 것으로….

개발현황 및 로드맵

워낙에 말도 많고 탈도 많은 코인이다 보니 비트코인 캐시가 스캠코인이라고 간단히 치부해버리는 사람들도 적지 않다. 비캐는 실제로 스캠코인일까?

알려진 바에 의하면 비트코인 캐시는 7개의 개발팀을 갖고 있다. 비트코인 ABC(노드 규모가 제일 크다), 비트코인 언리미티드, 비트프림(Bitprim), n체인(nChain), 비트크러스트(Bitcrust), 일렉트럼엑스(ElectrumX), 패리티(Parity), 비트코인XT(Bitcoin XT)가 그 주인공들이다.

블록체인 특성상 개발 아이디어가 아무리 좋아도 합의가 이루어지지 않으면 무용지물이기 때문에 서로 소통하며 개발 중일 것으로 보인다. 프로젝트를 지원하는 재단도 운용되고 있다는데, 어쩌면 더 많은 개발자들이 열을 올리고 있을 수도 있겠다. 몇몇 개발팀들이 나름의 로드맵을 발표하는 등 개발은 꾸준히 진행되고 있는 것 같다. 다만 외부로 드러나는 정보가 많이 없어 코인개코와 같이 순위를 매기는 사이트에서 개발자 점수가 낮다.

또 하나 추가하자면, 비트코인 캐시는 플랫폼을 목표로 하는 이더리움 같은 알트들과 달리 지급 결제 수단으로, 화폐의 역할을 하기 위한 목표를 갖고 있다. 세계 유수 기업들, ATM 서비스 등 여러 호재가 이를 증명한다. 필자는 비트코인 캐시가 생각보다 훨씬 탄탄하게 개발되고 있다고 생각한다. 단순 스캠으로 치부해버릴 만한 코인은 아닌 것 같다.

비트코인과 캐시를 둘러싼 분쟁

자, 그렇다면 비트코인 캐시의 출생부터 천천히 시작해보자. 우선 비트코인을 둘러싸고 모종의 세력싸움이 존재한다는 사실은 이미 정설이다. 이들부터 살펴보자.

우선 비트코인 코어(Bitcoin Core)란 비트코인의 레퍼런스 클라이언트다. 이름이야 여러 차례 바뀌었지만, 이 소프트웨어를 만든 사람은 역시나 사토시 나카모토다. 비트코인 노드들은 대부분 이 클라이언트를 사용하고 있다. 이 코어를 통해 비트코인 프로토콜의 변경을 추진하는 주류 개발진들을 코어팀이라고 부른다. 리드 개발자는 현재 Wladimir J vander Laan이 맡고 있으며, 전임 관리자인 개빈 안데르센Gavin Andresen(현재는 비트코인 캐시 지지)는 의견 차로 인해 코어팀을 나왔다.

코어팀은 비교적으로 보수적인 입장을 취해왔다. 특히나 비트코인의 확장성 문제가 끊임없이 제기 되었음에도, 블록 크기를 늘리는 Segwit2x(하드포크)와 같은 해법을 결사 반대하고, 블록 크기의 확대를 최소화하는 Segwit(소프트포크)를 지지한다.

이와 반대로 Segwit2x를 지지하는 개발자들도 있다. 비트코인 언리미티드(Bitcoin Unlimited, 줄여서 BU), 비트코인 클래식(Bitcoin classic), 비트코인 ABC(Bitcoin ABC), BXT 클라이언트를 사용하는 노드로, 이들은 비트코인 블록 사이즈가 확대되어야 한다는 입장을 고수하는 "빅블록" 세력 정도로 이해하면 좋겠다. 결국 이들은 코어팀에 반대해 Segwit2X를 강행하고, 비트코인 캐시로 떨어져 나오는 방법을 택했다. 실제로 비트코인 캐시는 블록 최대 용량이 8MB에 달한다(비트코인에 Segwit이 활성화되면 4MB).

Small Block VS Big Block

이렇듯 비트코인과 비트코인 캐시는 작은 블록과 큰 블록이라는 서로 다른 목표를 가진 개발자들의 분가라고 볼 수 있다. 핵심 논쟁거리는 '노드의 중앙화'다. 블록 용량이 두 배로 커진다는 것은 속도가 빨라진다는 장점이 존재하지만, 그만큼 블록체인을 유지하는 비용, 데이터 크기가 증가한다는 것을 의미한다. 간단히 말하면 현재 기술력을 감안했을 때 기존 소규모 노드들이 더 이상 채굴을 지속하기 어려워진다는 의미다. 최대 용량인 8MB를 가득 채운다고 가정했을 때, 95%의 노드가 채굴을 그만두게 되고, 최상위 5% 노드만이 채굴을 유지할 수 있다는 분석까지 나올 정도다.

이는 어디까지나 예측일 뿐이고, 결과적으로 양측 모두 나름의 확고한 비전을 갖고 있다. 그럼에도 비트코인 캐시에 대한 부정적인 시각을 가진 투자자들이 많은 것으로 안다. 이에 대해 그럴듯한 이유를 몇 가지 소개할까 한다. 팩트 체크는 불가능할 것으로 보이며, 시중에 돌아다니는 여러 썰들도 추측에 불과하다. 그냥 사실일지도 모르는 괴담이라 여기고 읽고만 넘겨 주시라!

그 첫 번째 이유는 펌핑이다. 앞서 언급했듯 비트코인 캐시가 나온 초기, 그 등락폭은 정말 상상을 초월했다. 좋은 첫 인상을 갖기는 애초에 글러먹었던 것이다.

두 번째는 우지한이라는 거물의 영향력이다. 알다시피 비트메인의 우지한 대표는 ASIC 기술의 특허를 가지고 있으며, 세계 최대의 채굴

풀을 운영하는 것으로 알려져 있다. (심지어 채굴기를 비트코인 캐시만 받고 판다.) 코어 측의 의견대로 세그윗이 활성화되면 사실상 ASIC채굴기를 사용할 수 없도록 할 예정이었다. 그래서 ASIC을 선호하는 우지한을 대표로 한 중국 채굴업자들이 목숨 걸고 Segwit을 반대했다는 설이 있다. 물론 역으로 코어 측이 중국 채굴업자들을 견제하려고 Segwit을 지지한다는 썰도 공존했다.

세 번째는 코어측의 언론플레이다. 역시나 썰이지만 코어 측 개발자들 중 일부가(어쩌면 다수가) 괴팍한 성격의 소유자라고 추측되는 몇 가지 일이 있었다. 자기랑 의견이 다르다고 디도스 공격을 한다든지…. 아무튼 마음에 들지 않는 행동을 하면 무자비하게 반대편을 학살하는 편이라고 한다. 비트코인 캐시에 대해서도 암암리에 좋지 않은 소리를 하고 다녔을 가능성도 있다. 믿거나 말거나.

또 하나 비트코인과 비트코인 캐시를 논할 때 빼놓을 수 없는 게 있다. 바로 채산성이다. 비트코인 캐시는 비트코인과 많은 특성을 공유한다. 발행량은 물론 합의 매커니즘도 PoW로 비트코인처럼 채굴이 가능하다.

PoW 시스템이 유지되는 데 가장 중요한 요소는 채굴자다. 채굴이 원활하지 않다면 전송 자체가 지연되며 수수료가 한정 없이 올라가거나, 극단적으로는 전송이 되지 않는 상황까지 초래할 수 있다. 채굴이 진행되지 않는 PoW코인은 가치가 없어진다. 비트코인과 비트코인 캐시는 같은 암호화 알고리즘 SHA256을 사용하기 때문에 같은 프로그램으로 둘 다 채굴할 수 있다. 그래서 채굴업자들은 두개를 비교해보고 보다 채산성이 좋은 코인을 지속적으로 채굴하게 된다.

　이 과정을 최적화하기 위해 비트메인에서 '원 터치'라는 기술을 발명할 정도니 기존 비트코인 채굴자들의 제한된 수익구조가 바뀌는 중요한 터닝포인트였음은 부정할 수 없는 사실이다. 아무튼 이렇게 두 네트워크가 해시 파워를 두고 경쟁하게 되는 재밌는 구도가 만들어졌다. 이를 둘러싸고 막강한 해시파워를 지닌 우지한 대표와 중국 채굴풀들이 이를 이용해 비트코인 네트워크를 마비시키고 비트코인 캐시를 왕좌에 올려놓겠다는 목표를 가지고 있다는 등 수많은 음모론이 존재한다. 필자는 썩 동의하지 않는다.

　비트코인 캐시 파트는 최대한 사실을 기반으로 서술하고자 하였다. 내용이 정말 쉽지 않고, 베일 뒤에 숨은 수많은 세력들의 이야기를 포함하기 때문에, 필자로서는 이 내용을 사실이라고 설파할 수 없다. 어쩌면 이해가 크게 엇나간 부분이 있을 수도 있다. 그럼에도 암호화폐 시장에는 분명 "큰 손"들이 존재하고, 진정한 암호화폐의 실현을 위해 수많은 이념갈등이 발생한다.

　비캐를 단순히 "별거 아닌 스캠코인"이라고 치부하지 말고 왜 이런 이념갈등이 발생하는지, 개발진은 이를 어떻게 해결하려고 하는지, 이런 문제에 대해 이해하려는 노력은 여러분의 투자는 물론, 공부에도 큰 도움이 될 것이다.

이더리움 ETH #ICO #스마트_컨트랙트 #비탈릭_부테린

코인마켓캡 기준 부동의 시총 2위, 바로 이더리움이다. 지난 5월 최고가를 갱신했던 당시의 리플(XRP)과 11월에 역시 최고가를 갱신한 비트코인 캐시(BCH 혹 BCC)를 제외하고는 규모 면에서도 감히 도전장을 내밀지 못하는 블록체인 플랫폼 시장의 절대강자다. 많은 사람들이 이더리움을 코인의 이름이라고만 알고 있지만, 그 코인의 보다 정확한 이름은 분산 응용 프로그램 플랫폼 '이더리움(Ethereum)'의 기축 통화 '이더(Ether)'이며, 우리가 흔히 사고파는 '이더리움'은 바로 이 '이더' 코인을 의미한다. 이더리움 공식 홈페이지에서는 이더를 "The crypto-fuel for the Ethereum network", 즉 "이더리움 네트워크의 암호화된 연료"라고 표현한다. 물론 글에서는 편의상 이더리움이라고 명명하겠다.

개요

1. 개발자 : 비탈릭 부테린
2. 출생일 : 2015년 7월 30일
3. 발행량 : 무제한(다만 공급량은 매년 줄어든다)
4. 유통량 : 약 9,600만 개(2017년 12월 코인마켓캡 기준)
5. 합의 매커니즘 : POW + 점진적 POS 도입
6. TPS : 최대 25tps
7. 주 언어 : Go
8. 용도 : 스마트 컨트랙트 Smart Contract
9. 별명 : 플랫폼시장의 리더

이더리움의 가장 기본적인 특징은 이렇다. 필자가 처음 이더리움을 접한 것은 2017년 3월경으로 당시 이더리움의 가격은 2만 원을 간신히 상회했다. 아직도 기억이 난다. "5만 5천 원!? 안 돼, 조정이 올 거야. 너무 비싸"… 그리고 얼마 지나지 않아 급격한 상승세를 타며, 30만 원 대에서 꽤나 긴 횡보 기간을 거쳐, 2018년 1월, 100만 원을 훨씬 상회하는 고가의 코인이 되었다. 그렇다면 도대체 이더리움은 어떻게 사용이 되며, 어떠한 가치와 잠재력을 가지고 있는지, 보다 자세한 이더리움의 몇 가지 특징에 대해 천천히 알아보자.

플랫폼

이더리움을 한 단어로 요약하라면 "블록체인 플랫폼 시장의 리더"라고 할 수 있을 것이다. 플랫폼 시장에 대한 간단한 예를 들자면 구글의 플레이스토어를 생각할 수 있겠다. 플레이스토어에서 우리는 세계 각지의 개발자들로부터 개발된 안드로이드 어플리케이션을 구매, 사용할 수 있다. 개발자가 소비자를 찾기 위한 노력을 최소화해주기 때문에, 개발자들도 집집마다 돌아다니며 제품을 팔기보단 이러한 플랫폼들을 선호하기 마련이다. 이뿐 아니라, 플랫폼은 기술적인 가이드라인을 제공한다. 코딩에 대한 이해도가 낮은 사람도 보다 쉽게 앱 개발에 착수할 수 있도록 돕는다.

이더리움도 이와 비슷하다. 블록체인 기술은 앱 개발에 있어 새로운 기준 혹은 표본을 제시할 것이다. 그러나 기술적으로, 시장적으로 구글 플레이스토어같은 플랫폼이 존재하지 않는다면 개발자, 판매자, 소비자 간의 간극은 좁혀질 수 없다. 따라서 이더리움은 블록체인 기반의 네트워크를 통해 플레이스토어와 같은 역할을 하고자 한다고 볼 수 있겠다. 그리고 이 네트워크에서 사용되는 기축 통화가 바로 이더가 되는 것이다. 이더리움 네트워크의 사용자는 이더를 전송할 때마다 수수료를 지불하게 된다. 수수료는 이더리움 네트워크를 유지시키는 채굴자 혹은 노드에게 돌아간다.

로드맵

이더리움을 접해보았다면 '메트로폴리스'라는 단어를 참 많이 들어봤을 것이다. 메트로폴리스가 되면 이더리움의 가치는 한 차원 더 도약할 것이다...라는 이야기가 주를 이루는데 그렇다면 메트로폴리스란 무엇인가? 그 답은 이더리움의 로드맵에 있다.

이더리움은 4단계의 개발 로드맵을 가지고 있다.

1. 프론티어(Frontier): 최초 개발 상태
2. 홈스테드(Homestead): 이더리움의 생태계 구축, 개발자, 사용자들을 위한 기능들 추가 및 보완.
3. 메트로폴리스(Metropolis): 본격적인 상용화 단계. 2017년 8~9월로 예정되어 있으나 다소 늦어지는 중. POW와 POS를 동시에 채용하는 하이브리드 합의 메커니즘을 사용. POS방식을 실험적, 점진적으로 채용하여 최종 POS 방식 전환을 목표. 인프라 형성의 단계.
4. 세레니티(Serenity): 최종 단계. 대용량 트랜잭션을 위한 샤딩, 라이트닝 등의 기능이 모두 적용. 확장성을 최대화하여 전 세계에서 발생하는 대량의 데이터들을 모두 수용가능해짐.

스마트 컨트랙트

이더리움은 스마트 컨트랙트에 최적화된 블록체인으로 통화 및 지급 결제 수단을 주 목적으로 하는 비트코인과는 전혀 상이한 특성을 가지고 있다. 따라서 스마트 컨트랙트에 대한 이해는 이더리움 네트워크를 이해하는 데에 있어 필수불가결하다 할 수 있겠다.

컴퓨터 공학적으로 스마트 컨트랙트에 대해 설명하자면 얼마든지 복잡한 용어를 사용할 수 있겠으나, 본 책에서는 그러한 복잡성을 배제하고 가능한 간단하게 이를 설명해보려 한다.

말하자면 "돈에 계약을 붙인다"라고 이해하면 좋겠다. 전자 상거래를 예로 들어보자. 아마존, G마켓, 옥션, 11번가, 타오바오와 같은 전자 상거래 플랫폼들이 하는 역할은 '신뢰'의 확보이다. 얼굴도 모르는 사람이 '먹튀'하지 않을 것이라는 보장, 그것이 필요한 것이다.

A : "물건을 먼저 보내줘, 돈은 그 다음에 지불하지."
B : "무슨 소리야. 돈을 먼저 지불해. 물건은 그다음에 보내도록 하지."

이렇듯 끝나지 않는 논쟁을 최소화하고자, 전자 상거래 플랫폼은 중개의 역할을 자청하게 된다. 추가로 다른 사람들의 평가까지 참고할 수 있어 전자 상거래는 날이 갈수록 늘어가는 추세다.

코인 투자를 하며 자주 접하는 ICO를 예로 들어보자. 필자가 벽돌이라는 이름의 이더리움 기반 토큰을 만들었다. 필자는 가난한 학생이기 때문에 ICO를 통해 개발을 위한 자금을 모금하기로 한다. 총 100만 개의 벽돌토큰을 발행할 것이기 때문에(이 정도면 개수가 아주 적은 편이다) 가격은 조금 비싸게 책정했다. "1이더리움당 100벽돌토큰을 드립니다!"

이때 이더리움 네트워크상에 "1이더리움을 필자에게 보내면, 한 달 뒤에 100벽돌토큰을 지급하겠다"는 계약 내용이 담긴 주소를 올린다. 물론 계약 내용에는 여러 가지 추가적인 사항이 담길 수 있다.

1. ICO는 2018년 1월 10일부터 20일까지 10일 동안 진행을 합니다.
2. 이더리움 5,000개가 모금이 완료되면 ICO가 사전에 종료될 수 있습니다.
3. 먼저 보낸 200이더리움에 한해서 1이더리움당 120벽돌토큰을 지급합니다.
4. 돈 많은 소수의 사람들이 비싼 수수료(Gas) 내고 토큰을 다 받아 가는 건 싫으니까
5. 수수료를 5만 가스 이상 입력한 거래는 받지 않습니다. 하나의 거래당 10이더리움을 초과할 수도 없습니다.

이러한 계약서는 블록체인에 등록되어 투명하게 공개되며, 개발자인 필자로서도 그 내용을 변경할 수 없다. 너무나 당연하게도, 아직 계약이 완료되지 않은 이더리움과 벽돌토큰은 어디에도 사용할 수 없다.

자, 모금이 무사히 완료되고, 한 달이 지나 약속한 시간이 되었다. 총 570명이 모금에 참가했고, 보내진 이더리움의 개수도 각기 다르다. 하지만 일일히 주소를 입력할 필요는 없다. 먼저 보내진 200이더리움의 주인이 누구인지 확인할 필요도 없다. 이미 스마트 컨트랙트에 입력된 계약 내용대로 이더리움 네트워크에서 자동 정산 되기 때문이다.

이제 필자도 모금된 5,000이더리움을 사용할 수 있고, 모금에 참가한 570명도 각자 받은 벽돌토큰을 보며 안심할 수 있다.

조금 이해가 되는가? 중개인도, 계약서도 필요가 없다. ICO에 참여하는 사람들도 필자가 벽돌토큰을 실제로 보낼 것인지 걱정할 필요 없다. 비용의 감소는 물론 월등한 편리함까지 가져온다. 스마트 컨트랙트는 이를 가능하게 한다.

정리하자면 비트코인은 통화 및 지급 결제 수단을 주 목적으로 한다. 하지만 이더리움은 이를 넘어 통화뿐만 아니라 재화, 가치를 거래하는 데에 있어 제3자의 보증은 물론, 계약 등을 위한 복잡한 절차마저 필요하지 않도록 만들어낸다.

바로 이 것이 이더리움의 핵심이며, 스마트 컨트랙트라고 불리는 것이다. 이런 ICO모금뿐만 아니라 P2P거래에서도 얼마든지 사용이 가능하다. 예로 아이폰을 모르는 누군가에게 사려고 한다.

1. 필자는 정품 보증서가 있어야 한다는 조건을 상대방에게 알린다.
2. 상대방은 이 조건을 승낙하고, 총 가격 1이더리움 중에서 0.1이더리움을 계약금으로 줄 것을 요구한다.
3. 필자는 이를 확인하고 0.1이더리움과 함께, 물건을 올리면서 설명한 대로 골드 색상에 충전기도 같이 줘야 한다고 재확인한다.
4. 만약 상대방이 충전기는 줄 수 없다고 하면 이 계약은 저절로 파기가 되는 것이고, 승낙하면 계약이 성사된다.
5. 서로 만족하는 시점에 두 사람 모두 전자서명을 해 계약을 완료

한다. 이제 1이더리움의 소유자 명의는 아이폰 판매자에게 이전되었다.

이 모든 과정은 한 스텝, 한 스텝마다 블록체인상에 기록이 된다. 누구도 계약 내용을 수정할 수 없고, 어길 수도 없다. 명의이전 시 계약서도 필요가 없다. 둘 중 한 명만 동의를 하면 이 모든 계약 과정을 블록체인에서 조회할 수 있기 때문이다.

이는 단순한 거래에만 국한되지 않는다. 이러한 기능들을 통해 IoT 사물인터넷 시대에 사물과 사물, 인공지능과 인공지능을 연결해주는 하나의 도구로서도, 혹 필자가 상상조차 할 수 없는 수많은 영역에서 스마트 컨트랙트 기술은 무한한 확장성을 지니고 있다.

물론 나름의 한계도 분명 존재한다. 극단적인 예시로 벽돌토큰을 지급 받았지만, 이 토큰이 가짜 벽돌(필자가 사실 개발을 전혀 하지 않아 데이터 쪼가리에 불과한)일 가능성은 단순히 스마트 컨트랙트만으로는 보장할 수 없는 전혀 다른 영역이 될 것이다. 여러 가지 복잡한 상황을 상상해 볼 수 있겠지만, 여기서는 스마트 컨트랙트에 대한 기본적인 이해라는 논점을 벗어나지 않도록 하자.

추가적으로 이더리움을 공부하다 보면 솔리디티(Solidity)라는 말을 굉장히 많이 마주칠 텐데, 그냥 프로그래밍 언어의 한 종류라고 생각하고 넘기면 마음이 편해진다. 조금만 설명을 덧붙이면 솔리디티는 튜링완전성(Turing-Completeness)을 갖고 있는 언어인데, 이는 솔리디티를 사용하면 컴퓨터로 할 수 있는 모든 행위를 언어의 제약 없이 구현할 수 있다는 좋은 뜻이란다. 솔리디티는 이더리움의 스마트 컨트랙트에서 사용된다.

튜링완전성을 지닌 프로그래밍 언어는 언어 자체에 루프(Loop)라는 기능이 탑재되어 있다는 특징이 있다. 루프는 같은 명령을 반복적으로 수행할 수 있도록 하는 것인데, 쉬운 예로 컴퓨터에게 "내가 마우스를 움직일 때까지 화면을 깜빡거려!"라고 명령을 하면 화면을 깜빡거리는 행위를 마우스가 움직이는 그 시점까지 무한하게 반복하도록 한다는 것이다. 편할 것 같기만 한 이 루프라는 기능 때문에 이더리움을 가스(Gas)라는 또다른 개념을 도입하기에 이른다.

Gas

앞서서 솔리디티와 루프에 대해 이야기했다. 머리는 조금 아프지만 그래도 어찌어찌 이해는 된다. 자, 이 루프라는 기능이 도대체 무엇이 문제이기에 그 이름도 거창한 가스Gas가 탄생했을까.

이더리움 네트워크에 누군가 어떠한 의도로(악의적일 확률이 높겠다) "100이더리움을 내 친구 필자에게 보내줘"와 같이 완료 가능한 명령이 아니라, "100이더리움이 내 지갑에 있으면 다시 내 지갑으로 100이더리움을 보내줘"와 같은 완료할 수 없는 명령을 내린다면? 명령을 내리고 수행하는 과정 하나하나가 결국 블록체인에 포함되어야 하기 때문에 이러한 상황이 자주 발생하면 이더리움 네트워크는 과부하에 걸릴 수밖에 없다.

따라서 이런 행위가 불가능하도록 트렌젝션마다(명령마다) 일정한 수수료를 지불하도록 하는 것이다. 이 수수료를 가스Gas라고 부른다. 관련 용어로 Gas limit, Gas price 등이 있지만, 주로 채굴자들에게 중요한 개념이니 설명은 생략하겠다.

가스는 이렇듯 네트워크 과부하를 막기 위한 수단이며, 동시에 채굴자들에게 경제적 유인을 제공하는 하나의 방식이기도 하다. 따라서 가스를 높게 책정하여(사용자가 일정 범위 안에서 원하는 대로 설정할 수 있게 되어 있다.) 트렌젝션을 생성할 경우 좀 더 빨리 전송할 수 있다 정도로 이해하면 좋겠다. 위의 벽돌토큰 ICO 예시 중 계약 내용으로 가스에 대한 조건을 명시하였는데, 이와 비슷한 맥락이라고 보면 된다.

댑 dApp(decentralized Application) 분산식 어플
(댑 자체에 대한 설명은 용어파트에서 다뤘으니 생략하겠다.)

이더리움은 역시나 플랫폼 계의 선두주자답게, 가장 많은 댑을 보유하고 있고, ERC20을 기준으로 댑뿐 아니라, 여러 신생 플랫폼의 ICO도 진행되고 있다. 여기서 어떤 댑들이 있는지 하나하나 설명하기는 불가능하니, 뒤에 이더리움 기반 댑 부분에서 몇몇을 소개해 놓았다.

이더리움 기반의 토큰, 즉 이더리움 댑을 사용할 경우 발생하는 모든 수수료는 원론상 이더리움으로 지불하도록 되어 있다. 따라서 활성화된 댑이 많아질수록 이더리움의 수요도 높아질 가능성이 높다고 볼 수 있겠다.

확장성 : 해결되지 않은 문제 #샤딩 #라이트닝_네트워크

때는 바야흐로 스테이터스(SNT) ICO였다. 당시의 ICO 광풍을 기억하는 분들도 계시리라! ICO에 성공만 하면 3배, 4배는 기본으로 먹고가는 시기라, ICO 투자 경쟁은 치열했다. 몇백, 몇천, 억에 달하는 거대한 자본이 단 수 초 만에 모금계좌로 쏟아져 들어갔다. 그토록 짧은순간에 엄청난 양의 트랜잭션이 몰리면서 언젠가는 터졌어야 할, 사실비탈릭 부테린도 이렇게 빨리 부각될 것이라고 생각하지 못한 문제가세상에 드러났다. 바로 이더리움 네트워크의 과부화다.

엄청난 양의 트랜잭션을 감당하지 못한 이더리움 네트워크에서 결국엄청난 양의 이더리움이 허공에 띄워지는 현상이 발생했다. 보낸 사람은 있는데 받는 사람이 없었던 것! 쉽게 말하면 이더리움 네트워크의채굴 속도가 이더리움 트랜잭션 속도를 따라가지 못해 이더리움을 기약 없이 기다려야 하는 상황이 발생한 것이다. 스테이터스 ICO의 광기어린 트랜잭션들을 소화할 수 없었던 이더리움은 며칠에 걸쳐 과부화를 풀어내야 했다.

이러한 문제는 비단 이더리움에게만 해당되는 것은 아니다. 흔히 사용하는 VISA 시스템이 초당 2만-5만 건 이상의 트랜잭션을 소화할 수있는 것과 비교해, 비트코인은 초당 최대 약 7건, 이더리움은 약 25건만을 소화할 수 있다. 플랫폼 후발 주자들이 VISA 카드 시스템과 비슷한, 혹은 그보다 빠른 속도를 자랑한다고 하지만 우선은 논외로 해두자.

이에 대한 해결책으로 비탈릭과 이더리움 재단은 세 가지 방안을 제시했다.

1. 샤딩 Sharding

샤딩이 새로운 기술은 아니다. 블록체인의 블록이 많아질수록 각 노드가 가져야 할 데이터의 양은 기하급수적으로 증가한다. 따라서 이를 분산시키는 것이다. 너는 몇 번부터 몇 번, 너는 몇 번부터 몇 번. 여기에 추가로 이렇게 나누어져 있는 데이터들을 중간에서 이어주는 작업까지, 비교적 복잡한 형태의 기술을 요구하는 문제이며, 블록체인 상에서 샤딩이 적용된 사례가 없기 때문에 개발진도 신중에 신중을 기하는 것으로 보인다.

2. 라이덴 Raiden

그 시초는 라이트닝 네트워크라고 볼 수 있겠다. 라이덴 네트워크는 블록체인상에 기록되는 정보를 최소화하는 기술이다. 쉽게 말해 이더리움 블록체인 밖에서 별도의 채널(스테이트 채널 a two-way discussion channel)을 이용해 거래를 하고 그 결과만을 블록체인에 보고하는 방식으로, 트랜잭션 비용 절감은 물론 블록체인의 거래 속도도 큰 폭으로 증가시킬 수 있다. 이때 스테이트 채널 내의 거래는 암호화되어, 당사자만 확인할 수 있도록 하기 때문에 익명성에도 문제가 없으며, 제3자 노드의 참여로 기존 블록체인의 신뢰성도 유지할 수 있다. 라이트닝 네트워크에 대한 자세한 내용은 라이트코인 파트를 확인해주시라.

3. 캐스퍼 Casper

앞서 설명했듯이 비탈릭은 기존 POW 방식의 이더리움을 POS 방식으로 전환하고자 한다. 이때 이더리움 POS 시스템을 캐스퍼(Casper)라고 부른다. 기존 POS 시스템보다 더욱 공평한 시스템을 제공할 수 있다는데, 좀 더 지켜보자.

EEA(Enterprise Ethereum Alliance)

EEA(Enterprise Ethereum Alliance)란 이더리움 기업 동맹으로, 2017년 초에 이더리움에 기반한 기업형 블록체인 기술을 개발, 협력, 제휴하기 위해 만들어졌다. 삼성SDS뿐 아니라 그보다 한발 먼저 참여한 세계 유수의 기업들, 또 우리가 알고 있는 여러 코인팀도 즐비하다. 자세한 것은 EEA 공식 홈페이지**7**를 참조하자.

이 중에서 가장 친숙한 삼성 SDS를 예로 들면, 자체 개발한 기업형 플랫폼 넥스레저(Nexledger)와 블록체인 신분증, 지급결제 시스템을 확장하기 위한 발판으로 참여한 것으로 시장에서는 생각하고 있다.

또 하나의 유명 컨소시엄은 인텔, 뱅크오브아메리카(BOA), HSBC 등이 참여해 있는 R3 컨소시엄이며, R3 컨소시엄은 비트코인과 이더리움을 포괄하는 금융기록과 스마트 계약 실행을 위한 코다(Corda)라는 플랫폼을 개발하고 있다.

---

7 https://entethalliance.org/members/

이더리움 클래식 ETC #에이다? #이클 #DAO

개요

1) 개발자 : IOHK(에이다 개발진과 한 팀)

2) 출생일 : 2016년 7월 20일

3) 발행량 : 2.1억 개

4) 유통량 : 약 1억 개(2018년 1월 22일 기준)

5) 합의 메커니즘 : POW

6) TPS : 14TPS

7) 프로그래밍 언어 : Go

8) 용도 : 플랫폼(준비 중)

9) 별명: 이클, 이더클

출생의 비밀?!

조금만 블록체인에 대해 공부해보면, 의외로 이곳은 많은 이론, 철학 등에 기반하고 있음을 알 수 있다. 앞에서 설명했던 비트코인과 비트코인 캐시, 그리고 그 외 수많은 친구들은 경제적인 요인뿐 아니라 나름의 철학과 이념을 가지고 떨어져 나가기도, 현상유지를 반복하기도 했다.

이더리움은 2016년 4월 30일 DAO(Decentralized Autononmous Organization, 탈중앙화 자치조직) 방식의 펀딩을 추진하며 토큰 크라우드 세일을 런칭한다. 그리고 한 달 뒤인 2016년 5월 27일 당시 기준 약 1,500억 원 규모의 펀딩이 마무리된다. 그러나 역시 얼마 지나지 않은 6월 17일, DAO계좌가 해킹을 당하며 문제가 발생한다. 간단하게 설명하면, 환불 요청을 하고 실제 환불 처리가 되기까지 시스템상에서 일정한 시간 차가 발생하는데, 이 시간 차가 해커에 의해 악용되어 수차례 거짓 환불이 반복된 것이다(Recursive Attack이라고 불린다). DAO가 런칭되기 전, 일부 이더리움의 투자자와 프로그래머들은 보안에 대한 취약점이 존재한다며 문제를 제기했음에도 불구하고 결국 펀딩은 진행되었고, 이더리움 총 발행량의 10%에 달하는 코인이 이러한 방식으로 탈취되었다.

당시 DAO의 계좌에서 이더를 출금하려면 27일을 기다려야 하도록 프로그래밍되어 있었기 때문에 해커들은 DAO 계좌에서 다량의 이더리움 코인을 확보했지만, 출금은 하지 못한 상태였다. 투자자들, 개발자들 입장에서 천만 다행이라 여겨질지도 모르지만 오히려 문제는 여기서 발생한다.

비탈릭은 두 가지 솔루션을 제안한다. 첫 번째는 소프트포크로, 버그를 수정하고, 해커의 이더리움을 동결하는 것이다. 두 번째는 하드포크로, 해킹에 의한 피해가 크니 해킹당하기 전으로 돌려 이미 해킹당한 코인들을 블록체인에서 떼어내자는 것이 골자다. 전자의 경우 투자자들에게 꽤나 직접적인 영향을 끼칠 수 있기 때문에, 이더리움 네트워크는 다수 노드의 동의를 얻어 하드포크를 결정한다.

무슨 문제가 있나?라고 생각할 수 있지만 누군가 의도적으로 이더리움의 과거를 수정한다는 점에서 기존 탈중앙화, 수정불가성을 모토로 하는 블록체인의 취지에 크게 어긋나게 된 것이다. 특정 일부에게 피해가 된다고 해서 기록을 수정한다? 이는 블록체인의 취지에 충실한 사람들과 이념 갈등을 발생시킨다. 그럼에도 하드포크로 노선이 정해지며 해킹의 피해를 성공적으로 막았다고 여겨졌으나, 하드포크 3일 뒤 거래소 폴로닉스가 기습적으로 이더리움 클래식을 등재한다. 해커들의 코인이 시장에 그대로 유통되게 된 것으로 이더리움은 그 가치를 여전히 의심받아 가격 폭락을 경험한다.

이더리움 클래식의 개발진은 화이트 해커를 고용해 역으로 해커들의 코인 일부를 탈취해 오고, 12월 하드포크를 통해 발행량 제한을 하는 등 블록체인의 취지를 최대한 지키면서 네트워크를 유지하려는 노력을 보였다.

로드맵
이클은 이더의 결함 때문에 개발진에게 버려진 코인이라는 인식이 비교적 강했는데, 이는 사실이 아니다. 2017년 말부터 폭등하기 시작한 에이다와 개발진이 같고, 제한된 자원에도 불구하고 꿋꿋하게 개발을 계속하는 열일하는 개발진이라고 할 수 있다. 여기서 간략하게 2017년, 2018년 아웃라인을 짚고 넘어가고자 한다.

2017년에 주로 진행한 프로젝트는 아래와 같다. 하드포크를 진행하여 원래는 발행량 무제한이던 이클에 하드캡 2.1억 개를 씌우는 새로운 통화정책을 시작했고, '에메랄드 지갑'이라는 이름을 가진 이클 전용 지갑을 개발했다.

2018년에 가장 기대를 받고 있는 프로젝트 중 하나는 사이드체인을 통해 확장성 문제를 해결하는 것이다. 확장성 문제가 해결된다는 것은 플랫폼을 준비하고 있는 코인으로서 비트코인 다음으로 느리다는 악명을 떨쳐냄과 동시에 이클 기반의 여러가지 dApp을 출시할 수 있는 기회이다. 확장성 외에도 지갑 개발, dApp개발, 사물인터넷과의 접목 등을 꿈꾸고 있다.

네오 NEO #중국코인 #네오가스 #앤트쉐어

개요

- 개발자 : 다홍페이(达鸿飞)
- 출생일 : 2014년 6월
- 발행량 : 1억 개
- 유통량 : 6천 5백만 개(2018년 1월 22일 기준)
- 합의 메커니즘: POS
- TPS : 1,000TPS(이론상 최대 10,000TPS)
- 프로그래밍 언어 : 자바, 파이썬 등 거의 모든 언어
- 용도 : 플랫폼
- 별명 : 개미, 중국대표 POS코인

개미날다

2017년 8월, 1$ 언저리에 있었던 시가총액 100위권 들도 보고 못한 코인이 8월 12일 46불까지, 약 3주 동안의 슈퍼 랠리로 40배가 넘는 수익률과 함께 어제의 고점을 내일의 저점으로 만들어 버려 떡하니 코인 마켓캡5위에 등재되었던 기록적인 사건이 있었다. 어째서 이런 일이 일어났었고 어떻게 이런 기록적인 상승이 있었는지 설명하자면 이렇다.

우선 네오는 원래 엔트쉐어Antshare라는 코인이었다. 리브랜딩 이전의 앤트쉐어는 솔직히 필자의 개인적인 의견으로는… 엠블럼이 너무 조잡해서 이 코인이 무엇인지 알아볼 생각조차 하지 않았던 것 같다. (당시 엔트쉐어는 500원이었다. 젠장)

엔트쉐어의 엠블럼(?) 조잡하다

2014년 6월 중국 최초의 블록체인으로서 설립되었고, 2017년 8월 8일, 리브랜딩된 새로운 이름이 지금 우리가 알고 있는 네오이다. 네오는 아주 쉽고 직관적이게 이해하자면 기능이나 합의 메커니즘 면에서 이더리움과 유사하다. 그렇기에 퀀텀 등과 더불어 '중국의 이더리움'이라는 타이틀을 놓고 경쟁하는 코인이다.

다만, 이더리움과 다른 몇 가지 점을 찾아본다면, 플랫폼과 사용비가 통합되어있는 이더리움에 반해(이더리움을 사용하기 위해서는 이더리움을 수수료로 내야 하는 시스템), 네오는 플랫폼, NEO-GAS는 사용비라는 명확한 구분이 있다는 점이다. 그렇기에 NEO지갑을 통해 ICO 등에 참여할 때 NEO만 가지고 있다면 ICO에 참여할 수 없다. 소량의 NEO-GAS를 보유해야만 NEO의 전송이 이루어진다.

또 네오는 거의 모든 개발언어를 지원한다. 이더리움을 개발하려면 솔리더티 프로그래밍을 배워야 하는데, 네오는 자바, 파이썬 등 거의 모든 언어를 지원하며, 개발자 본인이 자신 있는 언어로 폭넓고 쉽게 스마트 컨트렉트를 작성할 수 있게 했다. 프로그래머들에게 있어서 보다 낮은 진입장벽을 제공하는 플랫폼이라고 할 수 있다.

7~8월 이후 중국자본의 유입이 많아지면서, '중국' 관련 코인 붐이 일

어난다. 퀀텀, 바이텀 등 중국 관련 코인들의 액면가가 최고치를 달렸을 때도 8월 말이었다.

사람들이 중국이라는 키워드에 관심을 갖고 있던 이 시점, 네오의 폭발적인 가격 상승을 이뤄냈었던 것은 바로 'NEO-GAS 배당금 시스템'이었다. 요즘 핫한 POS 체계의 가장 가시적인 시스템이라고 볼 수도 있겠다.

네오를 전용지갑이나 특정 거래소에 넣어두면 GAS를 배당해 주었는데, 일시적으로 GAS가 네오의 가격을 넘어서기 시작하면서 상승랠리가 시작되었다. GAS가 오르니 네오가 오르고, 네오가 오르니 GAS가 오르는 무한루프 선순환이 이루어진 것이다. 이론상 2,000개의 네오를 가지고 있으면 하루에 GAS 하나가 배당된다(실제론 그것보다 조금 적지만). 이를 계산하면 네오를 홀드하고 있는 것만으로 월 5~8% 정도의 배당을 받을 수 있다는 것이 된다(물론 이는 코인 개수에 한정된다. 여러분의 돈이 안정적으로 5~8% 늘어난다는 것은 아니다).

네오 창립자 다홍페이(达鸿飞)를 필두로, 개발진은 자신들의 기술력에 아주 자부심이 높다. 보통 밋업이나 회의 등을 큰 호재로 포장해버리는 소위 부풀리기식 마케팅을 하는 코인들이 판을 치는 코인판이지만, 네오는 개발사회의나 밋업 등에서도 항상 기술 그 자체만 논의하며 시장가격에 대한 언급은 일절 하지 않는 것으로 유명하다. 이들 또한 블록체인의 개발과 상용화를 위해서 더욱 더 큰 그림을 그리고 있는 것이 아닐까?

퀀텀 QTUM #중국코인 #큐또속

퀀텀은 2017년 3월, 대망의 프로젝트 런칭을 하였다. 프리세일과 ICO에 격차를 두지 않고 바로 진행했으며, 선착순 판매의 형식이었다. 잘 알려져 있듯, 퀀텀은 특히 네오와 종종 비교되며, 중국의 이더리움 타이틀을 놓고 싸우고 있다.

개요

1) 개발자 : 패트릭 다이(Patrick Dai)

2) 출생일 : 2017년 3월

3) 최대 발행량 : 1억 개

4) 유통량 : 약 7천 4백만 개 (2018년 1월 28일 기준)

5) 합의 메커니즘 : PoS

6) TPS : 최대 140 TPS

7) 프로그래밍 언어 : C++

8) 용도 : 플랫폼

9) 별명 : 큐텀, 큐터미, 큐또속, 중국의 이더리움2, "우리 패트릭 하고 싶은거 다 해"

퀀텀은 ICO 당시 많은 논란이 되었는데, 그것은 바로 메인 개발자인 패트릭 다이(Patrick Dai)의 사기 의혹 때문이다. 3년 전 당시 스티븐 다이(Steven Dai)라는 이름으로 활동했던 그는, 비트페이(Bitpay)라는 정교한 스캠 프로젝트에 연루된 전과(?)가 있다. 2년 후, 2017년 3월 패트릭이라는 이름으로 돌아왔지만, 그는 비트페이 사건에 대해 해명하지 않은 채 당시 스티븐 다이와 현재의 패트릭 다이는 동일인물이 맞다는 사실만을 인정했다.

그럼에도 불구하고, 퀀텀의 인기는 대단하여 5일 만에 모두 완판이 났다. 3월이면 ICO 시장조차 모르던 투자자가 많았을 때이다. 사람들은 어째서 퀀텀에 열광했을까?

퀀텀 백서에서 내세웠던 점은, 퀀텀은 비트코인의 UTXO 시스템과 이더리움의 EVM시스템을 결합시켜, 비트의 이더의 이점만을 승계한 ~~쏙쏙 골라먹은~~ 최적의 코인이라는 것이었다. 또한 로드맵에 '오라클'이라는 기능을 탑재, dApp개발자를 위한 쉽고 직관적인 기술키트를 만들어 낸다고 명시되어있다.

2017년 9월 13일, 퀀텀은 ERC 20 기반의 토큰에서 벗어나 메인넷 런칭을 통해 정식으로 코인이 되었는데, 실제로 과부하나 해킹 한 번 없이 안정적으로 운영되고 있다. POS 코인인 만큼 자체 지갑을 통한 스테이킹을 통해 얻는 수익도 나쁘지 않다. 2017년 11월 기준으로 일주일에 천 개당 하나 정도의 퀀텀이 지급되었다.

퀀텀의 성장동력은 아이러니하게도 패트릭의 엄청난 마케팅 능력이었는데, 패트릭의 마케팅 능력이 얼마나 대단한지를 단적으로 보여주는 사례를 하나 소개하겠다. 일본의 비트플라이어(Bitflyer)라는 아주 보수적인 거래소를 제외한 세계 5대 거래소에 모두 퀀텀이 상장되어있다. 거래소 상장 직전에 패트릭은 거의 매주 "곧 커다란 발표를 할 것이다(Big announcement coming soon)"라는 워딩을 남발했는데 ~~본인의 입을 주체하지 못하던~~ 패트릭의 홍보 효과에 힘입어, 퀀텀의 가격은 언제나 롤러코스터를 탄 듯 요동쳤다.

11월 중순쯤 되어서 여론은 급기야 패트릭을 양치기 소년 취급하기 시작했다. 한동안 어떤 호재를 발표하여도 가격이 요지부동이 상태를 유지하여 '큐또속'이라고 불리기도 했었다. 우스갯소리로 커뮤니티에서 떠도는 "성공한 투자자의 10대 원칙"에 "퀀텀과 리플은 사지 않는다"라는 말이 돌 정도였으니까. ~~진짜 호재 직전에 풀매도를 때리면 백발백 중이었다.~~

하지만 실제로 이들 로드맵의 포부는 아주 크고 이들은 이를 정말로 천천히 실현 중이다. 퀀텀의 자체 인공위성을 준비하는가 하면, 치후360 등 중국의 작지 않은 IT 기업과의 협업, 300dApp 프로젝트 등 빅픽처를 그리고 있다. 특히 플랫폼 코인인 만큼 댑의 유치가 아주 중요한데, 12월, 1월 두 달만 해도 보디, 잉크, 큐바오, 메디블록, 로빈 8 등 성공적인 댑들을 다수 런칭시켰다. 퀀텀을 기반으로 하는 댑 300개를 유치하는 것이 이들의 목표이다.

말도 많고 탈도 많은 코인이지만, 퀀텀은 제 갈 길을 열심히 가고 있는 것으로 보인다.

라이트코인 LTC #찰리_리 #세그윗 #라이트닝_네트워크

모두 알다시피 비트코인은 ~~아름답고~~ 비싸지만 하자가 많다. 느린 속도(스케일링 문제), 비싼 수수료 등 암호화폐의 대표주자치고는 부진한 면이 많은 비트코인을 위해 라이트코인이 나섰다. 한때 "비트코인을 위한 실험용 생쥐"라고까지 인식되었던 비트코인의 동생 라이트코인에 대해 알아보자.

개요

1) 개발자 : 찰리 리(Charlie Lee)

2) 출생일 : 2011년 10월 9일

3) 최대 발행량 : 8,400만 개

4) 유통량 : 약 5,500만 개(2018년 1월 23일 기준)

5) 합의 메커니즘 : PoW

6) TPS : 최대 56tps

7) 프로그래밍 언어 : C++

8) 용도 : 화폐

9) 별명 : 라코, 은화, 실험용 생쥐

비트코인과의 차이점

기본적인 특징은 비트코인과 비슷하다. 애초에 비트코인 프로토콜을 따다가 만들었다고 봐도 무방하다. 때문에 라이트코인의 장점 중에는 비트코인과 거의 완벽하게 호환이 되어, 비트코인을 지원하는 응용프로그램에 큰 노력 없이 통합이 된다는 점이 있다. 예를 들어 비트코인으로 결제하는 시스템을 만들었다면, 라이트코인을 쉽게 추가할 수 있다는 것이다.

비트코인은 금화로, 라이트코인은 은화로 비유하는 경우가 많다. 옛날, 금이 가치가 올라감에 따라 사용이 어려워지고, 그에 따라 자연스레 은의 수요가 올라간 것과 비슷한 이치다. 라이트코인은 비트코인보다 발행량이 4배 많고, 그 속도도 빨라 비트보다 상용화에 유리하다.

세그윗과 라이트닝 네트워크

라이트코인 하면 빼놓을 수 없는 단어, 세그윗 & 라이트닝 네트워크다.

먼저 세그윗을 살펴보면, 라이트코인은 2017년 4월에 목표치인 75%를 넘어 커뮤니티 약 84%에 달하는 동의를 얻어 세그윗을 채택했으며 5월에 활성화가 되었다.

세그윗에 대한 전반적인 설명은 블록체인 용어 파트에서 설명했으므로 건너뛰기로 하자. 당시 개발자 찰리 리는 대중이 세그윗에 대해 단순히 스케일링 문제만을 해결하기 위한 수단으로 이해하는 것을 비판했다. 스케일링 문제만큼이나, 어쩌면 그 이상으로 중요한 문제가 거래 가변성(Transaction Malleability) 문제이고, 이것이 해결되어야 순차적으로 라이트닝 네트워크 등이 개발될 수 있을 것이라고 열변을 토했다. 한마디로 세그윗은 스케일링과 거래 가변성 두 가지 문제를 해결하는 것이다.

거래 가변성 문제는 블록 내의 witness데이터를 바꿔치기해 본질적으로 같은 거래에 또 다른 Txid를 생성하는 모종의 버그다. 본질은 같은데 이름만 바꾼 거래가 보이는 그런 느낌! 절대 다수의 프로그램들이 이러한 문제를 가정하고 코드를 짜기 때문에 당장에 크게 문제가 없다고 여겨지지만 이를 사용해 DDOS공격이 가능하고, 무엇보다 블록체인에 기록하지 않고 거래를 성사시키는 라이트닝 네트워크의 경우 거래가변성 문제는 반드시 해결해야 할 핵심과제가 된다. 세그윗은 이 witness데이터를 따로 떼어내자는 의미이기 때문에 거래가변성 문제가 자연스레 해결된다.

LIGHTNING NETWORK

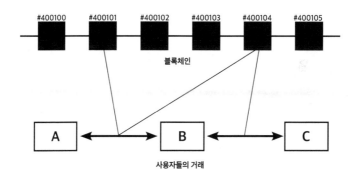

자, 그렇다면 라이트닝 네트워크는 무엇인가. 말 그대로 네트워크를 가볍게 만드는 것이다. 세그윗이 서명 정보를 분리해 기록하자는 취지라면, 라이트닝 네트워크는 애초에 여러 개의 거래를 묶어서 한 줄로 요약해 등록하자는 것이다. A와 B가 공유하는 멀티 시그Multi-sig 주소에 얼마 이상의 비트(혹은 라코)를 예치한다. 해당 기간 동안 A와 B는 멀티 시그에 들어있는 비트를 초과하지 않는 한도 내에서 여러 차례 교환한다. 이때 비트 거래는 비트코인 블록체인에 등록되지 않는다. 멀티 시그 안에 들어있는 비트코인은 멀티 시그가 유효한 순간(혹은 양 사용자가 출금에 동의할 경우)까지 비트를 머금고 있다가 조건이 부합할 때 비트를 서로에게 전송한다. 그리고 이 한 번의 거래(종합적인)만을 비트코인 네트워크에 입력하는 것이다.

HTLC(Hashed Timelock Contract)

여기서 두 개의 용어를 설명하고 넘어가고자 한다.

hashlock : 거래가 이루어지기 위한 조건
timelock : 거래가 종료되는 시간(거래가 잘못되었을 때 되돌릴 수 있도록 즉각적인 거래를 피한다)

라이트닝 네트워크의 기반이 되는 개념이다. 기존 금융권의 '에스크로' 같은 역할이라고 보면 깔끔하다.

아토믹 스왑(Atomic Swap = Atomic Cross-chain Trading)

요즘 들어 무슨무슨 코인이 비트코인과 아토믹 스왑을 성공했다더라 하는 등의 이야기가 종종 들린다. 그 중 라이트코인이 첫 타자다. 그래서 도대체 아토믹 스왑이 무엇인가.

아주 간단하게 정리하면, 거래소 같은 중개인 없이 라이트닝 네트워크상에서 비트코인 및 여타 알트코인들을 곧바로 거래할 수 있는 기술이다.

만약 라이트닝 네트워크에 대해 이해했다면 이야기가 쉬워진다. 라이트닝 네트워크에서 멀티 시그 주소에 대한 이야기를 했다. 서로 모르는 A와 B가 비트코인과 라이트코인을 바꾸려고 한다. 사실 가장 보편적인 방법은 거래소다. 특히나 비트코인의 경우 따로 테더나, 법정화폐 등을 거칠 필요 없이 대부분의 알트코인을 구매할 수 있다. 하지만 알트코인의 경우 다르다. 테더, 법정화폐라는 한 단계를 더 거쳐야 하는 것이다. 트레이딩을 하는 분들은 다들 공감하겠지만, 이렇게 한 다리를 더 건너는 것은 굉장히 거추장스럽고, 불필요한 수수료가 추가되고, 큰 가격변동 리스크까지 가지고 있다. 아무튼 별로다.

자, 다시 A와 B의 거래로 돌아와서, 1비트코인당 50라이트코인이라는 시세를 설정했다고 가정하자. A는 자신의 1비트코인을 B의 비트코인 주소로 보내는 거래를 올린다. 반대로 B는 자신의 50라이트코인을 A의 라이트코인 주소로 보내는 거래를 등록한다. 복잡한 기술적 설명은 차치하고, 이때 A와 B는 서로 자신의 코인을 보냈다라고 증명할 수 있는 값을 갖게 된다. 다만 이 증명값을 서로에게 알려줄 필요는 없고, 실제로 코인을 보내고, 받았다면, 서로 공통된 값을 제시하게 되어 시스템상에서 저절로 증명이 되는 방식이다. 따라서 아토믹 스왑을 위해 생성된 멀티 시그 주소에서 서로에 대한 증명을 마친 쌍방의 서명이 입력되면 거래가 성공하는 방식이다.

에이다 ADA #일본 #헌법제정 #자유로운_변화_인정 #3세대_코인

에이다는 카르다노 프로젝트의 코인이며 특히 일본에서 매우 주목 받고 있는 코인으로 투자자들 사이에서 잘 알려져 있다. 아직 완벽히 실행단계에 들어서지 않은 터라 한 차례 폭등했음에도 불구하고 많은 정보가 존재하지 않는다. 사실 일본에서 환영받고 있는 이유도 총 4번 의 프리세일 중 1, 2, 3차를 모두 일본에서 진행했기 때문이라고 한다 는 말도, 거래량의 절대적인 부분을 한국인이 차지하고 있다는 말도 있다. 비난과 찬양을 동시에 받고 있는 에이다, 3세대 코인으로서 어떤 특별한 점이 존재할까?

개요

1) 개발자 : 찰스 호스킨슨(Charles Hoskinson)
2) 출생일 : 2017년 10월 1일
3) 발행량 : 450억 개
4) 유통량 : 260억 개
5) 합의 메커니즘 : PoS
6) TPS : 10~15tps
7) 프로그래밍 언어 : Haskell
8) 용도 : 플랫폼
9) 별명 : 아다, 동전주 3대장

개발진

에이다 코인의 개발자는 찰스 호스킨슨이다. 그는 어린 나이에 비트 코인의 개발자, 비트쉐어의 창시자, 이더리움의 前CEO 등 암호화폐 업계에서 내로라하는 경력을 소유하고 있다.

2015년에는 IOHK(Input Output Hong Kong)를 공동설립해 카르다노 (Cardano) 플랫폼과 에이다 코인의 개발을 시작했다. 그의 화려한 경력은 수많은 암호화폐 전문가들을 IOHK로 끌어들였다. 이더리움 기술자 출신의 제레미 우드(Jeremy Wood)가 공동 설립자로 있고, Haskell, Java의 설계에 참여한 필립 워들러(Philip Wadler) 교수 등의 개발자 이외에도 다양한 업무를 수행하고 있는 팀원이 80여 명이 넘는다.

개발 일정
에이다는 특이하게도 로드맵 단계에 역사 인물의 이름을 붙인다. 영국의 작가, 컴퓨터 과학자, 시인 등의 이름이다.
1) 바이런(Byron): 2017년 12월 개발 완료, 코인 트랜젝션의 기본 기능을 가능하게 했다.
2) 셸리(Shelley): 2017년 1월 5일 개발 완료, 우로보로스(PoS 방식), 다중서명 트랜젝션, 지갑 개선, 양자컴퓨터 저항성, 라이트 클라이언트, 투표, 종이지갑 개발 등이 예정되어 있다.
3) 고갱(Goguen): 가상머신과 블록체인 기술 인프라 개발이 예정되어 있다.
4) 바쇼(Basho): 성능개선이 주 목적이다.
5) 볼테르(Voltair): 재무 시스템과 관리를 도입할 예정이다.

3세대 코인 with 헌법
역사적으로 봤을 때 기능 면에서 크게 세 가지로 블록체인에 대한 분류를 진행할 수 있는데, 1세대 블록체인은 화폐로서의 기능에만 충실한 비트코인 등의 블록체인이고, 2세대 블록체인은 스마트 컨트랙트 기능을 더한 이더리움 등의 체인을 말한다.

에이다는 '3세대 블록체인 암호화폐'를 자처하고 있는데, 이는 2세대 코인의 스마트 컨트랙트 기능을 가지고 있음은 물론 여기서 한발 더 나아가 일종의 '헌법'을 정해 해당 틀 안에서 여러 사안, 예를 들면 프로토콜을 어떻게 변경할 것인지, 실패 가능성을 어떻게 줄일 것인지 등에 대해 투표하고, 그 결과를 소프트포크로 구현하는 방식이다. 사람들의 의견을 모아 점진적으로 진화가 가능한 코인인 셈이다.

안전성

에이다 개발진에 따르면, 에이다는 안정성이 입증된 프로토콜을 적용하고 매우 복잡한 하스켈이라는 프로그래밍 언어로 구축되어 있다. 그래서 양자컴퓨터가 개발되더라도 해킹에서 안전할 수 있도록 설계되었다고 한다. ICO 백서에 따르면, 카르다노가 응용될 첫 번째 분야는 카지노와 모바일 게임 시장이라고 한다.

우로보로스

비트코인 전체 발행량의 40%를 불과 1,000명이 소유하고 있다는 뉴스가 전해지며 가격 조종 가능성에 대한 논란이 끊이지 않고 있다. 본래 비트코인은 탈중앙화라는 목적에 의해 만들어진 것인데 제3자 중개인만 없었다뿐이지 대형 세력들에 의해 좌지우지되기 쉬운 상황이다.

에이다는 우로보로스(Ouroboros)라는 이름의 PoS 합의 메커니즘을 채택하고 있는데, 이는 2018년 2분기에 개발이 완료된다. 필자의 이해로는, 우로보로스는 PoS 중에도 DPoS의 성질을 가지고 있다. 우로보로스에서 가장 강조되는 부분은 '무작위'다. 우로보로스 시스템 안에는 PoS의 대표격인 노드들이 무작위로 선출된다. 에이다의 지갑 다이달로스에 위임센터(Delegation Center)라는 기능이 구현되어 있는데, 이는 DPoS 시스템과 비슷하게 지분을 다른 노드, 혹은 대표들에게 위임할 수 있도록 하는 기능으로 보인다. 이러한 랜덤성은 특정 몇몇에게 권력이 집중되는 것을 방지하여 보다 안전한 네트워크를 유지할 수 있는 장점이 있다고 볼 수 있다. 그러나 대표, 위임 등과 관련해 구체적인 수치와 자격 등은 공식적인 자료에서 확인이 되지 않기 때문에, 차후 개발 일정과 함께 발표될 것으로 예상된다.

정부 우려 불식

중앙은행과 정부가 암호화폐에 대해 부정적인 인식을 가지는 이유 중 가장 큰 부분을 차지하는 것이 자금세탁에 관한 부분일 것이다. 에이다 코인은 이런 부분에서 개발진이 적극적으로 나서서 정부와 제도권 기관 등과 함께 협의하고 교섭할 수 있다는 해결책을 들고 나왔다.

아이오타 IOTA #탱글 #사물인터넷 #삼성과_제휴

아이오타는 2016년 발행된 IoT에 최적화된 암호화폐이다. 독일 기반 비영리 단체인 아이오타 재단에서 발행하였다. 2018년 1월 23일 기준 시총 11위이지만 블록체인에 기반하지 않고 있다. 블록체인에 기반하지 않는다니, 상상하기 힘든 코인계의 이단아다. 어떻게 가능할까?

개요

1) 개발자 : 아이오타 재단

2) 출생일 : 2015년 10월 21일

3) 발행량 : 약 28억 개

4) 유통량 : 약 28억 개

5) TPS : 500TPS

6) 프로그래밍 언어 : Java, C++(개발 중)

7) 용도 : 플랫폼

8) 별명 : 아이속타

개발진

개발진에는 총 41명이 있는 것으로 알려져 있으며, 기술 분야 17명, 수학 분야 6명, 사업 분야 18명으로 배분되어 있다. 이 중 유명인사들의 이름도 종종 보인다.

기술

1) 블록체인 아니죠, 탱글입니다

앞서 소개했듯이, 아이오타는 탱글이라는 기술을 사용한다. 탱글 기술을 한마디로 정의한다면 '방향성 비순환 그래프에 기반을 둔 분산 원장 아키텍처'인데, 이 말만 들어서는 도저히 이해되지 않는다. 좀 더 쉽게 얘기한다면, Tangle이라는 영어 단어의 원래 뜻은 '엉킴'인데, 블록체인과 달리 여러 개의 거래를 묶은 블록 대신 트랜젝션끼리 서로 컨펌을 진행하며 얽히는 구조이다.

조금 더 쉽게 이야기해보도록 하자. 탱글은 근본적으로는 블록체인과 비슷한 원리를 가지고 있다. 둘 다 P2P 네트워크를 표방하며, 탱글도 합의 메커니즘, 확인 메커니즘을 가지고 있다. 하지만 블록체인은 일 방향으로 쭉 블록이 끼워지는 구조인 반면 탱글은 방향성 비순환 그래프 구조이다. 방향성 비순환이란 쉽게 말하면 방향성은 있지만, 이 방향을 따라갔을 때 다시 그 전의 거래로 돌아오는 식의 순환은 이루어지지 않는다는 것이다.

블록체인은 그 구조상 거래가 진행되는 양이 많을수록 거래의 속도가 필연적으로 느려진다. 하지만 탱글의 경우 블록이라는 개념이 존재하지 않고, 하나의 거래가 다른 두 개의 거래를 이끌어내는 구조이다. 즉 하나의 거래가 컨펌되려면 다음 두 개의 거래를 직접적으로 입증하고 거래의 세부사항의 유효 여부와 프로토콜 규칙의 준수 여부를 간접적으로 입증하게 된다. 아래 그림을 참조하면 좋겠다. 때문에 거래의 양이 늘어날수록 오히려 거래 속도가 올라간다는 것이 아이오타 재단의 설명이다. (하지만 실제로 거래 속도가 예상에 훨씬 미치지 못해서 투자자들은 아이씨타…)

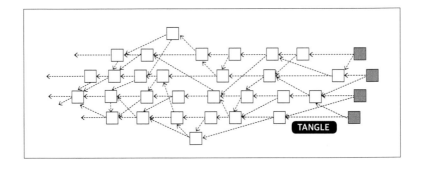

그래서 다른 암호화폐와 다르게 채굴이라는 개념이 존재하지 않고, 아이오타 재단이 발행량을 중앙집중화해 관리하는 방식이었다. 현재 재단은 최대 발행량으로 정해 두었던 27억 MIOTA(아이오타의 단위로서 1MIOTA는 백만 IOTA를 의미하며, 시중의 1IOTA는 사실 1MIOTA라고 할 수 있다)를 모두 발행하고 시장에 유통한 상태이다.

2) 플래시 네트워크

플래시 네트워크는 앞서 소개한 라이트닝 네트워크와 유사하다. 사용자들은 탱글 네트워크에 직접 트랜젝션을 올릴 필요 없이 플래시 채널을 열어 거래를 진행할 수 있다.

특징

1) 거래 수수료 무료, 빠른 거래 처리 속도

최근 암호화폐가 전 세계 투자자들의 주목을 받고 거래소 간 송금이 과열되기 시작하면서 비트코인 등 다수 메이저 코인의 전송 수수료가 하늘 높은 줄 모르고 치솟은 시기가 있었다. 설사 아주 작은 양을 전송하더라도 수수료와 컨펌 시간 모두 매우 높게 올라버려서 여러 투자자들의 뒷목을 잡게 했다.

탱글 기술을 이용한 아이오타는 채굴자가 거래를 컨펌해 줄 필요가 없이 모든 거래가 하나의 블록을 생성하고 스스로 컨펌을 진행한다. 거래자 서로가 채굴자의 역할을 해주는 것이다. 이 일이 어떻게 가능한가? 이는 사용자가 1개의 거래를 하기 위해 그 전에 진행된 2개의 거래에 대한 컨펌을 진행하기 때문이다.

탱글의 이런 속성 때문에 아이오타의 0 수수료가 가능한 것이고, 사용자와 트랜젝션이 많아질수록 거래 처리 속도가 올라갈 수밖에 없는 것이다.

하지만 아직까지는 이렇게 완벽한 시나리오가 제대로 구현되지 못하고 있다고 봐도 무방하다. 우선 탱글 기술은 블록체인이라는 검증된 기술보다는 탱글이라는 신기술을 사용하고 있기 때문에 그 안정성면에서 의문이 제기되고 있고, 실제 트랜젝션 속도도 홍보하는 것보다 훨씬 느리다고 한다. 개발자들에 따르면 최근에 스팸 공격을 받고 있어서 속도가 매우 느려지는 현상이 발생한 것. 어떤 투자자에 따르면 무려 몇 주(!) 동안 송금 지체가 일어나는 일도 있다고 한다.

2) 오프라인 거래 기능

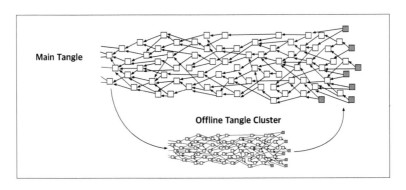

위 그림에서 볼 수 있듯, 메인 탱글 외에도 아래에 오프라인 탱글 무리가 존재한다. IoT와의 접목을 꿈꾸는 아이오타로서는 필수불가결한 요소 중 하나가 오프라인 거래의 가능성이라 할 수 있다. 아주 잠시만이라도 인터넷이 끊겨버리게 되면 생활이 마비될 수 있기 때문이다. 오프라인 거래는 블루투스 등 다른 통신 방법을 사용한다.

3) IoT로의 접목

'IOTA'라는 이름에서도 알 수 있듯, 아이오타는 사물인터넷과의 접목을 최우선 목표로 하고 있다. 만약 사물인터넷에 활용되었을 시, 어떤 편리함을 가져올 수 있을까? 주로 우리 일상 생활에서의 소액결제 분야에서 가장 이득을 볼 수 있을 것이다. 주차비 결제, 모바일 데이터 구매 등이 있을 수 있겠다.

또한 여러 '버려지는' 데이터를 데이터 마켓에 판매하고 이를 기업이나 개인이 구입할 수도 있을 것이다. 버려지는 데이터란, 흔히 우리가 스마트 워치를 사용할 때 그 기기가 감지하는 날씨, 의료정보 등 실제로 유용한 곳에 쓰이지 못하고 사라지는 데이터를 말한다. 만약 데이터마켓을 통해 이런 데이터를 원하고 필요로 하는 당사자들이 접근할 수 있게 된다면 기술 개발, 예측 분석, 사물인터넷 등에 매우 효율 높게 적용될 수 있을 것이다. 이런 아이디어에서 출발한 데이터 마켓 플레이스의 베타 버전이 운영되고 있으며 향후 방향을 차차 구체화할 계획이다.

논란: 삼성, 마이크로소프트 제휴?

삼성과 마이크로소프트와 아이오타가 제휴를 맺었다는 소문이 들리자 유독 한국에서만 아이오타 가격이 70%나 급등했다. 그때 해외 거래소에서 아이오타를 당시 유일 상장 거래소인 코인원으로 보따리 해서 들고 오려고 했으나 트렌젝션에 과부하가 걸리는 바람에 거래소 내부에서 폭발적인 펌핑이 일어나게 된 것.

하지만 나중에 마이크로소프트는 제휴가 아닌 시장 참가자인 것으로 드러나고, 삼성과는 연관이 없다는 것이 드러나 아이오타의 가격은 한국 기준 하루 만에 50% 가까이 폭락했다. 초기 투자자들이 아이오타에 대한 신뢰를 잃고 부분 돌아섰던 주요 원인 중 하나라 할 수 있다.

하지만 현재 아이오타와 실제로 파트너십을 맺고 있는 기업들로 폭스바겐, 시스코, 보쉬 등 몇몇 대기업이 있다. 아이오타가 상용화될 수 있도록 함께 개발하고 있다고 한다.

넴 NEM #일본이_사랑한_코인 #뉴이코노미무브먼트 #POI

넴, 즉 뉴 이코노미 무브먼트(NEM)으로 알려져있지만, 코인 약자는 젬(XEM)이다. 2015년 런칭된 코인으로 90억 개가 고정발행되어 인플레이션이 0이다. 넴 기반의 어플리케이션 활성화라는 그 취지에서 이더리움과 비슷하고 일본사람들이 많이 투자한다 하여 '일본의 이더리움'이라고도 불린다.

개요

1) 개발자 :

2) 출생일 : 2015년 3월

3) 발행량 : 90억 개

4) 유통량 : 약 90억 개

5) 합의 메커니즘: PoI

6) TPS : 4,000tps

7) 프로그래밍 언어 : Java8

8) 용도 : 플랫폼

개념

넴은 여러 제3자 개인 혹은 기업이 넴 기반으로 해서 여러 서비스를 진행할 수 있게 하도록 하고 있다. 투표, 자산 교환, 디지털 통화 만들기, 애플리케이션 응용 등이 여기에 포함된다. 그렇기 때문에 뉴 이코노미 무브먼트가 가리키는 것은 P2P 기반 블록체인을 자유롭게 활용하는 세상을 추구하는 정신이라고 할 수 있겠다.

넴도 일본이 사랑한 코인 중 하나인데, 현재 일본 금융기관과 기업에서 적극적으로 투자하고 있고, 넴 기반 프로젝트도 테스트를 진행 중이라고 한다. 넴은 본래 퍼블릭 체인이지만, 이를 '미진'이라는 프라이빗 체인으로 바꿔 투자하는 곳도 있다. 일본 대기업인 히타치HITACHI에서도 넴 이용을 검토 중이라고 한다. 본래 자바로 프로그래밍 되었지만 더 넓은 응용을 위해 C++로 프로그래밍한 '캐터펄트' 버전도 개발 중이다.

PoI(Proof of Importance)를 채택한 유일한 코인

넴은 듣도 보도 못한 알고리즘, PoI를 채택한다. 그 이름에서도 알 수 있듯이 넴은 공평하고 자유로운 세상을 원한다. 애초에 비트코인 탱크에서 출현한 개발진은 NXT를 하드포크하여 넴을 만들려 기획했으나, 그 합의 메커니즘인 PoS가 PoW만큼 불평등한 방식이라고 생각해서 아예 새로운 PoI라는 합의 메커니즘을 만들어냈다고 한다. '신 경제운동' 이름값을 한다.

PoI 메커니즘은 가지고 있는 코인의 금액, 거래량, 거래한 대상을 고려해서 투자자들의 중요도를 점수로 평가하고 수수료를 배분해준다. 이미 90억 개를 모두 발행했기 때문에 새로운 코인이 발행되는 것이 아닌 사용 수수료를 배분해준다. 기존 합의메커니즘이 컴퓨팅 파워와 시간을 대량으로 사용하는 것과 매우 다른 '수확' 방식이다. 사용하는 것만으로도 점수를 올려주기 때문에 사용자들의 거래량이 늘어나는 인센티브도 제공하게 된다. 그래서 "재분배를 장려하는 PoS"라고도 불린다. DPoS와 비슷한 "D Harvest(Delegated Harvest)" 방식도 존재한다고 한다.

스트라티스 STRAT #BAAS #흑트라 #브리즈월렛

개요

1) 개발자 : 크리스 트루(Chris Trew)

2) 출생일 : 2017년 6월 7일

3) 발행량 : 9,800만 개

4) 유통량 : 9,821만 개

5) 합의 메커니즘 : PoS

6) TPS : 최대 2만TPS

7) 프로그래밍 언어 : C#

8) 용도 : 플랫폼

9) 별명 : 흑트라, 스또속, 스트라는 과학이다

BAAS(Blockchain As a Service)

스트라티스는 BAAS의 비즈니스 모델을 가지고 기업을 타겟팅하며, 블록체인 시스템을 원하는 기업에 찾아가 스트라티스의 사이드체인으로 dApp을 구축해 주는 수익구조를 가지고 있다. 블록체인 컨설팅 업체인 셈이다. 클라이언트 회사는 R&D 비용과 시간을 절약할 수 있어서 좋고, 스트라티스는 수익이 생기는 동시에 홍보 효과도 누릴 수 있다. 또한 블록체인 교육시스템과 아카데미까지 준비하고 있다.

개발진

스트라티스의 주 개발자는 크리스 트루이다. 본래 금융권에서 영업직을 맡고 있었다. 기업을 상대로 수익을 올리는 B2B 구조이니 만큼 영업능력이 꼭 필요한데 개발자의 경력과 맞아떨어진다는 면에서 바람직하다고 볼 수 있다. 크리스 트루 외에 니콜라스 도리에라는 비트코인의 코어 개발자도 스트라티스의 개발에 참여하고 있다.

기술 측면

스트라티스는 비트코인 코드를 수정한 Nbitcoin 위에 얹혀 있는데, 비트코인이 C++ 프로그래밍 언어를 사용한 것과 달리 스트라티스는 C#을 사용한다. 가장 쉬운 축에 속하기 때문에 네트워킹 프로그래밍에 있어 훨씬 수월하다. 때문에 C#을 쓰는 기업과 개발자들도 많은 편이다. 응용성이나 범용성 면에서 뛰어나다고 할 수 있지만, C#자체가 가진 기술적 한계에 대한 논란거리도 많은 점은 참고하자. 우리는 잘 모른다...문송하다

브리즈월렛

스트라티스는 PoS를 채용한다. 매년 보유 코인에 대해 1프로의 수익을 받을 수 있고 25만 개 스트라티스와 5비트코인을 보유하게 되어 마스터노드가 되면 그 외에 수수료 수입이 더 생긴다. 이때 마스터노드에게 이자를 지급하는 지갑이 브리즈월렛이다. 마스터노드 외에도 더 작은 단위의 코인 개수를 단위로 하는 노드를 제공할 계획이다.

스트라티스 vs 이더리움

스트라티스와 이더리움은 자주 비교되곤 한다. 사실 스마트 컨트랙트를 지원하는 모든 코인의 지지자들이 이더리움을 넘어서기를 바라는 마음으로 자꾸 이더리움이랑 비교해서 포스팅을 한다. 게다가 하나같이 이더리움의 프로그래밍 언어인 솔리디티의 어려움을 문제 삼는다. 어것이 바로 머리채잡기?... 이 둘의 차이점은 무엇인가? 두 개 코인

의 스마트 컨트랙트 모델의 방향성이 다르다.

스트라티스 개발진의 말을 빌리자면, 이더리움은 이더리움 블록체인 위에서 스마트 컨트랙트를 실행하지만 스트라티스는 사이드체인에서의 구동도 지원한다는 점에서 약간의(?) 차이점이 있다.

사이드 체인이란 쉽게 말해 메인이 되는 블록체인 위에서 돌아가는 블록체인을 뜻한다. 이더리움과의 주요한 차이점도 여기서 나타난다. 스트라티스 기반의 앱은 메인 체인을 중심으로 각각의 사이드 체인에서 작동하는 반면, 이더리움 기반의 앱은 하나의 메인 체인 위에서 작동한다.

그리고 앞서 서술했듯, 스트라티스는 C# 언어를 사용하기 때문에 Solidity 언어를 사용한 이더리움보다 스마트컨트랙트의 구현이 좀더 쉽다. 익숙한 언어이기 때문에 개발자들이 코드의 허점을 파악하기 쉽고, 스트라티스를 보완하기에 좀더 용이하다.

웨이브즈 WAVES #DEX #대출코인

웨이브즈는 앞서 소개한, 앞으로 소개할 많은 코인과 그 특징과 기능 면에서 상당히 비슷한 면을 보인다. 이건 뭐 기능이 굉장히 '짜집기' 되어 있다는 느낌도 은근 든다. 몇 개 주요 기능을 빠르고 가볍게 짚고 넘어가 보도록 하자.

개요

1) 개발자 : 알렉산더 이바노프(Alexander Ivanov)

2) 출생일 : 2016년 6월 20일

3) 발행량 : 1억 개

4) 유통량 : 1억 개

5) 합의 메커니즘 : PoS

6) TPS : 100TPS

7) 프로그래밍 언어 : Scala, Java script

8) 용도 : 플랫폼

9) 별명 : 불곰국 코인

특징

1) 웨이브즈 자체 거래소, 또 다른 DEX(Decentralized Exchange)

웨이브즈는 내부에 자체적으로 블록체인 기반의 탈중앙화 거래소를 가지고 있는데, 여기서 웨이브즈와 기타 암호화폐를 거래할 수 있다. 탈중앙화 취지를 가진 암호화폐가 피해를 입으면서도 중앙화된 거래소에서 거래할 수밖에 없는 이 아이러니, 투자자라면 한 번쯤 짜증이

낮을 법하다. 이런 중앙화 거래소에 맞서 도전장을 내민 것이 DEX인
데, 자세한 내용은 카이버, 에어스왑, 0x 부분에서 설명하니 뒷부분을
참조하시라.

2) 법정화폐 게이트웨이

가치의 환전소 정도로 이해하면 좋겠다. 먼저 법정화폐 게이트 웨이
에 대해 얘기하자면, 예를 들어 웨이브즈 플랫폼에 1달러를 예치하면,
1 WUSD라는 웨이브즈 토큰으로 바꿔준다. 이 1WUSD를 가지고 다
른 암호화폐를 거래할 수 있다. 그렇기 때문에 웨이브즈는 법정화폐와
암호화폐 사이의 연결고리 역할을 하게 된다. 지원하는 게이트웨이는
달러, 유로, 비트코인, 이더리움이 있다.

그럼 비트코인과 이더리움 게이트웨이란? 이 두 암호화폐를 예치하
면 해당하는 수량의 웨이브즈 코인으로 바꿔준다. 그럼 그 웨이브즈
코인으로 플랫폼에서 다른 암호화폐와 거래할 수 있게 되는 것이다.

3) 대출=리싱(leasing)

그렇다, 문자 그대로의 대출 맞다. 자신이 보유하고 있지만 쓰지 않
는 웨이브즈 코인을 다른 사람에게 리싱해주고 대출이자를 받을 수
있다. 대출이자를 얼마나 받느냐는 웨이브즈의 트랜젝션 양에 따라 다
르다고 하는데, 트렌젝션이 많아질수록 받을 수 있는 이자도 많아지는
구조로 대략적으로 5주에 1% 정도라고 한다.

이 리싱이라는 것은 누구에게 해주는 것인가? 웨이브즈는 PoS 방식
을 채택하기 때문에 많은 코인을 들고 있을수록 받을 수 있는 보상이
늘어난다. 그러니 현실적으로 개미들이 얼마 되지 않는 웨이브즈를 들

고 있는다고 해서 많은 보상을 받을 수 있을 리가 만무하다. 그렇기 때문에 이 소액의 웨이브즈를 몇 명에게 리싱해줘 높은 비율의 이자를 받고, 그 이자의 일부분을 돌려받는 형식이 되는 것이다. 많이 가지고 있을수록 받을 수 있는 이자가 많으니 웨이브즈 커뮤니티 사이트[8]에서 여러 고래들 중 웨이브즈를 많이 소유하고 있는 고래의 지갑 주소를 찾아서 리싱하는 것이 좋다.

웨이브즈는 이런 기능들을 기반으로 Tokenomica, Upcoin, ZrCoin, MobileGo, EncryptoTel 등 벤처캐피탈, 제조업 기업, 모바일 게임 플랫폼 등 다양한 산업의 회사들과 프로젝트를 진행하며 영역을 넓히고 있다. 또한 세계 4대 회계법인인 딜로이트와 파트너십을 체결해 ICO 시장 표준화에 힘쓰고 있다.

---

8 http://wavescommuinty.com/leasing/

리스크 RISK #DPOS #이더인듯_이더아닌 #SDK

개요

1) 개발자 : 사비에르 소렌스(Francois-Xavier Thoorens)

2) 출생일 : 2016년 5월 24일

3) 발행량 : 1억 개

4) 유통량 : 약 1억 1,800만 개(2018년 1월 23일 기준)

5) 합의 메커니즘 : DPOS

6) TPS : 7TPS

7) 프로그래밍 언어 : Java Script

8) 용도 : 플랫폼

9) 별명 : 없음

이더인 듯 이더 아닌 이더 같은 너

리스크와 이더리움은 비슷한 목적을 가지고 있다. 리스크와 이더리움의 궁극적인 목표는 분산화된 애플리케이션 dApp(리스크는 이를 블록체인 앱 Blockchain Application이라고 부른다)을 위한 플랫폼을 만드는 것이다.

둘 사이의 차이점이라고 한다면 가상 머신(Virtual Machine)의 사용 여부나 블록 생성 시간 등 미미한 부분을 꼽을 수 있겠으나 눈에 확 띄는 차이점은 1) 합의 메커니즘 2) 블록체인의 구조 3) 프로그래밍 언어, 세 가지 정도라고 말할 수 있겠다.

합의 메커니즘 부분에서 이더리움은 아직까지 PoW방식을 사용하고, PoS 전환을 위한 여러 과제에 직면한 데에 반해, 리스크는 시작부터 DPoS방식을 채용했다.

리스크는 메인 체인과 사이드 체인으로 구분되어 있는 블록체인 구조를 가지고 있다. 스트라티스와 유사하다.

이렇듯 메인 체인과 사이드 체인이 분리된 구조는 리스크 개발팀이 자신있어 하는 강력한 보안과도 직결된다. 다른 블록체인과 다르게, 리스크는 특성상 어떤 사이드 체인이 공격받으면 그 사이드 체인 하나만 공격을 받게 되고, 리스크 네트워크 내에서 활동하는 나머지 사이드체인은 피해를 받지 않는다. 블록체인 자체가 직렬이 아닌 병렬 구조라고 보면 쉽다. 공식 홈페이지의 FAQ에서도 "우리는 단 한번도 해킹을 당한 적이 없고, 언제나 해킹을 주시한다."라고 아주 자랑스럽게 적혀있다.

리스크는 프로그래밍 언어 중 가장 대중적인 자바스크립트로 짰였다. 때문에 보다 생소한 고Go, 솔리디티 등의 언어를 채용한 이더리움보다 프로그래머, 개발자들의 접근이 용이하다.

• 이러한 장점들도 분명 존재하지만, 이미 대다수 dApp들을 선점한 이더리움과 네오 등 선점효과를 누리고 있는 여타 플랫폼들과 비교하였을 때, 특히나 플랫폼 시장은 단순 기술적 요소로만 결정되지 않는 점은 직시할 필요가 있다.

SDK

리스크는 2016년 5월 ICO에서 580만 불을 모으며 성공적으로 출발했고, 리스크의 가격은 1.0.0 대규모 업데이트를 전후로 폭등했다. 꾸준히 우상향을 하고 있으며, 또 한 가지 기대받는 개발단계로서 SDK가 남아있다. SDK는 Software Development Kit의 약자로, 리스크 코인상에서 프로그램을 쌓아 올리는 공구함 같은 것이다. 편의성의 극대화 때문에 많은 개발자들의 관심을 사고있다.

아크 ARK #방주 #스마트브릿지 #우수한_지갑

ARK라는 영어 단어의 원래 의미는 '방주'이다. 의아할 수 있겠지만, 이는 아크가 다른 코인의 기능을 흡수하고 사용할 수 있게 하겠다는 핵심 개념을 밀고 있기 때문이다.

개요

1) 개발자 : 사비에르 소렌스(Francois-Xavier Thoorens)
2) 출생일 : 2016년 11월 7일
3) 발행량 : 1억 2,500만 개
4) 유통량 : 약 9,800만 개(2018년 1월 23일 기준)
5) 합의 메커니즘 : DPoS
6) TPS: 6tps
7) 프로그래밍 언어 : Java
8) 용도 : 플랫폼
9) 별명 : 방황하는 자여, 방주로 오라

개발진

아크코인 개발자는 리스크코인 개발자와 동일인물인 사비에르이다. 하여 리스크코인의 형제코인이라고 불리기도 한다. European Commission, NATO, Black Sea Commission, ESA 등 최고 기관에서 근무한 화려한 경력의 소유자이다.

이 외에도 27명의 개발자 및 팀원이 계속해서 아크를 개발하고 있다. 화려한 경력 외에도 투자자들의 의견을 적극 반영하는 것도 또 하나의 큰 장점이라고 할 수 있다. 커뮤니티(주로 슬랙9)가 매우 활성화되어 있는 것으로 유명하며, 개발진은 커뮤니티 멤버들의 사소한 요구도 즉각 피드백을 보내주고 실행에 옮긴다. 아크에서 발표한 로드맵 또한 투자자의 요구에 대한 피드백이라고 한다.

심지어 홈페이지에서 로드맵10을 찾아 들어가면 깔끔한 인터페이스와 함께 개발 목표가 세분화되어서 어디까지 개발이 완료되었는지 퍼센티지로 그때그때 업데이트가 되고 있다. 이런 여러 가지 면에서 아크는 개발진과 투자자 간의 의사소통이 매우 활발하게 이루어지고 있다고 볼 수 있겠다.

스마트 브릿지(Smart Bridge)

스마트 브릿지라는 그 이름에서도 알 수 있듯이, 다른 모든 코인을 연결하여 장점을 흡수하는 '다리'가 될 수 있다는 것이다. 이상적으로는 아크 코인만 가지고 있더라도 다른 블록체인과 연결되어 원하는 기능을 쓸 수 있다는 얘기다.

조금 더 기술적으로 알아보자. 스마트체인을 실현하려면 서로 다른 블록체인에 작은 코드 조각을 삽입해야 한다. 이 코드를 삽입하는 것은 기술적으로 어렵지 않고, 기존의 블록체인에 그 어떤 위협도 가하지 않는다. 코드가 삽입된 체인들은 이제 아크와 호환이 가능하게 된 것이다. 한마디로 그 체인들이 아크 홀더들에게 '귀를 기울이고' 거래

---

9   https://arkecosystem.slack.com
10 https://ark.io/roadmap

를 처리해주게 된 것이다.

그래도 감이 잘 오지 않는가? 예를 하나 들어보자. 만약 아크 홀더가 이더리움의 스마트 컨트랙트 기능을 사용하고 싶어한다면(그 전에 이더리움과 아크가 호환되는지 확인하는 것은 필수이다!) 아크 지갑에서 그 거래를 생성하면 된다. 이더리움은 스마트 브릿지 기능에 의해 언제나 아크 홀더가 목소리를 내는 것을 '듣고' 있기 때문에 아크 지갑에서 거래가 생성되면 스마트 컨트랙트 기능을 기꺼이 사용할 수 있게 해준다.

스마트 브릿지 기술은 아토믹 스왑과 유사해서 종종 비교의 대상이 되곤 하는데, 스마트 브릿지가 아토믹 스왑보다 더욱 강력한 기술이라고 알려져 있다. 아토믹 스왑은 같은 프로토콜을 사용하는 블록체인에만 제한되어서 사용되는 반면에 스마트 브릿지는 서로 다른 프로토콜을 사용하더라도 호환이 가능하기 때문이다.

빠른 전송 속도
아크 코인의 가장 두드러지는 장점은 빠른 전송 속도라고 할 수 있다. 전송 속도가 무려 8초(!)밖에 되지 않는다고 한다. 그리하여 암호화폐가 일상 생활에서 가장 먼저 쓰일 수 있을 것으로 기대되는 실물 카드에도 접목을 시도 중인데, 빠른 전송 속도로 인해 실현 가능성이 매우 높다.

강력한 지갑
아크에 대해 떠돌아다니는 말 중 가장 유명한 말은 아마도 '아크지갑은 안 써본 사람은 있어도 한 번만 써본 사람은 없다'일 것이다. 그만큼 투자자들은 아크 지갑에 매우 만족하고 있다. 일단 빠른 전송 속도에 기반한 거래소-지갑 송금 시간이 다른 코인에 비해 매우 짧다. 모바일 버전까지도 개발되어 있다.

심지어 다른 코인 지갑과 다르게 처음 설치 후 기존의 거대한 블록체인 동기화를 기다릴 필요 없이 설치하고 바로 코인 입금까지 완료해 사용이 가능하다!

또한 DPoS 방식을 채택하는 아크는 비트쉐어와 같이 대표자를 선출하게 되는데, 그 수는 총 51명이다. 지갑을 통해 대표자를 선출할 수 있고, 선출된 대표자는 플랫폼에서 영향력을 가지게 되며, 자신에게 보팅해준 투자자들에게 일정량의 이자를 돌려주는데, 대표자마다 이자율이 다르다. 이 이자로 벌어들이는 수익도 짭짤하다고…

엔엑스티 NXT #예루리다 #다양한_기능

엔엑스티는 2014년 런칭된 암호화폐로서 비트코인과 함께 1세대 코인이라고 불리지만 PoS 방식을 채택하고 있다. 엔엑스티 보유자를 대상으로 한 이그니스 코인의 에어드랍이 공개되면서 매우 주목을 받았다. 엔엑스티도 이더리움같이 다양한 어플리케이션의 활용을 꿈꾸고 있다. 그중 중요한 특징 몇 개를 간략하게 소개해 보겠다.

개요
1) 개발자 : BCNEX라는 익명의 개발자
2) 출생일 : 2014년 4월 27일
3) 발행량 : 약 10억 개
4) 유통량 : 약 10억 개
5) 합의 메커니즘 : PoS
6) TPS : 100tps
7) 프로그래밍 언어 : Java
8) 용도 : 플랫폼
9) 별명 : 넥스트

예루리다(Jelurida)
뜬금없이 무슨 소리냐고 할 수 있다. 위 개요에도 쓰여있듯 원래 엔엑스티는 BCNEX라는 익명의 개발자에 의해 개발되었다. 하지만 2016년에 엔엑스티 코어 개발진 몇 명이 젤루리다라는 이름의 재단을 설립하면서 지금은 자연스럽게 엔엑스티의 개발진으로 알려져 있는 상태이다.

엔엑스티는 2014년 비트코인을 통한 ICO를 통해 10억 개의 토큰이 모두 분배되었으며, 이때 ICO에 참여한 사람은 단 73명으로 초기 엔엑스티의 지분은 73명의 고래들이 나눠 가졌다고 해도 무방하다. 바꿔 말하면 젤루리다 재단의 엔엑스티 물량은 그리 많지 않을 가능성이 높다는 것이다.

때문에 젤루리다 개발진은 엔엑스티에 대한 공헌도가 높음에도 2013년 초기 73인의 고래가 본인들보다 더 큰 이익을 얻는 것에 불합리를 느꼈고, 본인들의 지분을 높이기 위해서 새로운 생태계를 구축하기 시작했다는 것이 정설이며, 아더Ardor 생태계의 시초라고 볼 수 있다.

몇 가지 기능

1. 탈중앙화 거래소

비트코인 같은 암호화폐뿐만이 아니라 원자재, 석유 등 다양한 자산을 엔엑스티 자산으로 변환해서 거래할 수 있다.

2. 화폐 시스템

엔엑스티 시스템에서는 통화시스템화폐(monetary system currency)가 생성되고 시스템 내부에서 자유롭게 거래될 수 있으며, 현실 세계에서의 화폐 시스템과 유사하게 얼마만큼의 엔엑스티 화폐로 뒷받침되는지가 해당 화폐의 안정성을 결정한다.

3. 데이터 클라우드

엔엑스티는 어떤 종류의 데이터도 안전하게 저장될 수 있는 클라우드로 사용될 수 있다. 블록체인의 특성상 영구적이고 변경 불가능한 데이터를 업로드할 수 있다.

4. 투표 시스템
엔엑스티 코인을 가지고 있는 투자자들에 한해 엔엑스티 코인 시스템과 조직에 대한 투표권을 제공한다.

5. 계정 통제
암호화폐 사용에 있어 부정적 인식과 막대한 피해를 가져오는 계정 해킹에 대해 엔엑스티는 다중 서명 방법(multisignature methods)을 해결책으로 제시한다.

다자 서명 없이 계정에 접근하거나 거래의 진행이 불가능하도록 할 수 있고, 이때 필요한 다자 서명은 계좌 생성 시 지정할 수 있다. 이런 방식은 해킹을 예방할 수 있는 동시에 보안이 필요한 펀드에 안전성을 강화하는 데에도 쓰일 수 있다.

위 기능 중 엔엑스티 코인의 활용처는 주로 전송 수수료, 자산 생성, 투표 작성, 데이터 저장 등을 꼽을 수 있다.

암호화폐 초창기에 출시된 코인이니만큼 눈에 확 띄는 획기적인 기능은 보이지 않는다. 개발진에서 아더를 런칭한 이유 중에도 분명 이런 기술 문제가 있었기 때문일 것이다. 그렇지만 여러 가지 측면으로 보았을 때 젤루리다 재단이 이익을 올리려는 측면의 이유가 좀더 큰 것으로 보인다.

아더 ARDR #NXT_업그레이드 #젤루리다

개요

1) 개발자 : 젤루리다 Jelurida

2) 출생일 : 2016년 10월

3) 발행량 : 약 10억 개

4) 유통량 : 약 10억 개

5) 합의 메커니즘 : PoS

6) TPS : 100 tps

7) 프로그래밍 언어 : Java

8) 용도 : 플랫폼

9) 별명 : 킹아더

내용

아더는 엔엑스티 개발진이 엔엑스티의 한계를 극복하기 위해 신규로 출시한 업그레이드된 코인이다. 신규로 출시했다고는 하지만 엔엑스티 블록체인 기반으로 만들어졌기 때문에 기존 엔엑스티가 가지고 있던 특징을 다 가지고 있다. 그렇다면 아더와 엔엑스티는 어떻게 다른가?

먼저 아더 플랫폼에 대해 설명하도록 하겠다. 이더도 엔엑스티/이더리움과 비슷하게 플랫폼을 제공하여 하위 체인(child chain)을 만들어 사용할 수 있게 한다. 한창 에어드랍 때문에 이슈가 되었던 이그니스는 아더의 첫 하위 체인 코인이다. 기능 면에서 아더와 엔엑스티는 매우 비슷하다. 다만 엔엑스티보다 확장성 면에서 보완되었다. 메인 체인과 하위 체인은 분리되어 있어서 하위 체인은 1분 이내에 블록이 생성된다.

스테이터스 SNT #SNS #다른_DAPP_구현

SNT의 온전한 명칭은 '스테이터스 네트워크 토큰(Status Network Token)'이다. SNS와 비슷하게 생기지 않았는가? 그 이름에서도 알 수 있듯, 이더리움에 기반해 메시징 서비스를 제공하고 있다.

탈중앙화된 카카오톡

스테이터스는 중국의 위챗(Wechat)을 롤모델로 하는 것으로 잘 알려져 있다. 위챗은 카카오톡과 비슷하지만, 그 결제와 결제 관련 서비스 면에서 좀더 발전된 모습을 보이고 있다고 생각하면 된다. 필자 3명은 중국 유학생이기 때문에 얼마나 위챗이 편리한지 알고 있는데, 중국사람들은 집 밖을 나갈 때 현금은 물론, 카드조차 거의 들고 나가지 않는다.

우리나라에서 절대적인 점유율을 보유하고 있는 카카오톡 역시 카카오뱅크까지 출시되어 은행카드를 연동해놓으면 채팅창에서 바로 지인에게 송금이 가능하다. 스테이터스도 이와 비슷한 콘셉트을 가지고 있는 탈중앙화된 메시징 플랫폼이다.

탈중앙화가 왜 필요한가?

정보화 시대를 살고 있는 우리가 가장 두려워하는 것은 무엇인가? 해킹과 검열이다. 우리나라에서도 불과 얼마 전 카카오톡 채팅 기록이 검열되었다는 사실이 밝혀지며 논란이 불거졌다. 개인의 프라이버시와 국가의 안보 사이에서의 줄다리기는 미국에서 가장 치열하게 논의되는 문제 중 하나이다. 블록체인은 P2P로 메시지를 전달하고 중앙화 서버가 존재하지 않아서 기존 메시징 앱보다 검열과 해킹에서 안전하다.

카카오톡 vs 스테이터스

이미 사용자 수가 전체 국민의 절대 다수를 차지하고 있을 만큼 카카오톡의 지위는 막강하다. 그만큼 사용하기 편한 UI와 기능, 다양한 스티커도 매력적이다. 블록체인 기반 메시징 서비스라니, 무언가 코딩으로 가득 찬 딱딱하고 차가운 기능만 가지고 있을 것 같지 않은가?

사실 그렇지 않다. 스테이터스는 기존 카카오톡의 푸쉬 알림, 이름 등록, 스티커 등 기능과 함께 기존 블록체인 고유의 투표 기능도 제공하고 스팸 필터링도 제공하는 생각보다 고급진 메시징 서비스이다.

더군다나 스테이터스는 이더리움 기반이라서 이더리움을 기반으로 하고 있는 다른 dApp도 스테이터스 플랫폼에서 구현이 가능하다. 이더리움에 기반한 종합 서비스와 같은 것이라서 언제 어디서든 이더리움 생태계에 간편하게 액세스할 수 있다. 또한 이더리움을 교환할 수 있어 사용자 간에 단순한 지불 서비스뿐만 아니라 스마트 컨트랙트를 활용할 수도 있다.

하지만 암호화폐 기반을 가지고 있지 않은 유저라면 기존의 SNS가 훨씬 더 매력적일 것이라는 점은 자명하다. 이 부분에서는 스테이터스 개발진의 고민이 좀더 필요해 보인다.

이오스 EOS #댄_라리머 #이더리움 #ICO

EOS는 2017년 6월 26일, 1차 ICO 당시 1,200억 원 규모의 펀딩을 완료했다. 발행량은 총 10억 개로 흔히 비교되는 이더리움의 유통량보다 약 10배가량 많다. EOS는 댄을 포함 개발팀이 고안한 독특한 펀딩 방식으로 한동안 화제가 되었다.

앞서 언급하였듯이 EOS는 또! 이더리움의 차기 대항마로 불리는 코인이다. 이더리움과 마찬가지로 댑dApp의 플랫폼이 바로 그 콘셉트인데, 그렇다면 어떠한 차이가 있을까. 그 독특한 ICO부터 이더리움과의 차이점까지, 하나하나 살펴보도록 하자.

개요

1) 개발자 : 댄 라리머('댄'을 영타로 치면 'EOS'다. 잊어버리지 말도록 하자. 찡긋 ><)

2) 출생일 : 2017년 6월 26일,

3) 발행량 : 10억 개

4) 유통량 : 약 6억 2천만 개

5) 합의 메커니즘 : DPoS

6) TPS : 이론상 80,000TPS

7) 프로그래밍 언어 : Wren

8) 용도 : 플랫폼

ICO

먼저 이오스의 독특한 ICO 방식을 다시 한 번 짚어보자.

이오스 ICO는 6월 26일 1차 펀딩을 시작했다. 7월 1일까지 5일간의 펀딩을 통해 총 발행량 10억 개 중 2억 개의 토큰을 배포한다. 그리고 나머지 8억 개 중, 개발자 분 1억 개를 제외한 나머지를 1차 펀딩이 끝난 바로 다음 날부터 약 1년간(2018년 6월 1일까지) 매일 200만 개씩의 토큰을 배포하게 되어있다. 이때 200만 개 토큰의 가격은 고정된 가격을 갖지 않으며, 매일 모금되는 이더리움의 개수에 따라 유동성을 갖는다.

쉽게 말해 하루에 100개의 이더리움이 펀딩되었다면 이더리움 한 개당 2만(200만 나누기 100개) EOS 토큰을, 하루에 1만 개의 이더리움이 펀딩되었다면 이더리움 한 개당 200 EOS 토큰을 받아가는 식이다. 따라서 많은 투자자들이 매 회차의 펀딩이 마무리되기 직전까지 펀딩된 이더리움의 개수를 확인하며 본인의 이더리움을 펀딩하기도, 혹 그렇지 않기도 한다. 이때 적정하다 여겨지는 토큰 가격은 시장에 형성된 EOS 토큰의 가격이며, 일종의 눈치싸움이라고도 볼 수 있겠다.

EOS가 ICO를 진행하던 당시는 ICO가 한창 열풍이던 시기였다. ICO에 들어가기만 하면 돈이 된다라는 인식이 팽배했고, 또 그것이 현실이 되는 시기였기 때문에 소액 투자자보다는 자본가들이 절대적으로 유리한 싸움이었다. 이는 단순 투자수익에만 영향을 미치는 것이 아니라 향후 네트워크에 사용될 이오스 코인의 분배에도 영향을 미친다. 소수에 의해 독점된 코인은 블록체인의 본질과는 사뭇 다른 결과를 초래할 수 있다.

(여기서부터는 다소 주관적인 의견이 포함될 수 있다) 여기서 사람들의 입에 더욱 회자되는 것은 이오스 팀이 ICO 토큰을 ERC20 토큰으로 발행하였으며, 이더리움으로 펀딩을 받는다는 것이다. 이는 생각보다 많은 의미를 내포한다. 첫 번째로 이오스는 이더리움의 경쟁상대이다. 이더리움은 수많은 dApp들의 플랫폼으로서 그 입지를 견고히 해가고 있는데 한 발 늦은 이오스는 이더리움과 같이 플랫폼의 콘셉트을 가지고 있으며, 다소 기술적, 경제모델적 차이를 보이고는 있으나 둘은 공생이 아닌 어느 정도 경쟁적인 구도가 될 것으로 보인다.

처음에 많은 사람들은 이오스의 ICO 펀딩 방식을 보며 경악을 금치 못했다. 도대체 이더리움을 몇 개나 받아먹으려는 거야? 했다. 2017년 12월 11일 기준, 170회차 펀딩에 16,617개의 이더리움이 모금되었으며, 이는 역시 당일 기준 한화로 약 90억 원에 달한다. 금액만으로도 거대하다 여겨지지만, 이렇듯 매일같이 EOS로 쏟아져 들어가는 이더리움의 양 역시 무시할 수 없다.

아이러니한 것은 선뜻 이해하기에 EOS가 이더리움을 무너뜨리기 위해 모금된 이더리움을 덤핑할 것이다… 등등의 상상력을 발휘해볼 수 있는데, 실상 EOS는 이더리움 투자자들에게 EOS라는 또 하나의 옵션을 제공하며 되려 하나의 장점을 더해준다고 볼 수도 있겠다. 극단적으로 이더리움에 치명적 문제가 발생했다고 가정했을 때, 이더리움 홀더들은 그와 비슷한 이오스로 바로 '갈아탈' 여지가 있기 때문이다.

우리가 이더리움과 이오스 개발진의 생각을 완전히 알기도, 그 내용을 완전히 이해하기도 쉽지 않다. 때문에 이러한 현상에 대한 해석과 견해는 정말 각양각색이다.

경제시스템

이더리움의 Gas 시스템은 이더리움 네트워크의 사용료(수수료)를 사용자가 부담한다. 하지만 EOS는 이러한 수수료를 사용자에게 부담시키지 않으며, 대신에 dApp의 사업자가 일정량 이상의 EOS 토큰을 보유하도록 한다.

예를 들어 중고나라 같은 어플을 개발했다고 가정해보자. 개발자인 나는 이더리움 마켓과 이오스 마켓에 각각 어플을 등재한다. 이때 명확한 차이가 발생한다. 이더리움 마켓은 쉽게 어플을 등재할 수 있지만, 이오스 마켓에서는 그것이 쉽지 않다. 상당량의 이오스 코인을 보유해야지만 사업자로 등록할 수 있는 것! 이더리움 마켓에서는 사업자가 아닌 사용자(유저)에게 네트워크 이용료를 부과한다. 어플을 사용하는 유저들이 사용할 때마다 비용을 지불해야 한다는 의미인데, 반면 이오스는 유저들에게는 추가적인 비용을 부과하지 않는다. 쉽게 이해가 되었는가?

직관적으로 보았을 때, 이 두 모델은 확연히 다른 경제 시스템을 갖고 있다. 이더리움은 사용자가 많아질수록 그 가치가 증가하지만, 이오스는 사업자가 많아질수록 그 가치가 증가한다. ~~필자는 아직 학생이기 때문에 사업자보다는 사용자의 입장에 편향되어 있기에 이오스 시스템이 좀더 맘에 드는 것 같은데..~~ 실제로 어떻게 구현될지는 아직 미지수이며, 또 그 비용이 어떻게 측정되고, 시장이 어떻게 흘러갈지 예측하기 어렵기 때문에, 판단은 독자 여러분 스스로 하시기를!

속도

개발자 댄에 의하면 이오스는 초당 80,000건의 트랜잭션을 소화할 수 있다. 그리고 최대 100만 tps까지 속도를 올리는 것이 이들의 목표이다. 현 두 자리 수에 그치는 이더리움과 비교했을 때 큰 차이지만, 이더리움 역시 확장성 문제를 해결하려 하고 있기 때문에 이 문제는 좀 더 지켜봐야 할 것으로 보인다. 생각해볼 만한 것은 이더리움이 준완성된 네트워크상에서 이러한 문제들을 해결하고 있는 과정이라면, 이오스는 네트워크를 본격 시작하기 전 대부분의 문제들을 해결하고 출시될 여지가 있다는 점이다.

비트쉐어 BTS #방탄소년단 #댄_라리머 #스마트코인

비트코인의 느린 거래 처리에 실망한 사람들은 그 아성에 대적하기 위해 출사표를 던진 2세대 암호화폐에 뜨거운 관심을 보내게 되는데, 하나는 스마트 컨트랙트라는 매우 유용한 기능을 가지고 있어 dApp의 활성화를 가져온 이더리움이고, 또 다른 하나가 속칭 방탄소년단(BTS)인 비트쉐어이다. 하지만 오해금지, 비트쉐어랑 방탄소년단은 전혀 전혀전혀 연관이 없다!! ~~한국형 코인이라고, BTS같은 자랑스러운 한국형 암호화폐가 많이 나와야 된다고 말씀하신 그분도 이 책을 보셨으면 좋겠다.~~

개요

1) 개발자 : 댄 라리머

2) 출생일 : 2014년 7월

3) 최대 발행량 : 약 37억 개

4) 유통량 : 약 26억 개

5) 합의 메커니즘 : DPoS

6) TPS : 100,000TPS

7) 프로그래밍 언어 : C++

8) 용도 : 플랫폼

9) 별명 : '방탄소년단'

개념

비트쉐어는 DAC(Decentralized Autonomous Company), 즉 분산화된 자주적 기업의 지분이라고 이해할 수 있다. 비트쉐어를 보유함으로써 주주가 될 수 있고, 주주가 된다면 투표시스템을 통해 투자를 하고 수익을 나눌 수 있는 기능까지 포함하고 있는 것이다.

비트쉐어(Bitshare) 앞 세 글자는 '비트(Bit)'인데, 이는 비트코인을 연상시킨다. 비트쉐어와 비트코인은 어떤 관계가 있는가? 비트코인도 사실은 DAC라고 볼 수 있다. 운영자 없이 블록체인 기술을 통해 특정 규칙에 따라 운영되기 때문이다. 비트쉐어는 비트코인의 기본 틀에서 한 발짝 더 나아가 '스마트코인', 즉 블록체인이라는 기술 위에 여러 조건들을 함께 올릴 수 있게 만들어놓아 블록체인에 기반한 금융거래나 투표시스템 등이 가능하다.

스마트코인

이더리움 스마트컨트랙트에 도전하는 비트쉐어 '스마트코인'은 역시 뛰어난 응용성을 자랑한다. 이더리움 기반의 dAPP을 만들 수 있듯이, 누구나 기반의 코인을 발행할 수 있다.

비트쉐어 기반의 스마트코인은 앞에 "bit"라는 단어가 들어가게 되는데, 다른 자산과 가치가 고정되어 있는 암호화폐이다. 예를 들어 실제로 중국의 몇몇 거래소에서 쓰이는 bitCNY를 예로 들어보자. 이는 중국 화폐 단위인 CNY를 스마트코인으로 만든 것으로, 그 가치는 실제 CNY에 매우 근접한다. 발행자는 발행한 스마트코인 액수의 2배에 해당하는 비트쉐어 코인을 담보물로 제공해야 한다.

이때 두 배 액수에 달하는 비트쉐어는 시장에 유통되지 않는 담보물이기 때문에 비트쉐어 자체 유동성이 과잉공급되지 않는다. 또한, 스마트코인을 발행하려고 하는 주체가 많아질수록 담보물로 제공할 비트쉐어에 대한 수요가 증가하기 때문에 비트쉐어의 가격은 장기적으로 우상향하게 된다. 그렇다면 담보물의 가치 역시 높아지게 되는데, 이는 스마트코인 발행자의 수익이라고 할 수 있겠다.

탈중앙화 거래소

비트쉐어는 그래핀이라고 불리는 엔진을 바탕으로 탈중앙화 거래소 비트쉐어 자산 거래소(BitShares Asset Exchange)를 운영한다. 그래핀은 10만 TPS라는 빠른 속도를 자랑한다. 이는 비자와 마스터카드의 초당 거래량을 합친 것보다 높은 수치이다.

다른 DEX와 다른 점은, 이 거래소에서 거래를 하는 것은 가격이 동기화되는 스마트코인과 BTS라는 것이다. 즉, 비트쉐어 거래소에서 bitBTC를 산다고 해서 정말 비트코인을 소유하게 되는 것은 아니라는 것이다. 만약 진짜 비트코인을 사고 싶다면 비트쉐어에서 bitBTC를 동일한 액수의 BTS로 바꾼 다음 다른 거래소로 송금해서 다시 거래를 진행해야 한다는 뜻이다. 얼핏 보기에 이는 조금 번거로운 과정이라고 생각될 수도 있다. 물론 그런 단점도 있지만, 스마트코인을 거래하는 것이기 때문에 안정적인 거래가 가능하다는 장점도 있다.

탈중앙화된 거래소의 필요성은 기존의 거래소를 쓰고 있는 투자자들이라면 누구나 한 번쯤 통감해봤을 것이다. 비트쉐어도 그런 수요에 맞춰 야심 자게 출사표를 던졌다. 그러나 다른 DEX에서 나타난 고질적 문제, 즉 거래의 지연 때문에 투자자들의 기대는 실망으로 돌아갔다.

또한 계속 읽다 보면 알겠지만 DEX는 비트쉐어만 가지고 있는 신박한 기능이 아니기 때문에 이 두 가지는 지지부진한 비트쉐어의 가격을 설명하는 원인으로 종종 등장한다.

바이텀 BTM #중국코인 #8BTC

바이텀은 2017년 6월 ICO를 시작하여 자그마치 2,329명의 투자자가 참여, 5,900BTC 모금에 성공했다. 중국 암호화폐 업계 유수 인재들이 개발했다는 점, 중국 도미넌스가 압도적으로 높다는 점 등에서 많은 주목을 받았다.

개발진

먼저 바이텀이 투자자들의 주목을 받고 있는 가장 큰 이유, 빵빵한 개발진을 소개하겠다. 살펴보다 보면 모두 8btc에서 같이 일을 했던 경험이 있다는 것을 알 수 있다.

- Chang Jia - 중국에서 가장 큰 암호화폐 뉴스 사이트 8btc.com의 설립자
- Lang Yu - BlockMeta.com의 창시자, 알리페이에서 시스템 엔지니어로 근무 경력
- Duan Xinxing - OKcoin의 前 VP

개념

바이텀은 현실세계에 존재하는 물리적 자산(보증, 증권, 배당, 채권, 물리적 세계에 존재하는 정보)과 디지털 자산 간의 호환, 더 나아가 거래까지 목표로 하고 있다. 다양한 자산을 블록체인에 연결하고, 유동성을 강화시킴으로써 자산의 가치 증가를 도모하겠다는 것이다.

바이텀 사용처

바이텀 블록체인상에서의 거래는 일정량의 바이텀을 제공해야 한다. 또한 코인을 소유함으로써 바이텀 체인의 관리와 운영에 참여할 수 있다.

엥? 중국 개발진이 엄청 빵빵하다며? 근데 왜 이것밖에 안 써놨어? 라고 할 수 있다. 이해한다. 우리도 매우 당황스러웠다. 바이텀은 개발진이 빵빵하기로 진짜 정말 유명하기 때문이다. 필자 세 명은 중국에서 유학하고 있기 때문에 가끔 중국 거래소도 사용한다. 그래서 중국 코인에 대해 한국 투자자분들보다 더 많이 접했었고, 한국 커뮤니티에 잘 알려지지 않은 숨은 옥석(잡코인)도 많이 봤다.

근데 이 바이텀, 정보가 없어도 너무 없다. 한국어, 영어, 중국어 다 찾아봤다. 그런데도 없었다. 다만 깃헙 업데이트 속도와 양을 봤을 때 개발진들이 물밑에서 매우 열심히 개발을 하고 있다고밖에 할 수 없다. 우리가 팔로우하고 있는 위챗 계정에도 주기적으로 진행 정도를 알려주는 포스트가 올라온다. 그런데 전부 다 코드, 버그 수정 이런 내용이라 여기서 설명할 만한 내용은 딱히 많이 없다. 아마도 개발 초기단계라 그런 것이 아닐까 싶다. 더 구체적인 응용과 실행은 조금 더 기다려야 할 듯하다.

대시 DASH #익명성_코인 #다크코인 #마스터노드 #코인셔플

익명성 코인, 소위 다크 코인 3대장 중 가장 덩치가 큰 대시. 흔히 사람들이 대시를 어둠의 세계(?)에 특화된 코인으로 생각하는 경향이 있는데, 이는 대시가 가지고 있는 코인 셔플이라는 기능 때문이다. 코인 셔플이라는 기능을 이해하기 위해서는 대시코인 특유의 보상시스템을 이해해야 한다.

개요

1) 개발자 : 대시 재단

2) 출생일 : 2014년 2월

3) 발행량 : 0(ICO 안 함)

4) 유통량 : 7,836,733개(2018년 1월 24일 기준)

5) 합의 메커니즘 : PoW(일부 기능에 한하여 PoS)

6) TPS : 약 30tps

7) 프로그래밍 언어 : C

8) 용도 : 화폐

작동 원리 & 기술력

대시는 기본적으로 비트코인과 같이 ASIC으로 채굴할 수 있는 코인이지만, 독특하게도 마스터 노드가 있다. 1,000개 이상의 대시를 보유한 사람에게 마스터 노드의 권한이 주어지며, 마스터 노드를 유지(존재)하는 그들을 위한 보상시스템이 존재한다.

마스터 노드의 보상은 상당히 매력적인데, 대시는 블록이 채굴되면

(코인이 발행되면) 채굴자에게 45%, 마스터 노드 운영자에게 45%, 대시의 생태계를 위한 기금으로 10%가 분배된다. 2018년 1월 1일 기준으로, 총 운영되는 마스터 노드의 개수는 5,203개다. 다시 말하자면, 대시 1,000개만 들고 있으면 전 세계 대시 채굴자들이 채굴하는 양의 45프로를 별다른 노력 없이 5,203명의 마스터 노드 보유자가 나눠 먹는다고 볼 수 있다. 코인판이 우상향한다는 전제하에 이보다 안정적이고 고수익인 재테크가 또 있을까. ~~최근 시가로 봤을 때 마스터 노드 구축 비용이 15억이 넘어가는 건 안 비밀.~~

코인 셔플 : 익명성의 기초

구분	평균 수수료	수수료 책정 단위	평균 속도
일반 전송(PoW)	0.00001DASH	매 kB당	약 15분
빠른 전송(PoS)	0.0001DASH	매 트렌젝션당	약 1~4초
익명 전송(PoS)	0.001DASH	코인 믹싱 10회당	약 1~4초

출처 : DASH 공식 홈페이지

위 표에서 볼 수 있듯, 대시의 거래 종류에는 3가지가 있다. 위 두 개는 쉽게 이해되는데 익명 전송이라는 것이 선뜻 이해가 되지 않는다. 여기서 바로 대시의 익명성을 보장해주는 코인 셔플 기능이 사용되는 것이다.

코인셔플Coin Shuffle(또는 다크믹싱 Darksend Mixing)이라는 기능은 마스터노드를 통해 거래를 전송하는 방식 때문에 가능한 것이다.

아래 그림처럼 거래 4개를 마스터 노드에서 믹싱한다. 거래 중 두 개가 합법적 거래이고, 다른 두 개가 마피아의 돈세탁에 쓰인다고 해보

자. 마피아는 거래를 당연히 비밀로 하고 싶을 것이다. 이때 표준 수수료보다 백 배 비싼 익명 전송 수수료를 내면 마스터노드에서 마피아의 거래와 합법 거래를 섞어 어떤 거래가 어디서 온 것인지 알 수 없게 만들어 최종 주소까지 전송한다. 이것이 코인 셔플이다. 저 비싼 수수료는 1번이 아닌 10번을 믹싱해 주는 데 드는 수수료이다.

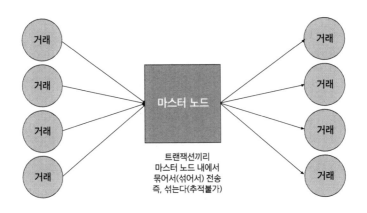

민주코인(?) 대시

여타 코인들과 같이 대시 또한 재단이 있다. 앞서 언급했듯이 대시는 블록보상의 10%가 대시의 기금으로 축적이 된다. 또한 대시재단은 커뮤니티가 아주 활발하다. 유저들은 대시의 발전방향성을 제시하고, 안건이 상정되면 마스터 노드들에게 투표권이 부여되어 최종적으로 투표를 통해 방향이 결정된다. 그리고 이곳에 기금이 사용된다. 미국의 대통령 선거와 비슷한 개념이라고 이해하면 쉽다.

투자처로서의 이점 & 단점

장점

- 2018년 1월 1일 기준으로, 780만 개의 코인 중 60프로 이상이 마스터 노드로 묶여있어 실제 유통량이 많지 않다. 마스터 노드 비율은 증가하는 추이이다. 대부분의 투자자들이 장투마인드이다(가격 방어가 용이함).

- 대중적인 ASIC채굴 방식으로 채굴자들이 충분한 해시파워를 제공함.

- 화폐로서의 가치에 충실함: 대시는 익명성 코인으로 유명하기도 하지만 이름처럼 전송속도 또한 아주 빠르다. 한가지 예시를 들자면 미국 같은 경우가 대시가 대마초 결제로 사용이 된다. 현재 미국에서 허가를 받은 대마초 판매소도 카드사의 가맹점 승인이 안 돼 오직 현금 결제만 가능한데, 이로 인해 현금 관리비용이 매출의 10~15프로나 차지한다. 대시의 장점을 토대로, 블록체인 지불 전문회사인 alt36와 협업하여 POS기를 통한 결제가 가능하게 만들었다. 이외에도 대시는 실제로 많은 유럽&미주권 국가에서 화폐 대신 사용할 수 있다.

단점

- 소수의 사람이 대부분의 지분을 차지하고 있는 방식이기 때문에, 마스터 노드 시스템을 역이용해서 대형 홀더들의 시세조작이 만연하게 이루어질 수도 있다.

- 큰 틀로 블록체인을 바라볼 경우, 화폐로서 순기능을 담당하는 코인보다는 플랫폼 코인의 가치가 상대적으로 더 높아질 수밖에 없다. 하지만 대시는 화폐의 순기능만을 담당한다.

- 만에 하나 호오옥시라도 다크코인이 투명하지 못하다는 이유로 범

세계적 다크코인 규제가 들어갈 수도 있다.(하지만 그럴 일은 없으니까 이 부분은 무시해도 좋다.)

결론

사실 어떤 각도로 접근해도 대시는 아주 매력적인 코인이다. 하지만 이미 150만 원을 웃돌아 버린 높은 가격(2018년 1월 1일 기준) 때문에 대시에 진입하기 꺼려지는 심리도 어느 정도 작용한다. 그리고 이 높은 가격이 대시 보유자의 카르텔을 결속시키는 데 아주 큰 역할을 한다고 생각한다.

여담이지만 필자는 단 한 번도 대시를 보유해본 적이 없는데, 그 이유는 아주 단순하다. 가격이 너무 비싸서…(대시가 8만 원이던 시절부터 비싸다고 생각했던 것이 패인이다. 그 뒤로 한 번도 하방테크를 타본 적이 없다). 이 책이 그렇듯 특정 코인의 투자를 부추길 생각은 없지만, 블록체인을 공부하면 할수록 대시는 매력적인 코인이 아닐 수 없다.

모네로 XMR #단언컨대_가장_완벽한_익명성_화폐

랜섬웨어, 검은 돈, 돈세탁, 불법 자금 조달…. 세계 곳곳의 뉴스들이 비트코인의 어두운 면을 수식할 때 사용하는 단어들이다. 하지만 아이러니하게도 비트코인은 아주 투명하다. 대부분의 암호화폐가 그렇듯 누구나 txid를 확인하여 잔고를 확인하고, 그것의 이동을 추적할 수 있기 때문이다. 하지만 언론에서 말하는 '검은 돈의 세탁'을 가능하게 하는 가장 완벽한 익명성 화폐가 있으니… 그것이 바로 모네로다.

개요

1) 개발자 : 익명

2) 출생일 : 2014년 4월 18일

3) 발행량 : 1,830만 개(이후 매년 1% 미만의 인플레이션)

4) 유통량 : 약 1,570만 개(2018년 1월 24일 기준)

5) 합의 메커니즘 : PoW

6) TPS : 1,700tps

7) 프로그래밍 언어 : C++

8) 용도 : 화폐

모네로는 자타공인 익명성 최강의 코인이다. 익명성 부분에서만큼은 완벽한 익명성 구현이 아닌 대시[11]나, 아직까지는 불안정한 제트캐시[12]에 비해서 보다 완벽한 익명성을 제공한다. 비트코인의 경우 txid

---

11 수수료에 따라 일부 거래만 익명성을 서비스처럼 제공하기 때문!

12 영지식 증명이 아직 이상적인 단계까지 개발되지 않았기 때문에

를 통해서 잔고의 이동을 확인할 수 있지만, 모네로는 전송 이후 임의로 txid가 섞인다. 이 기술을 링 시그니처(ring signature)라고 부르며, 개인의 프라이빗 키를 통한 확인 이외에는 확인할 수 있는 방법이 없다.

2018년 1월 2일자 블룸버그 통신에 의하면, 프린스턴 대학교 연구진들은 제트캐시의 트랜잭션을 일부 복구시킬 수 있는 기술을 개발했지만, 모네로는 아직도 뚫지 못하는 상황이라고 한다.

모네로 코어팀의 개발 슬로건은 "안전하고, 개인적인, 추적 불가능한(Secure, Private, Untraceable)"이다. 보안이 보장된 상황 속에서 개인정보를 추적할 수 없게 만들어야 한다는 것이다. 실제로 모네로는 돈을 주고받은 모든 기록을 사전에 차단, 방지한다. 구매, 송금, 영수증 등 모든 내역은 기록되지 않는다. 1모네로의 가치는 언제나 1모네로일 뿐이다.

아래 그림에서 보듯, 이미 2016년부터 딥웹의 마약상, 무기 밀매상들은 비트코인 외에 모네로를 결제수단으로 받아들이고 있다. 비트코인의 양지화가 이뤄짐에 따라서 '차세대 검은 돈'이라는 타이틀은 모네로가 차지할 확률이 아주 높다.

모네로의 익명성은 아주 매력적으로 다가오지만, 동시에 윤리적인 이유로 투자하기 다소 꺼려지는 코인일 수도 있다. 높은 익명성이 좋은 방향으로 사용될 여지도 충분히 있지만, 당장은 어둠의 세계에서 사용 가치가 아주 높기 때문이다. 어떤 선택을 할지는 본인의 몫이다.

제트캐시 Z CASH #영지식_증명 #익명

Z캐시, 제트캐시, 지캐시, 다 같은 코인이다. 필자는 제트캐시가 입에 붙어서 그냥 편하게 제트캐시라고 부르겠다.

제트캐시는 비트코인 프로토콜을 기반으로 나온 코인으로, 비트코인과 같이 총 2,100만 개로 발행량이 제한되어 있으며, 비트코인과 동일하게 4년에 한 번 반감기(채굴 보상이 줄어드는 시기)가 있다.

개요
1) 개발자 : 비트코인 코어 DEV팀
2) 출생일 : 2016년 10월 28일
3) 발행량 : 2,100만 개
4) 유통량 : 3,125,156개(2018년 1월 24일 기준)
5) 합의 메커니즘 : PoW
6) TPS : 7~27TPS
7) 프로그래밍 언어 : C++
8) 용도 : 화폐

개념
제트캐시는 영지식 증명에 기반한 다크코인이다. 익명성을 보장하는 화폐 역할을 추구한다.

영지식 증명(Zero-Knowledge Proof)
사실 제트 캐시의 핵심이자 획기적인 본질은 영지식 증명이라는 기술에 있다(아직 개발 단계이며 완벽하게 구현되었다고 보기는 어렵다). 이들 청사진의 궁극적 단계인 영지식 증명 시스템을 설명하자면 이렇다.

영지식 증명을 쉽게 이해하기 위해 다음과 같은 비유를 들 수 있다(사실 어렵다, 이해하기 어렵다면 건너뛰어도 좋다). 이 비유는 장 자크 키스케다의 「어린이를 위한 영지식 증명」이라는 논문에서 인용한 것이다. 어딜 봐서 어린이를 위한 건지는 잘 모르겠지만.

 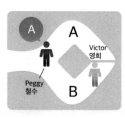 

| Peggy randomly takes either path A or B, while Victor waits outside | Victor choose an exit path | Peggy reliably appears at the exit Victor names |

증명자 철수는 어떤 동굴 안에 있는 비밀 문의 열쇠를 갖고 있다고 하자. 동굴은 그림과 같이 고리 모양으로 되어 있고, 그 한가운데를 비밀 문이 막고 있다. 비밀 문의 반대편에는 동굴의 입구가 있고, 입구에서는 비밀 문의 모습이 보이지 않는다. 철수는 영희에게 자기가 정말로 열쇠를 갖고 있다는 것을 알려줘야 하지만, 다른 사람에게 자신에 관한 비밀이 알려지는 것은 싫어한다.

다음과 같은 방법으로, 다른 사람에게 어떤 정보도 주지 않으면서 철수가 비밀 문의 열쇠를 갖고 있다는 것을 증명할 수 있다.

먼저 철수가 A와 B 가운데 아무 통로나 골라 동굴로 들어간다. 이때 영희는 입구 밖에 서 있어서 철수가 어떤 통로로 들어갔는지 볼 수 없다. 그다음 영희가 입구로 들어와 A나 B 가운데 아무 통로나 골라 철수에게 외친다. 철수는 그 말을 듣고 영희가 고른 통로로 나타난다.

만약 철수에게 비밀 문의 열쇠가 있다면, 영희가 어떤 통로를 골라도 철수는 그 통로로 나올 수 있다. 그러나 철수에게 비밀 문의 열쇠가 없다면 철수는 처음 골랐던 통로로만 나올 수 있으므로, 50% 확률로 영희의 요구를 만족할 수 없다. 만약 위와 같은 실험을 여러 번 반복한다면 철수가 영희의 요구를 전부 만족할 수 있을 확률은 매우 낮다. 예를 들어 위와 같이 20번만 반복해도, 철수가 열쇠를 갖고 있지 않으면서 영희의 답을 모두 맞힐 수 있는 확률은 100만분의 1 이하가 된다.

그러나 이런 실험을 아무리 반복해도, 철수는 영희 외의 다른 사람에게 어떤 정보도 주지 않는 셈이 된다. 예를 들어 영희가 철수와의 실험을 전부 캠코더로 녹화해 다른 사람에게 보여준다고 해도, 영희가 아닌 다른 이들에게는 어떤 증명도 될 수 없다. 영희와 철수가 사전에 어떤 통로로 나올지를 약속한 다음 캠코더로 녹화했다면 열쇠가 없더라도 통로를 전부 맞추는 영상을 찍을 수 있기 때문이다. 반면 영희는 자신이 임의의 통로를 불러줬다는 사실을 알고 있으므로, 이 증명은 영희에게만 유효한 증명이 된다.

이렇게 된다면, 원하는 정보만을 주면서 거래하는 것이 가능해진다.

여러 자료를 찾아본 결과 이것이 가장 쉽게 설명된 자료였다…. 여기서 더 들어가면 머리 아프니까 영지식 증명에 관한 얘기는 여기까지만 하자(사실 필자도 여기까지밖에 이해하지 못한다).

제트캐시는 출범 이후 꾸준한 가격 상승이 이루어졌는데, 몇 가지 이유를 들자면 JP모건과 같은 굵직한 대기업들과 파트너십을 맺었다는 점, 익명성 코인이라는 점, 그리고 아직 영지식 증명에 치명적인 버그가 발견되지 않은 점 등을 꼽을 수 있다. 확실한 것은 제트캐시의 성장 가능성은 아직 크고, 안정적이라는 점이다.

2.
어플

골렘 GNT #그리드_컴퓨팅 #슈퍼컴퓨터

골렘은 필자가 가장 처음으로 그 원리를 이해하고 감탄한 이더리움 댑이다. 블록체인의 확장성을 단적으로 보여줄 수 있는 강력한 예시라고 생각된다.

그리드 컴퓨팅 Grid Computing

대부분의 우리는 컴퓨터를 사용할 때 컴퓨터의 100%를 활용하지 않는다. CPU, GPU는 우리가 배틀그라운드와 같은 초고사양 게임을 돌리는 일이 아니라면, 보통의 문서작업, 리서칭 정도로는 다 사용할 수도 없다. 골렘 네트워크는 이때 각각의 컴퓨터에 남아 있는 컴퓨팅 파워를 모아 연결하여 가상의 슈퍼컴퓨터를 만든다고 이해하면 쉽다. 골렘 공식 홈페이지에 따른 정의는 글로벌, 오픈 소스, 탈중앙화, 용이한 접근성의 특징을 지닌 슈퍼컴퓨터다.

이는 그리드 컴퓨팅(Grid Computing) 기술의 영역이라고 볼 수 있다.

그리드 컴퓨팅이란, 분산된 컴퓨팅 자원을 하나로 모아 활용하는 기술이다. 이렇게 형성된 네트워크는 인터넷보다 1만 배 이상 빠른 속도로 정보를 처리할 수 있다.

이와 관련해서 항상 제시되는 대표적인 사례가 한 가지 있다. 바로 우리가 흔히 아는 플레이스테이션 70대를 이용하여 슈퍼컴퓨터를 구현한 사례다. 아래는 한국콘텐츠진흥원의 관련 문장 중 일부를 발췌한 것이다.

미국의 연구진이 소니의 '플레이스테이션2(PS2)' 수십 대를 연결하여 슈퍼컴퓨터를 만드는 데 성공했다고 뉴욕타임스가 26일 보도했다.

일리노이주 어배나 소재 일리노이대학 슈퍼컴퓨터응용센터는 오픈 소스인 리눅스 운용체계(OS)를 기반으로 5만 달러의 비용을 들여서 초당 5천억 회로의 연산능력을 갖춘 슈퍼컴퓨터를 제작하였다.

데이터 처리능력은 세계 500대 슈퍼컴퓨터에 못 미치지만 일반슈퍼컴퓨터로는 손색이 없다고 설명하였다.

몇 년 뒤 1,700대 이상의 플레이스테이션3 프로세서를 활용한 슈퍼컴퓨터를 미 공군에서 도입한다. 컴퓨팅 파워를 연결한다는 아이디어가 실제로 활용된 첫 사례라고 볼 수 있겠다.

가상 슈퍼컴퓨터와 블록체인

이러한 아이디어를 블록체인과 접목한 것이 골렘 네트워크다. 서로 모르는 사람들끼리 가상 슈퍼컴퓨터를 위해 자신의 잉여 컴퓨팅 파워를 제공한다. 이에 대한 사용료는 골렘 토큰으로 지급하고 골렘 토큰으로 받는 식의 경제 시스템을 도입했다. 추가적으로 명성Reputation 지수와 같이 유저의 신뢰도를 평가하는 제도를 도입할 예정이다.

물론 이 프로젝트를 단순히 "컴퓨터"의 영역에 한정 지을 필요는 없다. VR이나 3D렌더링, 3D프린팅 등등… 높은 수준의 자원을 필요로 하는 경우는 정말 많고, 앞으로 더 많아질 것이기 때문에 응용 가능성도 높다고 할 수 있겠다.

더 의미가 있는 것은 이 아이디어가 실현되면 일반인이 슈퍼컴퓨터에 접근하기가 훨씬 용이해진다는 것이다. 우리나라에 일반인이 접근 가능한 슈퍼컴퓨터가 서울대학의 "천둥" 한 대뿐이라고 알려져 있다. 슈퍼컴퓨터를 누구나 사용할 수 있게 되면 여러 가지 연구나 개발을 포함한 개인 단위의 작업이 기하급수적으로 늘어날 것이라고 예측할 수 있겠다.

다만 딱 보아도 알 수 있듯이 이 아이디어는 상당한 기술적 난이도를 갖고 있으며, 아직은 프로젝트 개발 단계다. 상용화까지는 꽤나 오랜 시간이 걸릴 것으로 보인다. 또한 시장의 수요와 공급이 어떻게 이루어질지, 선점효과는 얼마나 누리게 될 것인지 등 복잡한 요소들이 많다. 때문에 아직은 개발 단계에만 머물고 있는 골렘이 이 업계의 대장이 될 것이라 확신하는 것은 위험할 수도 있다. 비슷한 프로젝트를 진행하고 있는 코인으로는 SONM(SNM, 속칭 "소늠"), iExec RLC(RLC)등이 있다.

로드맵

개발 현황은 공식 홈페이지를 통해 제시하는 로드맵으로 확인하자.

우선 기존 2017년 2분기에 예정되어 있던 브라스 골렘(Brass Golem)의 릴리즈가 2018년 1분기(심지어 정확한 날짜가 잡힌 것도 아님)로 미뤄져 차트가 심정지를 일으킨 바 있다. 그럼에도 개발은 착실하게 진행되고 있는 것으로 보인다. 현재 브라스 골렘의 알파 버전인 0.8.0이 런칭되어 있다. 이를 통해 골렘을 테스트할 수도 있다.

브라스 골렘 이후는, 클레이 골렘(Clay Golem), 스톤 골렘(Stone Golem), 아이언 골렘(Iron Golem) 순으로 런칭할 예정이다. 연구개발 단계이기 때문에 아직 구체적인 결과물을 볼 수는 없다.

2018년 1월 5일 첫 번째 사용 사례인 블렌더 렌더링이 이슈가 되었다. 렌더링은 그림자, 광원, 농도의 변화 등 사실감이 들어간 3차원 요소를 컴퓨터 그래픽에 집어넣는 과정이다(블렌더는 관련 소프트웨어의 이름이다, 렌더링은 이 소프트웨어의 기능 중 하나). 블렌더 렌더링은 초고사양 컴퓨터에서 진행할 수밖에 없는 높은 컴퓨팅 파워를 요구한다. 그렇기 때문에 일반 컴퓨터에서 골렘으로 컴퓨팅 파워를 구매해 블렌더 렌더링을 한다는 것은 상징적인 의미를 갖는다고 볼 수 있다.

그동안 물리적으로 제한되어있었거나 비용상의 문제로 잘 진행되지 못했던 여러 프로젝트가 골렘을 통해 순조롭게 진행되기를 기대해 보자. 물론 4년짜리 장기프로젝트이니 만큼 인내심을 가지고 꾸준히 지켜봐야 하겠다.

오미세고 OMG #결제 #비탈릭_조언 #플라즈마_기술

오미세는 태국, 싱가폴, 인도네시아에서 유명한 결제 시스템이다. 오미세고는 오미세를 기반으로 만들어진 플랫폼이다. 현금 없는 사회를 꿈꾸는 태국 정부에서 지원을 받고 있고, 일본의 SBI 인베스트먼트에서도 투자를 받아 공격적으로 사업 확장을 진행하고 있다. 이더리움과 라이트닝 네트워크 개발진도 어드바이저로 있는 빵빵한 이력 때문인지 ICO가 진행되기 전 프리세일 기간에 토큰이 완판되었다.

오미세고 & 이더리움

이더리움은 플랫폼 위주의 기능을 수행하는 데 주력하고 있다. 이때문에 결제기능은 상대적으로 약한 모습을 보여왔다. 하지만 오미세고는 이더리움을 기반으로 하고 있는 토큰으로서 실제 결제에 중점을 두고 있다. 그래서 이더리움의 개발자인 비탈릭 부테린이 오미세고의 자문을 담당하고 있기도 하다.

오미세고가 이더리움에 어떻게 의존한다는 것일까? 현재는 자체 블록체인 없이 이더리움 블록체인에 의존하고 있다. 하지만 앞으로 자체 블록체인을 출시할 예정이다. 자체 블록체인이 출시되면, 결제와 청산은 오미세고 블록체인에서 발생되지만, 실제 최종적으로 송금되는 과정은 이더리움 블록체인에서 발생된다.

Bank the Unbanked

은행을 이용할 수 없는 사람들에게 은행 서비스를 제공하겠다는 이 모토는 사실 결제 시스템을 주로 밀고 있는 코인이나 토큰이라면 한

번쯤 다 써먹어봤을 만한 문구다. 간편한 가입과 이용, 낮은 수수료와 빠른 송금은 결제 코인들의 공통 필수조건으로 언급된다. 오미세고는 다른 코인에 비해 어떤 장점이 있을까?

1) SDK(Software Development Kit)

SDK는 오미세고의 지갑 이름이지만 <u>화이트 라벨 지갑</u>[13]으로도 불린다. SDK는 누구나 자유롭게 사용하여 애플리케이션을 개발할 수 있는 소프트웨어 공구함도 되기 때문이다. SDK를 사용해 개발된 어플리케이션은 자동으로 오미세고 블록체인에서 작동된다. SDK는 처음부터 코딩을 진행하는 것보다 훨씬 빠른 시간 안에 개발을 완료할 수 있다는 장점이 있다. 이를 통해 오미세고 플랫폼에서 모든 형태의 자산, 화폐, 포인트 등을 발행하고 거래할 수 있다.

2) 플라즈마(Plazma) 기술 적용

플라즈마는 비탈릭 부테린 등 기술자들이 공동개발한 기술인데, 첫 적용 사례가 오미세고이다. 플라즈마는 한마디로 블록 처리 속도를 빠르게 해주는 기술이다.

조금 구체적으로 설명해보자. 지금 블록체인 시스템은 여러 가지 결제 정보를 메인넷에 제출하고, 그 데이터를 증명하는 방식이다. 하지만 거래량이 올라가면서 필연적으로 확장성 문제를 야기한다. 플라즈마는 차일드체인(Child Chain)을 사용해 이전보다 훨씬 작은 정보만 이더리움 메인넷에 제출하는 방식이다. 초당 수십억 개에 이르는 확장성을

---

13 누구나 사용할 수 있는 지갑

제공하는 이 기술이 적용된다면 암호화폐의 결제에 있어서 가장 큰 문제로 지적되어왔던 낮은 거래 속도가 해결될 수 있다.

한계

오미세고는 여러 가지 장점을 가지고 있다. 하지만 그중 하나로 꼽힌 플라즈마 기술이 아직 완벽하지 않아서 51% 공격을 막아낼 수 없다는 비판이 존재한다. 안전성에 의문이 제기되는 것이다.

하지만 암호화폐와 블록체인의 세계는 아직 개발 초기 단계이기 때문에 보완과 수정이 상당히 많이 필요하다. 플라즈마 기술도 이 중 하나라고 본다. 사실 개발진이 비탈릭이기 때문에 좀 더 믿음이 가는 것도 사실이다. 조금 더 지켜봐야 할 것 같다.

텐엑스 PAY #결제토큰

텐엑스, 다른 이름으로 페이토큰이라고도 불리는데 그 별칭에서 알수 있듯 결제에 최적화되어있는 토큰이다. 현재 발행량 2억 개의 이더리움 기반 토큰으로, 언제 어디서나 수수료 없이 결제할 수 있는 것을 목표로 하고 있다.

개요

금융의 메카 싱가폴에 위치하고 있으며, 싱가폴 페이팔 인큐베이터 프로그램에 선발되었다. 2017년 6월 런칭하여 2017년 12월 기준 안드로이드 지갑뿐만 아니라 실물카드도 이미 시범운행 중이며, 비자와 마스터카드 등 대형 카드회사와 제휴하여 이미 200개 국가에서 사용이 가능하다. 특정 국가에서는 홈페이지에는 텐엑스 카드로 맥도날드 주문 기계에서 결제를 하는 홍보 동영상이 올라와있는 만큼, 매우 높은 실용화 정도를 보이고 있다.

동영상에서도 알 수 있듯, 텐엑스 지갑 안의 여러 종류의 암호화폐 중 결제할 코인을 선택하고 (지원되는 코인은 비트코인, 이더리움, 대쉬 등이 있다) 카드를 POS기기에 긁게 되면 스마트 컨트랙트를 통해 자동적으로 환전되고 차감된다. 얼핏 일반 카드와 비슷해 보이지만 개인정보 유출 걱정이 없고, 텐엑스 회사에서 내 코인을 보유하고 있지 않다는 점에서 매우 다르다.

카드 보유자가 텐엑스 카드로 결제할 경우 결제금액의 0.1%의 페이백을 받고, 텐엑스 토큰 보유자에게는 일정한 양의 수익을 이더리움으로 배당해주는데, 그 개수는 회사수익*0.5%*보유토큰수/전체토큰수이다. 회사의 매출과 이익이 커지면 텐엑스 홀더들도 같이 배당금이 늘어나는 형태이다. 토큰의 가치는 회사가 안정적으로 성장이 가능하다면 장기적으로 보았을 때 우상향할 가능성이 매우 높은 것으로 보인다.

개발진

총 9명으로 구성되어 있다. 대표적으로 Toby Hoenisch CEO: 컴퓨터과학 학사, 인공지능 석사학위 소지 Michael Sperk CTO: 과거 Visalyze의 fronted 엔지니어가 있다.

모두 업계에서 뼈가 굵은 베테랑들은 아니지만, CEO와 CPO 모두 일본에서 공부한 경험이 있어 일본어에 능통하다. 현재 암호화폐를 정식 결제수단으로 인정한 일본 시장 개척에 있어 유리한 조건을 가지고 있다.

+추가로 비탈릭 부테린도 자신의 VC펀드인 Fenbushi Capital을 통해 텐엑스에 투자했으나 해당 프로젝트에 참여 혹은 조언을 해주었는지는 미지수이다.

프로토콜

텐엑스는 COMIT(Cryptograhpically-secure Off-chain Multi-asset Instant Transaction network의 약자)이라는 모든 블록체인이 연결된 새로운 프로토콜, CRP(COMIT Routing Protocol)을 적용했으며, 상대적으로 낮은 TPS 때문에 코인 거래를 할 때 오랜 시간을 기다려야 했던 문제를 해결했다.

텐엑스는 유동성을 높이는 문제를 기존의 라이트닝 네트워크(light-ning network)와 유동성제공자(liquidity provider)의 개념을 적절히 혼합해 해결했다. 텐엑스에게 있어 유동성제공자란 기존의 은행과 지불 프로세서 제공자들이다. 그들이 대량의 현금을 COMIT 네트워크에 유동성을 제공하는 용도로 제공하면 텐엑스로서는 유동성 문제를 해결할 수 있고, 그들로서는 손쉽게 텐엑스의 인프라에 숟가락을 얹어 새로운 수수료를 창출할 수 있는 셈이 되어 양측에게 윈윈인 셈이다.

한계

암호화폐 결제 카드는 결국 비자, 마스터카드의 법정화폐 결제 카드와 경쟁해야 하는 운명이기 때문에 암호화폐 결제 시장이 얼마나 커질지가 관건이다.

결제시장이 커진다고 하더라도 같은 포지셔닝으로 경쟁하고 있는 모비, 모나코, 토큰카드 등 다수 회사가 존재한다. 보다 매력적인 카드로서 살아남기 위한 이들의 경쟁구도도 2018년 주목할 만한 대목 중 하나일 듯하다.

씨빅 CVC #신분인증

180만 원의 주인공 씨빅이다. S사에서 보도했던 것으로 기억하는데, 당일 여러 커뮤니티에서 가십거리가 되었다. 한 신생거래소에서 씨빅 상장 당시 천 원 남짓한 가격이었던 씨빅이 180만 원에 팔린 것이다. 피해를 보신 당사자 분께는 위로를 전한다. 씨빅 존버방에서 뵙도록 하자. 이런 말도 안 되는 사태가 다시 발생하는 것을 막는 것도 우리 책의 목적 중 하나다.

씨빅은 2017년 6월에 ICO된 플랫폼으로서, 신원확인을 제공하는 플랫폼이다. 씨빅의 ICO 방식도 아주 특이했는데, 하드캡이 찰 때까지 ICO 참여 대기자들을 줄 세워서 선착순으로 투자하도록 했다. 기존의 순발력 싸움이 아닌 질서 있게 대기표 뽑는 방식으로⋯ 덕분에 필자는 ICO에 참여하지 못했다. 대기 번호 50만 번 하향 강력한 보안성을 특징으로 하고 있는 블록체인 기술을 응용했다는 점에서 시선을 끈다. 0x의 토큰세일 페이지 회원가입 때 씨빅 인증을 요구하기도 했다.

프로토콜

씨빅 어플에서 인증 절차에 필요한 주민번호, 여권번호 등의 신상정보를 입력하고 플랫폼 제공자 측의 인증을 기다리면 정식으로 씨빅에 가입하게 된다. 아이디는 오직 사용자의 장치에만 저장되어 있고, 이 아이디를 사용하기 위해 사용자는 지문 등 사전에 등록해 놓은 생체인식 수단으로 검증받아야 한다.

개인키는 씨빅 자체 월렛이 아닌 제3자 월렛에 의해 생성되는데 이는 개인키를 오직 사용자 본인만이 알고 있고, 씨빅 네트워크는 해쉬값밖에 받아볼 수 없기 때문에 씨빅 네트워크가 개개인의 데이터를 열람할 수 없다는 뜻이다. 백서에 따르면 이 서비스는 블록체인 기술과 접목되어 신원확인서비스의 단가를 낮출 수 있고 데이터를 저장하는 중앙서버가 필요하지 않아서 해킹으로 인한 손실이 발생할 가능성을 크게 낮출 수 있다.

홈페이지에 소개되어 있는 '정부'의 케이스를 소개해보자. 만약 우리나라 정부가 씨빅 시스템을 받아들이고 그것을 적용하기로 마음먹었다면, 정부는 그동안 자신이 소유하고 있던 운전면허나 여권번호 같은 ID 데이터를 씨빅 네트워크에 올려놓을 수 있다. 이렇게 함으로써 네트워크상의 데이터는 물리적 형태의 신분증과 유사한 신뢰와 승인이 발생한다.

토큰 사용처

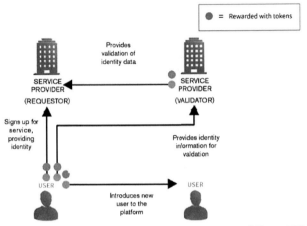

출처: CIVIC 백서

위 그림을 보자. 초록 동그라미는 CVC보상이다.~~(백서인데 그림이 다소 직관적이지 못하다)~~

인증 제공자(Validator)를 A 회사라고 하고, 인증 요청자(Requestor)를 B 회사라고 하자. 유저는 자신의 인증 정보를 A 회사에 제공한다. 요청자인 B 회사는 유저의 신원을 확인하고 싶다. 그래서 A에게 부분 혹은 전부의 개인정보(PII, Personal Identificable Information)를 요청한다. 이때 유저가 필수적으로 동의해야 개인정보 제공이 가능하다. A가 B에게 신원 정보 제공에 대한 가격을 제시하고, B가 받아들여 해당 가격만큼의 시빅 토큰을 에스크로 계좌에 송금한다.

이후 A가 B에게 요청한 신원정보를 제공하면, 에스그로 계좌에 들어있던 시빅 토큰은 유저와 A 회사가 나눠가진다. 유저는 플랫폼 사용에 기여한 대가로 받게 되는 것이고, A 회사는 신원정보를 제공한 대가로 시빅을 받는 것이다.

결국 CVC는 신원증명의 비용으로 사용되는 것이다. 시빅은 네트워크에 참여하는 사람의 수와 시빅을 통한 신원증명의 수요가 얼마나 높느냐 하는 것에 토큰 가치가 달려있는 셈이 된다.

문제점

이렇게 운영되는 씨빅 시스템은 절대로 해킹당해서는 안된다는 전제조건이 깔려있다. 물론 블록체인 기술을 사용해 결제 내역을 조작하거나 하는 등의 해킹은 불가능해 보이지만 플랫폼 보안에 문제나 취약점이 존재할 경우 사용자에게 치명적인 손실을 입힐 수도 있는 구조이다.

시빅 토큰에 대해 조사하는 과정 중에 시빅에 대한 정보가 매우 부족하다는 사실을 깨달았다. 시빅 토큰 사용처조차도 세 명이 머리를 맞대고 원문 백서를 몇 번이나 읽고 난 후에야 이해가 가능했다. 스티밋에서도 시빅 토큰 사용처에 대해 의견이 분분한 상황이었다. 공식홈페이지를 찾아가봐도 실질적인 개발현황이나 구체적인 로드맵을 알수 있는 정보가 극히 적었다. 대부분의 코인이 개발한 코드 등을 올리며 개발현황을 보여주는 깃헙을 찾아가봐도, 개발이 그리 적극적으로 이루어지지 않는다고 느껴질 뿐이었다.

물론 우리가 미처 캐치하지 못한 부분이 있을 수 있기 때문에, 무작정 비판을 하는 것은 위험하다고 생각한다. 하지만 초보 투자자라면, 혹은 시빅 토큰에 큰 확신이 있지 않다면 정보가 많이 없음을 명심하고, 꼭 투자에 신중하도록 하자.

파워렛저 POWR #P2P_에너지_거래 #파워&스파크즈

호주에서 탄생한, P2P 에너지 거래를 목표로 하고 있는 파워렛저 토큰이다. 블록체인 응용 파트에서도 소개했듯, 에너지 분야는 블록체인 기술 응용이 가장 기대되는 산업으로 빠지지 않고 손꼽힌다. 블록체인 확장성 파트의 에너지 내용을 떠올려 보면서 파워렛저에 대해 알아보도록 하자.

기술과 운영 원리는 앞서 소개한 내용과 유사하다. 모든 참여자들은 에너지를 생성하고, 또한 소비하며 사전에 결정된 거래내용에 따라 실시간으로 에너지가 배분되고, 정산된다. 필자의 개인적인 생각이지만, 만약 파워렛저와 같이 에너지 자동 분배 시스템이 전 세계적으로 보급화된다면 부의 불평등에 따른 에너지 불평등 현상도 해결될 수 있을 것 같다.

파워렛저도 이더리움 기반인데, 주목할 만한 점은 신생 회사임에도 불구하고 뉴질랜드 최대 에너지 인프라 회사인 Vector Nz, Western Power WA, Indra, Nest Energy 등 여러 회사와 파트너십 관계를 맺고 있다는 점이다.

파워렛저는 파워(POWR)와 스파크즈(Sparkz) 두 가지 토큰을 가지고 있다. 파워는 이더리움 기반으로, 파워렛저 시스템에 엑세스를 허용하는 역할을 한다. 일종의 인증서 개념으로 생각하면 된다. 스파크즈는 실질적으로 에너지 거래에 사용되는 토큰이다. 실사용 시 파워는 스파크즈로 변환되어 사용된다.

직관적으로 이해가 불가능하다. 쉬운 예를 한번 들어보자. A는 이번 달에 사용할 전기가 부족하여 파워렛저 플랫폼에서 전기를 구매하고 싶다. A는 먼저 충분한 양의 파워 토큰을 구매해야 한다. 파워 토큰은 A가 플랫폼에 엑세스 할 권리가 있음을 입증해주는 것이기 때문이다. 액세스에 성공하면 A가 가지고 있던 파워 토큰은 스파크즈로 변환된다. 그리고 해당 스파크즈로 필요한 양의 전기를 구매한다.

 그렇다면 왜 토큰이 두 개여야 하는가? 그것은 나라별로 전기의 가격과 화폐의 단위가 다르기 때문이다. 이 또한 아래의 예시를 통해 이해할 수 있다.

 예시) WARNING: 우리 상상 속의 예시이다.

 1POWR가 $10(=10,000원)의 시장가격을 가지고 있다고 가정했을 때,

미국
시장조건: 1USD = 1sparkz ; 1POWR = 10sparkz
구매 시 1kW = 1USD = 1sparkz = 0.1POWR
결과: 1kW = 0.1POWR

한국
시장조건: 1KRW = 1sparkz ; 1POWR = 10000sparkz
구매 시 1kW = 5000KRW = 5000sparkz = 0.5POWR
결과: 1kW = 0.5POWR

이때 한국전기가 미국전기보다 5배 비싸다는 것을 알 수 있다. 또

한 한국에서 사용가능한 sparkz는 미국전기를 구매하는 데 사용할 수 없고, 반대의 경우도 마찬가지라서 서로 다른 가치를 지닌 sparkz끼리 충돌하지 않는다. 이렇게 듀얼 토큰 시스템을 채택함으로써(이 부분도!) 각국의 사용자가 가격을 직관적으로 확인할 수 있다. 또한 개인은 sparkz 단순거래가 불가능하고 현금화하려면 전력공사를 반드시 통해야 하기 때문에 sparkz의 차익거래를 막을 수 있다.

어거 REP #REPUTATION #비탈릭_조언 #예측시장

이더리움 기반으로 예측시장을 구현하는 어거도 비탈릭 부테린이 조언자로 활동하고 있다. 2016년 10월에 고정된 액수로 발행된 어거는 탈중앙화된 예측시장 시스템이다. ~~말이 좋아 예측시장이자 사실은 도박시장이다.~~

탈중앙화된 예측시장(Decentralized Prediction Market)

도박사들이 이번 월드컵에서 어떤 팀이 우승을 차지할 것이라고 예측했다라는 얘기를 한 번쯤은 들어봤을 것이다. 이것이 바로 미래를 예측하는 것이다. 탈중앙화된 예측시장이란 군중의 지성을 이용해서 우리의 미래를 예측하는 시스템이다.

어거 예측시장의 참여자들은 미래에 대한 예측을 진행한다. 예측을 생성하기 위해서 크리에이터(creator)는 일정량의 토큰을 담보로 두어야 한다(무분별한 크리에이터 확산을 방지하기 위해). 그 보상으로 예측이 끝났을 때 크리에이터는 전체 수수료의 50%를 받는다. 참여자들은 어거 대신 이더리움만 홀딩하면 참여가 가능하다. 만약 예측이 맞으면 인센티브를 받고, 그렇지 못하면 돈을 잃는다. 이더리움의 스마트 컨트랙트 기반이니 상대방이 약속을 어기고 돈을 주지 않는 경우를 방지할 수 있다. 암호화폐로 진행되는 베팅인 셈이다.

누군가 결과를 조작할 충분한 유인이 있지 않은가? 그렇다. 그렇기 때문에 평판 소유자(리포터라고도 부른다)가 존재하는 것이다. 평판 소유자는 이벤트의 결과를 입력하고, 거래 수수료의 50%를 인센티브로 받는다. 하지만 평판 소유자가 이를 조작하는 것을 방지하기 위해 결과가 틀릴 경우 소유하고 있는 REP의 20%를 차감당하게 된다.

크리에이터, 혹은 평판 소유자가 되기 위해서는 어거를 구매하고 보유해야 한다. 그래서 어거의 가치는 시장의 규모가 커질수록 올라가는 구조이다.

왜 예측시장에 탈중앙화가 필요한가?

그렇다, 도박은 인류가 평생 즐겨온 DNA에 새겨져 있는 오락이다. 옛날 옛적 야바위부터 현대사회 카지노까지 ~~인류는 배부르고 등따스울 때마다 도박을 찾았다~~ 인류의 역사와 함께한 중앙화 도박은 시스템적으로 아무 문제가 없어 보인다. 그런데 왜 탈중앙화되어야 하는가?

예측시장의 투명성 확보와 비용 절감 때문이다. 모두가 함께 운영하는 투명한 복권 느낌이라고 생각하면 쉽다. 중앙화된 누군가가 예측시장을 운영한다고 하면 사람들은 그 누구라도 불신하게 된다. 설사 국가가 운영한다고 해도 아마 끊임없이 음모론이 제기될 것이다. ~~전국에 생방송으로 송출되는 로또도 조작되었다는 음모론이 떠돌아다니는 대한민국은 더더욱~~… 어거 플랫폼은 모금액과 결과, 과정이 투명하게 공개되어 이런 찜찜함을 없앤다. 또한 기관의 운영에 투입되는 중간 비용(이 비용이 꽤 크다)도 사라져 같은 베팅이라도 더 많은 액수를 배분받을 수 있다.

또한 예측시장은 항상 합법과 불법의 경계에서 넘나들었기 때문에 정부의 규제에 매우 큰 영향을 받아왔는데, 탈중앙화된 플랫폼을 이용하게 되면 규제에서 비교적 자유로울 수 있다. 다시 한번 말씀드리지만 이 책에 쓰인 모든 내용은 절대 참여 혹은 투자하라고 부추기는 말이 아니니 오해하지 마시길!

엣지리스 EDG #카지노 #배당 #활발한_커뮤니티

블록체인과 도박산업의 콜라보가 그려지는가? 도박은 인간의 역사라고 불릴 만큼 인류와 떼려야 뗄 수 없는 관계를 맺고 있는데, 그중에서도 온라인 도박산업은 괄목할 만한 성장을 이어오고 있다.

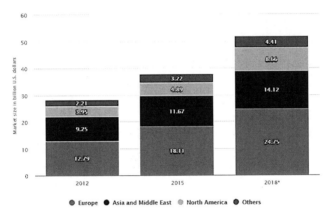

이는 온라인 도박산업의 규모를 나타내는 통계 수치다. 위 수치와 약간의 차이는 있으나 엣지리스 팀의 공식 홈페이지에 의하면 온라인 도박산업은 2015년 기준 413억 불, 2016년 458억 불의 규모로, 10%에 달하는 성장을 이어가고 있다. 실로 거대한 규모다.

사업구조 및 장점

엣지리스는 이더리움 기반의 dApp으로 블록체인 위에 구현되는 온라인 카지노다. 이름이 엣지리스Edgeless인 이유는 말 그대로 엣지 Edge가 없다는 뜻인데, 여기서 엣지란 하우스(House)가 도박에 참여한 유저들과 50 : 50의 게임을 하는 것이 아니라 하우스가 유저를 이길 가능성이다. 예를 들어 Edge가 1%로 설계되었다는 것은 하우스가 유저를 이길 확률이 1% 높다는 뜻, 즉 50.5 : 49.5의 게임이 이루어진다고 이해할 수 있다. 쉽게 말해 장기간 게임이 진행되면 하우스가 미세한 차이로 유저를 앞설 수 있고, 이를 통해 카지노 업체들이 수익을 낸다라는 것이다.

따라서 엣지리스란 이러한 Edge가 0으로 설계되어, 기존의 카지노와 다르게 50:50의 공정한 게임을 하는 정체성이 담긴 이름이라고 할 수 있겠다. 혹자는 그렇다면 엣지리스 하우스는 어떻게 수익을 내는 것이냐고 반문할 수 있겠다. 이에 대해 엣지리스 팀은 기계의 완벽함과 달리 인간은 언제나 실수를 저지르기 때문에 별도의 Edge 조작이 아니라도 수익을 낼 수 있다고 답변한다.

블록체인의 특성을 이해한 독자라면 또 하나, 여타 카지노와의 차이점을 캐치할 수 있을 텐데 바로 투명성과 직관되는 것이다. 엣지리스는 블록체인 위에 구현된 온라인 형태의 카지노이기 때문에 꽤나 은밀한 보통 카지노와 달리 그 속을 훤히 들여다볼 수 있다. 하우스가 이를 공개해서가 아니라 공개될 수밖에 없는 시스템이기 때문! 여기에 극강의 익명성, 빠른 입출금 속도, 낮은 수수료 등 여러 방면에서의 장점은 덤이다. 엄밀히 말하면 엣지리스만의 장점이라고 하기보단 블록체인 위에 구현된 온라인 카지노가 공통적으로 갖게 되는 특성이라고 할 수 있다.

따라서 여타 카지노와 달리 유저의 승률과 하우스의 승률이 동일하며, 강제적으로 투명하게 운영되어 소위 카지노가 "먹튀"할까 봐 걱정할 필요도 없으며, 돈을 무지막지하게 따서 토큰을 현금으로 바꾸려는 순간 카지노측 사람들에게 끌려갈 걱정도 하지 않아도 된다. 입출금이 느리거나, 높은 수수료 등의 문제도 존재하지 않는다.

배당

엣지리스는 엣지리스 토큰의 홀더들에게 꽤 파격적인 제안을 내걸었다. 바로 카지노 매출의 40%를 홀더들에게 분배하겠다는 것. 순이익이 아닌 매출이라는 점이 눈에 띈다. 이는 현금 형태가 아닌 엣지리스 토큰을 활용한 분배가 될 것이라고 한다(이전에는 이더리움을 분배한다고 하여 POS형태의 이더리움을 채굴할 수 있는 마지막 채굴기라는 별명을 갖기도 했으나, 후에 엣지리스 토큰을 분배하는 형태로 전환하였다).

코인 시장에서 배당이라는 단어는 꽤 문제가 된다는 것을 알 것이다. 배당은 주식이 가진 특성이기 때문에 SEC 등 공식기구에서 홀더들에게 배당을 하는 형태의 코인, 토큰들에게 규제를 가한 바 있다.

그러나 엣지리스 팀은 출범 초기부터 이에 대비하여, 배당이 아닌 보너스 게임(라운지 게임)의 형식으로 홀더들에게 그 이익을 배분하기로 한다. 자세한 법 이야기를 할 생각은 없고, '배당'이라는 단어가 가져오는 리스크들을 사전에 차단했다 정도로 해두자.

커뮤니티

엣지리스는 한국에 꽤 활성화된 커뮤니티를 가지고 있다. 커뮤니티 멤버들이 나서서 백서를 번역하고 홈페이지를 꾸릴 만큼 그 열정과 능력은 대단하다. 엣지리스 팀과의 커넥션도 긴밀한 것으로 보인다. 영어 자료가 부담스러운 사람들은 커뮤니티 카페 등을 찾아가봐도 좋겠다.

로드맵

과거의 그 어떤 시기보다 2018년은 엣지리스 팀에게 의미있는 한 해이다. 2017년 12월 말에 공식 트위터를 통해 발표하였듯, 엣지리스 팀은 온라인 카지노 라이센스를 정식으로 획득했으며, 2018년 1월 8일 유저 등록을 시작, 동월 18일에 정식으로 카지노를 런칭한다.

또한 2018년 2분기부터, 카지노만큼이나, 어쩌면 그 이상으로 거대한 시장인 스포츠베팅 산업에도 진출할 계획을 가지고 있다. 스포츠베팅의 경우 산업 특성상 베팅을 진행할 때마다 수수료가 발생한다(아마이게 주 수입원이 되지 않을까). 이를 시작으로 거대한 게임포털을 만드는 것이 엣지리스의 최종 목표라고 하니 로드맵대로라면 그 가능성 역시 무한하다 볼 수 있겠다.

투자 리스크

그러나 모든 투자가 그렇듯 맹신을 하는 것은 위험하다. 엣지리스의 경우 2017년 7월 20일에 가진 이더리움을 해킹당했다고 공식 발표했다. 물론 이더리움의 형태뿐 아니라 여러 방면으로 자산을 분할시켜놓아 개발에는 차질이 없을 것이라고도 덧붙였다. 그러나 이는 사실관계 확인이 어려워서, 카지노 런칭과 활성화까지 지켜보자는 인식을 갖고 있는 사람들도 더러 생겨났다.

모든 이더리움 dApp들이 언제나 갖는 리스크는 아이러니하게도 이더리움 그 자체이다. 이더리움의 성공 여부에 dApp들의 생존 여부가 걸려있는 것은 물론(시간이 좀 더 흐르고 나면 보다 독립적인 dApp시스템이 갖춰질 가능성도 존재하겠다), 이번 고양이게임(Crpto-kitty)으로 또 한 번 대두된 이더리움의 확장성 문제는 블록체인 계의 첫 카지노로서 그 시작을 여는 엣지리스에게 또 하나의 한계점이 될 수도 있겠다.

또한 도박사업인 만큼 국가별로 이에 대해 어떠한 정의를 내리고 어떠한 규제를 하느냐는 당연히 문제가 되겠다. 업계의 선두주자인 만큼 유저를 얼마나 확보할 수 있을 것인지, 로드맵대로 사업을 확장시켜 나갈 수 있을지는 여러분이 지켜보면서 판단하시길! 혹 엣지리스에 투자한 독자라면 이해할 텐데, 매번 이슈화된 것에 비해 결과물이 초라해 호재 날마다 번번이 폭락하는 특징을 가지고 있다. 찡긋.

휴매닉 HMQ #디지털_은행_플랫폼 #생체인식_기술? #PROOF-OF-FACE

2017년 4월 26일 ICO된 휴매닉이라는 플랫폼은 이더리움을 기반으로 하고 있으며 '디지털 은행 플랫폼'이라는 콘셉트을 가지고 출시되었다. 하지만 꽤 많은 논란의 여지를 가지고 있기도 하다. 하나하나 살펴보도록 하자.

개념과 목적

그 이름에서도 유추해 볼 수 있듯이 휴매닉은 'Empowering the Unbanked', 즉 은행을 이용할 수 없는 20억 개발도상국 인구가 거래에 있어 좀더 자유로워지는 것을 슬로건으로 내세우고 있다. 다른 코인이 선진국에서의 높은 점유율을 목표로 하는 것과는 확실한 차이점이 있다. 좀 더 구체적으로 설명하자면, 휴매닉은 자유로운 디지털 은행 어플리케이션으로, 기존 은행 시스템과 확연히 다른 점은 비밀번호/공인인증서/신분증/사인 등이 필요 없이 안면인식과 음성인식이라는 바이오 기술을 블록체인에 접목해 신분을 확인한다는 것이다.

본래 은행에 접근할 수 없었던 사람들은 은행들이 지점을 내기 꺼리는 곳에 거주하는 경우가 많았다. 이러한 은행 인프라 시설의 부족도 제한된 접근성의 큰 이유 중 하나였겠지만, 더 심각하고 해결하기 힘든 문제는 바로 해당 개발도상국의 체계적인 신분 시스템의 부재였다. 신분이 존재하지 않아 은행 계좌의 개설에 많은 어려움을 겪은 것이다.

휴매닉은 이 문제에 대한 솔루션을 제공할 수 있다고 자신한다. 처음 지갑을 생성할 때 안면등록과 음성등록을 진행하고, 다음번에 지갑에 로그인할 시 사전에 등록된 제스처를 하는 방식이다. 또한 $10-

$15의 낮은 가격의 저사양 스마트폰에서도 호환 가능하게 프로그래밍 되어 있어 개발도상국에서 사용하기 알맞다고 할 수 있다. 간결한 인터페이스 역시 비교적 낮은 교육 수준을 가지고 있는 개발도상국 사람들에게 큰 장점으로 작용되고 있다.

휴매닉 측은 초반의 단순한 개인 계좌 간의 거래 외에 P2P 대출과 보험 서비스를 제공할 예정이라고 밝혔다.

채굴과 메커니즘

휴매닉은 1억 8천만의 상대적으로 적은 총발행량을 가지고 있다. 또한 채굴과 분배 측면에서 비교적 공평한 메커니즘을 유지하려고 하고 있다. 얼리어답터에게 더 많은 보상을 주는 원칙, 프리세일과 ICO를 통해 발행된 양의 5배 이상으로 발행하지 않는다는 원칙을 가지고 있다.

또한 일반적인 의미의 채굴보다는 신규가입과 네트워크상에서의 거래 행위(신규 사용자 초대, 송금 거래 등)에 따라 토큰을 새로 발행하여 제공한다. 이 새로운 형태를 "Proof-of-face"라고 개발진들은 부른다. 하지만 한 사람에게 제공하기 위해 새로 발행되는 토큰에는 상한선이 정해져 있고, 최대 가입자 수 역시 정해져 있다. 휴매닉 측은 사용자 한 명당 평균적으로 500개의 토큰이 지급될 계획이라고 밝혔다.

논란

나만 휴매닉 메커니즘을 구현하기 위해서는 해커의 공격에서 안전한 바이오 인식 기술이 기반이 되어야 한다. 현재 휴매닉은 바이오 아이디(bio-ID)라는 이름의 생체인식 서비스 제공자와 파트너를 맺고 있고 지속적으로 파트너십의 범위를 늘려가고 있는 것으로 알려져 있다. 하지만 과거 삼성의 첨단 홍채인식 기술 역시 프린트된 사진으로 뚫린 사례를 생각해본다면 구체적으로 이 방안이 이상적으로 오류 없이 안전하게 작동될지는 아직 미지수이다. 물론 10년 후에 기술이 발전하면 가능할 수도 있지만 10년 내에 과연 피해사례가 하나도 안 나올 수 있을까…?

덴트 DENT #개발진_빵빵 #데이터_사고팔기 #사업성은_의문

덴트는 전 세계 여행을 꿈꾸는 사람이라면 한 번쯤 지켜볼 만한 플랫폼이다. 유심칩을 마구 바꿔 끼지 않아도 덴트 토큰으로 데이터를 사고팔 수 있기 때문이다. 비싼 로밍비를 대체할 수 있는 이득 찬스가 될 수도 있을 것 같다. 자세히 알아보자.

개발진

덴트는 무엇보다 개발진이 빵빵하기로 매우 유명하다. 블록체인의 발명 이전에 인터넷이 보급되기 전 3명의 공동설립자들은 각자 인터넷 분야에서 화려한 경력을 쌓아온 사람들이다. 테로 카타야넨(Tero Kata-jainen)은 소비자 어플리케이션에 직접 모바일 운영자 결제 시스템을 구현한 최초의 개발자 중 한 명이고, 미코(Mikko)는 세계에서 가장 유명한 서버인 Dovecot의 뒤를 잇는 Dovecot Oy의 공동 설립자이다. 안드레스 볼머(Andreas Vollmer)는 12년에 달하는 모바일 앱 개발 경력을 가지고 있다. 그래서인지 iOS 버전의 어플리케이션은 당장 다운받아 사용이 가능하며, 2월에 안드로이드 앱 출시 예정이다. 현재 미국, 멕시코, 인도 및 유럽 일부 국가에서 사용 가능하며, 특히 미국 같은 경우 Verizon, AT&T와 같은 초대형 통신사와 제휴를 맺고 있다.

빵빵한데 열일까지 한다. 한국 카카오톡에 덴트 전문 오픈 채팅방까지 열 정도로 열성이다. 직접 덴트에 관한 궁금증을 대답해준다고 하니 투자자 입장에서는 매우 바람직한 모습을 보여주고 있어 더 믿음이 간다. 1000명 제한인 오픈채팅방 하나가 부족해서 하나를 더 열었다고 한다.

콘셉트

덴트의 이런 콘셉트은 기존 이동통신사들의 과도한 욕심과 불합리한 가격에 대한 불만에서 시작되었다. 우리나라 같은 경우도 이동통신사 3곳이 시장을 나눠 먹는 형식이고, 요금제 가격도 다 비슷비슷하다. 또한 이번 달에 남은 데이터를 이월할 수 있는 상품도 모두에게 적용되는 것만은 아니다. 이 때문에 우리나라에서도 일찌감치 중고나라 같은 음지로 데이터 매매가 숨어들었다. 또 잠깐 해외여행이라도 하려고 치면 로밍비는 얼마나 비쌌는가!

개발자 미코의 말을 빌리자면 덴트의 목표는 글로벌 데이터 마켓 화폐로서의 입지를 다지는 것이며, 차후 IOT산업까지 발을 넓히겠다고 하였다. 하지만 정확하게 통신사와 어떤 관계를 맺고 있는지, 어떤 미래를 구상하고 있는지는 아직 명확하게 제시되지 않은 상태다.

의문점

다만 의문점은 존재한다. 만약 사람들이 국외뿐만이 아니라 국내에서도 덴트를 통해 재판매된 저렴한 데이터만을 사용하려고 하게 된다면 통신 사업자는 이를 큰 위협으로 받아들일 수밖에 없게 된다. 덴트가 통신 사업자와 협약을 맺게 되더라도(덴트팀은 이 협약이 통신사에게 꽤나 이로운 것이라고 설명하지만) 직관적으로 이해했을 때 통신 사업자와 사용자는 데이터 판매 면에서 경쟁자가 되고, 또 데이터 구매 면에서는 사업자-고객의 관계가 된다. 이뿐 아니라 많은 국가에서 잉여 데이터의 재판매와 구매를 법적으로 금하고 있기 때문에 이 문제는 더욱 복잡해진다. 물론 통신사 입장에서 덴트 서비스를 제공함으로써 더 많은 가입자를 유도할 수 있다고도 볼 수 있다. 이 두 가지 장단점을 수

치화하여 저울질하는 것은 아직 불가능하기 때문에 넘어가자.

단순 통신사와 고객의 관계 면에서만 우려가 되는 것이 아니다. 덴트의 데이터 가격이 통신사가 제공하는 가격보다 반드시 낮아야 한다. 그렇지 않으면 차익거래가 발생하게 된다. 덴트에서의 데이터 가격이 항상 더 낮다면 통신사는 과연 고분고분하게 물러날 것인가? 독과점 현상이 매우 뚜렷하게 나타나고 있는 이동통신 산업에서 그러기란 쉽지 않아보인다. 완전히 보급되기 전, 각국의 규제의 벽을 넘어야 할 순간이 올 것이라 본다.

이러한 논리가 상당히 비판적으로 들릴 수도 있다. 앞서 코인 분석과 마찬가지로 이는 순전히 필자의 논리이니 참고만 하자. 앞으로 더 많은 정보들이 오픈되고, 마케팅이 구체화되면 또 다른 분석이 가능할 것이라고 본다.

3.
거래소
- DEX -
Decentralized Exchange

현재 전 세계적으로 암호화폐 붐이 일어나면서 암호화폐의 원래 취지는 다르게 대형 거래소들이 우후죽순으로 생겨나고 있고, 이들이 시장에 미치는 영향 또한 무시할 수 없을 정도로 커지고 있다. 현재의 대다수 거래소는 중앙 집중화되어 있어 모든 개인키를 다 거래소가 가지고 있고 코인 역시 거래소 내 지갑에 저장된다.

하지만 거래소 보안 취약이나 정보 관리 미흡 등으로 개인정보가 유출되고 해킹 피해를 입는 사례가 하루가 멀다 하고 발생하고 있어 투자자들은 마음을 졸일 수밖에 없다. 심지어 ~~X썸과 같은~~ 일부 ~~양아치~~ 거래소들은 잦은 서버다운과 출금지연으로 투자자들의 피해가 막심한 상황이다.

지금 유통되는 코인의 종류는 천 가지가 훨씬 넘고, 이 모든 코인을 중앙화된 거래소에서 거래하기란 불가능에 가까울 정도이다. 말 그대로 내가 사용하는 거래소가 해당 코인을 취급하지 않으면 사기도, 팔기도 어려운 경우가 많다.

또한, 많은 ICO가 우후죽순 진행되는데, 대형거래소에 이를 상장시키기 위해선 개발진 측에서 어마어마한 비용을 지불해야 한다. 본래 로드맵에 포함되지 않는 거래소 상장비용을 지불하기 부담스러운(혹은 ~~싫은 공돌이들의 드높은 자조~~) 개발진의 입장이 하루빨리 대형거래소에 상장이 되었으면 하는 투자자 니즈와 충돌한다.

이번 파트는 기존 중앙화된 거래소의 횡포에 대응하고 보안성이 더 높으며, 암호화폐 원래의 취지로 돌아가자는 목적을 가진 탈중앙화 거래소 DEX(Decentralized Exchange)의 구현을 목표로 하고 있는 플랫폼에 관한 것이다.

DEX가 작동하는 원리는 간단하다. 서로 다른 코인을 보유하고 있는 투자자가 있고 서로 교환하기를 원한다면 DEX 플랫폼을 통해 교환 의사를 확인하고 협상을 진행한다. 이렇게 주문이 생성되면 스마트 컨트랙트 기능을 통해 안전하게 P2P 거래가 완료되는 것이다.

DEX의 공통적인 장점으로는 아래 네 가지를 꼽을 수 있다:

1. 보안성: 중앙집중화된 거래소와는 달리 실제 네트워크가 코인을 보유하고 있지 않기 때문에 기존 거래소의 정보선점, 펌핑 등 장난질에서 자유롭고 해킹 위협에도 안전하다.
2. 낮은 수수료: 기존 거래소와 달리 제3자의 개입이 없이 환전이 가능하여 ~~수수료를 최소화할 수 있다.~~
3. 빠른 환전, 출금: 신용 확인이 필요 없어 스마트 컨트랙트를 통해 즉시 원하는 코인으로 환전과 출금 가능, 국가의 규제에서 비교적 자

유롭다.

4. 다양한 코인 취급: 기존 중앙화된 거래소에서 매우 한정된 종류의 코인을 다루는 것과는 달리 양방이 원한다면 비인기 코인 역시도 얼마든지 거래할 수 있음

DEX는 기존 중앙화 거래소의 여러 취약점을 보완할 수 있다는 면에서 신선한 기획임에 틀림 없다. 그렇다면 여러 개의 DEX의 공통점과 차이점은 무엇인지 하나씩 알아보자.

제로엑스 0X #오더북

0x는 2017년 8월에 시작하여 여러 DEX 중 가장 먼저 선보인 프로젝트이다. ERC20 기반으로, 2017년 12월 11일 기준 시총 79위를 달리고 있다.

0x는 오더 북(order book)이라는 프로토콜을 사용해서 거래를 진행하는데, 여기서 오더 북이란 메이커가 서명하지 않은 오더들을 모아놓은 것을 뜻한다. 오더 북은 공개 혹은 비공개될 수 있으며, 테이커는 자신이 원하는 형식의 오더 북을 선택할 수 있다. 오더는 "A코인 x개를 B 코인 y개로 거래하기 원합니다"라는 형식으로 작성되어 코인 종류, 가격, 수량 모두를 포함한다.

이 오더북을 유지하기 위해서는 제3자 중개인(Relayer)이 필요한데, 0x 측에서 강제적으로 정한 수수료가 존재하지는 않지만, 중개인이 요청하면 그만큼의 사용료를 내야 하는 구조이다. 이때 사용료는 플랫폼 토큰인 ZRX로 지불하게 된다.

이때 ZRX는 사용료 지불 외에도 '투표권'이라는 개념을 가지고 있는데, 사용자들은 이 투표권을 이용하여 탈중앙화된 업데이트 시스템을 유지한다.

카이버 KNC #비탈릭_조언 #환율_헷징

카이버 네트워크는 2017년 9월 런칭했으며, 2017년 12월 11일 기준 시총 61위에 안착해 있다. 이더리움 창시자인 비탈릭 부테린이 어드바이저로 있는 프로젝트라서 ICO 당시 폭발적인 인기를 누렸다. 최초로 KYC(투자자가 자신의 개인정보를 아주 상세하게 제출해야 하는 ~~배우 귀찮은~~ 절차)가 도입된 토큰이며, 인당 하드캡이 4이더뿐이라 많은 고래투자자의 공분을 사기도 했었다. 당시 일가 친척의 여권 수십 개를 모아서 ICO에 참여하는 기현상도 벌어졌다. ~~여유시 의지의 한국인~~

카이버 네트워크의 참여자는 1) 사용자 2) 보유분 관리자 3) 보유분 기여자 4) 카이버 네트워크 운영자로 나뉜다.

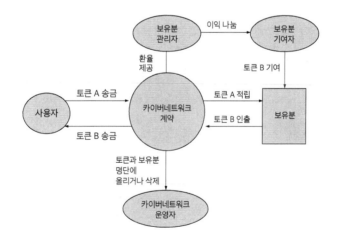

카이버의 가장 큰 특징은 환전 유동성을 유지하기 위해서 적절한 양의 암호화폐를 저장하는 리저브(reserve), 즉 예비 창고를 운영한다는 것이다. 이 리저브에는 보유분 기여자가 제공한 암호화폐가 들어있고,

보유분 관리자에 의해 화폐간의 환율이 결정된다. 또한 보유분 관리자는 해당 네트워크에서 발생한 수익을 보유분 기여자와 나눈다. 여기서 수수료를 KYC 토큰으로 지불한다.

네트워크 운영자와 보유분 관리자가 같은 주체가 아니라는 사실을 기억하자(물론 원한다면 네트워크 운영자도 보유분 관리자로서의 역할을 수행할 수 있지만 말이다). 보유분 관리자는 말 그대로 보유분의 환율을 관리하는 역할을 맡는다면, 네트워크 운영자는 네트워크에 보유분을 넣고 빼거나, 환율을 환전 리스트에 추가/삭제하는 책무를 담당하게 된다.

보유분 기여자는 플랫폼에서 발생한 수수료를 같이 나눠가질 뿐만 아니라 매도 가격을 매수 가격보다 높게 걸어놓음으로써 자동으로 차액을 먹을 수 있는 구조이다.

만약 어떤 사용자가 암호화폐를 교환하겠다는 요청을 전송하면, 카이버네트워크는 모든 보유분의 환율을 가져와서 비교해 최적의 환율을 선택하고 거래 및 변환 요청을 수행한다.

카이버 네트워크는 현물거래뿐 아니라 선물거래, 옵션거래, 스왑 등 금융 파생상품의 개념을 도입함으로써 급변하는 환율을 헷징(Hedging)할 수 있게 했다.

에어스왑 AST #인덱서 #오프체인_거래

에어스왑은 2017년 10월에 시작한 DEX 플랫폼이다. ERC 20 기반이며, 총 발행량은 5억 개이다. 2017년 12월 11일 기준 시총 167위를 기록하고 있다.

에어스왑 플랫폼은 인덱서(Indexer)로 거래를 진행하게 되는데 게시물에는 보통 "A 코인을 B 코인으로 교환하기 원합니다"라는 내용만 적혀있으며 에어스왑 측에서 거래자끼리 인덱서라는 P2P 프로토콜을 통해 오프체인(off-chain)으로 구체적인 내용을 협상하도록 만든다. 만약 이 협상이 결렬되면 양측은 에어스왑에 '적정 가격 제안(a fair price suggestion)'을 요청할 수 있다. 현재까지 적정 가격이 어떻게 추산되는 것인지에 대한 구체적인 메커니즘은 명확히 알려져 있지 않다.

에어스왑은 제3자가 나서서 중개할 필요가 없다. 중개자가 없다는 것은 거래 수수료를 지불할 필요가 없다는 것이다. 거래 시 일정 금액의 AST가 일정 기간 동안 묶여있는, 일종의 담보 혹은 프로토콜에 접근하기 위한 멤버십의 개념으로 이해할 수 있다. 제3자가 없기 때문에 또한 사기를 방지하기 위해 수상쩍은 포스트를 적절하게 솎아내거나 아예 인덱서에서 제거할 방안이 구축되어야 할 것처럼 보인다.

AST가 서비스를 이용하는 비용으로 차감되지 않는다면 그냥 필요한 만큼의 AST만 보유하고 있으면 되는 것이 아닐까? 굳이 더 많은 토큰을 구매할 필요는 없어 보이는 듯하다. 하지만 AST는 또 다른 사용처가 존재한다. 합의 시스템에 자신의 AST 개수가 전체에서 차지하는

비중에 따라 AST의 발전방향성에 대한 투표 권한(voting power)의 크기
가 결정되는 것이다. 그렇기 때문에 사용자들은 더 많은 토큰을 구매
할 유인이 생기게 된다.

4.
기타 코인

테더 USDT #달러코인 #비트파이넥스 #음모론_솔솔

말도 많고 탈도 많은 테더 코인이다. 테더는 쉽게 말해 미국 달러와 1:1로 가치가 고정되어 있는 코인이다. 즉 1USDT=1USD인데, 이 쉽고 간단해 보이는 코인에 왜 이렇게 잡음이 많은지 알아보자.

탄생

테더는 2015년 2월 발행되어 총 발행량 16억 5천만 개로(2018년 1월 24일 코인마켓캡 기준), 글로벌 안정화 디지털 화폐로 도약하는 목표를 가지고 있는 코인이다. 한국 거래소가 아닌 해외 거래소를 써본 투자자라면 원화로 자산이 거래되지 않고 이더리움, 비트코인이 기축통화가 되어 다른 알트코인들을 매매하는 신세계를 맛보았을 것이다. 여기서 KRW→BTC/ETH→알트 이렇게 두 번 교환되어야 하는 불편함 때문에 이 알트코인 가격이 적정한지를 계산하느라 특히 단타를 즐겨 하는 투자자들은 머리가 지끈지끈 아파왔을 것이다. 비트코인과 이더리움의 가격 역시 실시간으로 빠르게 변하기 때문이다.

하지만 '1달러는 약 1,000-1,200원'이라는 관념이 우리 머릿속에 자리 잡고 있고 USDT는 그 가치가 상대적으로 적게 변하기 때문에 USDT를 매개로 하는 거래는 그 편리성 면에서 훨씬 개선되었다고 볼 수 있겠다.

기술

한마디로 요약하면 테더는 비트코인 기술에 숟가락만 얹은 셈이다. 비트코인 블록체인 네트워크는 인증 관련 데이터를 올릴 수 있는데, 비트코인 거래를 보낼 때 빈 메모지 같은 공간에 "USDT"라는 문구와 발행 측의 서명을 적으면 Omni 프로토콜을 이용해 이렇게 적힌 코인들을 정산할 수 있다. 예를 들어 한국 조폐공사에서 발행한 지폐 위에 "은찬이 꺼"라고 낙서해 놓은 지폐들을 모두 모아 이 지폐의 총 가치를 통계해주는 것이 옴니 프로토콜이라고 생각하면 된다. 비트코인과 USDT의 경우, 비트코인 위에 USDT라고 '낙서' 해놓은 돈이 총 얼마인지 정산해주는 셈이다. ~~대충 이렇게 직관적으로 이해되는 것 외에 정보가 많이 부족해서 필자도 잘은 모르겠다.... 확실히 아시는 분이 있으면 제보 부탁드린다.~~ 테더 발행 측은 이러한 이유로 '비트코인 네트워크를 활용하니 안전하다'라고 주장한다.

논란

그럼 이제부터 테더에 얽힌 수많은 썰(?)을 풀어보도록 하겠다. 아, 이런 의혹을 제기하는 사람은 한둘이 아니지만 어디까지나 '뇌피셜'이라는 것을 미리 밝혀둔다.

1. 부분지급준비 설

1USDT=1USD의 공식이 성립할 수 있는 이유는 테더 발행 측에서 발행한 USDT만큼의 달러를 보유하고, 그 달러를 안전하게 은행에 넣어놨다고 주장하기 때문이다. 하지만 이는 어디까지나 테더 홀딩스(발행 측)의 주장으로서, 명확하게 그 주장을 뒷받침하는 문서를 단 한번도, 정말 단 한번도 제공한 적이 없다. 그래서 테더 홀딩스가 발행한 토큰 가치만큼의 달러를 가지고 있는지는 아무도 모른다. 부분적으로만 지급준비금을 가지고 있을 수도 있다는 얘기다.

왜 부분지급준비가 문제가 되는 것인가? 알다시피 현대사회의 은행은 전부 부분적으로만 지준금을 예치한다. 이것이 가능한 것은 모든 예금자들이 동시에 모든 예금을 인출할 가능성이 매우 낮기 때문이다. 게다가 은행은 없는 돈이 있다고 뻥 치는 게 아니라 실제로 있는 돈인데 대부분을 대출을 해줬기 때문에 단기적인 유동성 경색이 문제가 되는 것이다.

하지만 만약 테더 측에서 300억 달러의 현금만 예치해놓고 1000억 USDT를 발행했다면? 만약 투자자들이 300억 달러 이상을 인출할 시 최악의 경우 테더 홀딩스에게 소위 말하는 '먹튀'를 당할 수도 있다. 그렇게 되면 테더는 인출이 아예 불가능해지고, 그 가치가 폭락해 다른 코인과의 거래도 할 수 없게 된다.

2. 비트파이넥스 펌핑 설
테더가 가장 많이 쓰이는 곳은 비트파이넥스(Bitfinex, 속칭 빗파)인데, 비트파이넥스의 운영진과 테더 홀딩스의 운영진이 같다는 것은 이미 검증된 사실이다. 비트파이넥스 펌핑 설은 뇌피셜이지만, 만약 1번의 의혹이 사실이라면 전혀 불가능한 얘기가 아닌, 투자자들을 심하게 우롱하는 행위이니 만큼 여기서도 소개하는 것이 취지에서 벗어나지 않는다고 판단된다.

거래소든 다른 세력이든 펌핑을 하려는 경우 매수 물량을 끌어 올리며 상승 신호탄을 쏠 때, 지속적 상승을 위해 매도 물량을 받아먹을 때 대량의 자금이 필요하다. 이렇게 매집한 코인을 고점에서 개미들에게 떠넘기고 빠져나오는 것이 전형적인 펌핑 방법인데, 필요한 자금이 어마어마하기 때문에 개인은 꿈도 못 꾸는 방법이다.

여기서 1번과 엄청난 음모론이 연결되는데, 비트파이넥스가 USDT를 이용해서 거래소 내부 펌핑으로 돈을 벌어들인다는 것이다. 거래소 내부 펌핑은 다른 거래소에도 없지만은 않은 현상이다. 하지만 만약 비트파이넥스 운영진이 없는 돈을 있다고 하고 USDT를 발행해서 그 돈으로 펌핑을 한 것이라면? 비용이 0에 가까운 엄청난 차익이 생기는 것이다. 동시에 개미들의 피로 물들어 있는 음봉차트가 생기는 것이고. 만약 이게 사실이라면 비트파이넥스의 이런 행위는 역사에 길이 남을 사기극이고 손가락질받아야 마땅하다.

3. 테더 해킹 내부소행 설
테더 홀딩스는 "30,950,010 USDT가 2017년 11월 19일 테더 지갑에서 삭제되어 승인되지 않은 주소로 보내졌다"라며 도난당한 자금이 거래뇌서나 암호화폐 시상으로 유입되지 않도록 신속히 움직이겠다고 밝혔다.

이런 설명에도 불구하고 또 새로운 의혹이 파생된다. 바로 이 해킹사건이 테더 발행 측의 자작극이라는 것. 만약 1:1 교환비율이 애초에 성립되지 않았고 그래서 지속적으로 인출에 어려움이 생긴다면? 이 '해킹 사건'은 실로 적재적소에 나타난 해결책이 아닐 수 없다. 3천만 개의 USDT를 동결하면서 그만큼 예치금 부담을 줄일 수 있기 때문이다.

이런 수많은 논란에도 불구하고 빗파에서 USDT와 같은 유로 토큰을 발행해서 새로운 구설수가 끊기지 않고 있다.

+추가

이런 혼란한 상황에서 최근 테더에 도전장을 던진 것이 있으니, 그것은 바로 트루USD(TrueUSD, TUSD)이다. 테더와 같이 1TUSD=1USD를 보장해 줌과 동시에 정기적인 감사도 받겠다고 했으며, 미국법을 지키면서 은행으로 바로 송금도 가능하도록 만들었다. 2018년 3월 12일 비트렉스에 상장되어 대중적인 인지도를 확보하기 시작했다.

리플 XRP & 스텔라 루멘 XLM #리또속 #드디어_펌핑 #SWIFT #게이트웨이

리플, 그리고 리플에서 파생(?)된 스텔라 루멘에 대해 살펴보자. 들어가기에 앞서 먼저 밝히고자 하는 것은 리플의 시스템이 꽤나 복잡하다는 것이며, 현재 이 시스템에 대한 이해와 의견 또한 워낙에 분분하기 때문에 완벽한 정보 제공에 한계가 존재한다는 것이다.

우선 스텔라의 전신이자 현 코인마켓캡 3위에 등재된 거대코인 리플 xrp을 살펴보자.

리플의 이야기는 Jed McCaleb과 그가 스카웃한 Chris Larsen이 함께 설립한 OpenCoin으로부터 시작한다.

맥캘럽은 블록체인 역사에서 꽤나 커다란 한 획을 그은 인물인데, 리플의 설립자이자, 역사상 가장 커다란 해킹사건으로 이름을 날린 마운트 곡스의 설립자이며(맥캘럽이 마운트 곡스를 떠난 지 한참 후에 발생한 일이다), 추후 리플의 상업화에 반대해 본인이 설립한 리플랩스를 나와 Stella 프로토콜을 개발한 인물이다. 현재는 Chris Larsen이 리플랩스의 CEO를 맡고 있다.

리플을 아주 간단하게 설명하자면 비트코인을 필두로 하는 완전한 탈중앙화 블록체인과 달리 기존 금융권과 융합되어 블록체인을 도입할 수 있는, 조금은 다른 특성을 가지고 있는 코인이다.

Chris Larsen은 리플 프로토콜을 차세대 국제 은행 간 통신협정이라는 의미를 부여하며 SWIFT 2.0이라고 칭하는 등 은행 간 이체서비스에 중점을 두고 서비스를 진행하고 있다. 자, 여기서 2.0이 붙었다는 것은 알다시피 다음 세대라는 뜻이다. 그렇다면 기존 SWIFT은 무엇이며 어떤 문제를 가지고 있을까?

SWIFT는 '국제은행 간 통신협정'으로 1973년 5월 유럽 및 북미의 주요 은행이 가맹해 시작한 비영리 조직이다. 뭐 말은 어려운데 국제송금 하는 게 복잡하니 각국의 은행들을 묶어 네트워크를 구성하고, 지급, 송금 업무 등을 위한 편리한 데이터 교환 정도로 생각하면 좋겠다. 여기까지 들으면 꽤 괜찮아 보이는데… 문제는 1973년에 처음 시작된 이후로 이 시스템이 거의 변화하지 않았다는 점이다. 삼성 갤럭시 S1이 2010년 6월에 출시되었으니까… 스마트폰이 우리 삶에 이렇게 녹아든 지 채 10년도 안 되었다는 이야기. 1973년이면 얼마나 노후화된 시스템인지 감이 오시리라!

그래서 이 노후화된 시스템은 생각보다 절차가 엄청 복잡하다. 우리가 한국에서 미국에 있는 가족에게 돈을 보낼 때, 한국 은행 하나 + 미국 은행 하나, 총 두 개의 은행만 거치는 것이 아니다. 중간에 국가 중앙은행이니, 세계 중앙은행이니 이래저래 못해도 4개의 은행을 거쳐야 비로소 우리의 돈이 전달이 되는 것인데, 이 과정에서 단계마다 수수료가 들어 그 비용이 높고, 5시면 땡 하고 닫는 은행 특성상 이러한 복잡한 절차에 그 시간도 상당히 소요된다. 개인에게 부과되는 비싼 수수료와 불편함은 물론, 은행 입장에서도 내역이 아닌 대금을 정산받기 위한 기나긴 과정에서 환율을 포함한 여러 변동성은 언제나 불안 요소가 되고는 했다.

Jed McCaleb은 아마 이러한 불합리하고 노후화된 시스템에 불만이 컸던 것 같다. 그렇게 등장한 리플(이후 스텔라도!)은 이러한 기존 SWIFT를 대체할 혁신적인 도구로 급부상하고 있다.

리플의 변천사

리플의 변천사는 크게 두 단계로 나뉜다. 현재 리플의 전신인 리플페이(Ripple pay)가 그 첫 번째인데 리플페이의 원리는 이렇다. 앞서 이야기했던 것처럼 기존의 은행 SWIFT를 통한 국제송금은 한국에 있는 A가 미국에 있는 B에게 돈을 보낼 때 실제로 그 돈이 움직이며 그 과정은 매우 복잡하다. 리플페이는 A가 B에게 100리플을 보내려고 할 때, A가 한국에 있는 중개인 C에게 100리플과 함께 그에 상응하는 수수료만큼의 리플을 건네주고, 비밀코드를 발급받는다. A는 B에게 이 비밀코드를 알려주고, C는 또 다른 미국의 중개인 D에게 비밀코드를 알려준다. B가 D를 찾아가 비밀코드를 이야기하면 D는 B에게 100리플을 지급한다.

기존의 은행 시스템과 다른 점은 이때 실제 돈이 움직이지 않았다는 점이다. 쉽게 말하면 C와 D 사이에는 기존 은행과 같은 중앙기구 없이 신뢰관계가 형성되어있어 실제 리플이 움직이지 않고도 리플을 송금할 수 있다는 것이다. 이것이 IOU(I Owe U), 즉 "나는 너에게 빚을 지고 있다"라는 사실을 모든 거래 관계자에게 공표하는 것이다. A에게 받은 수수료는 C와 D가 나눠 갖게 된다.

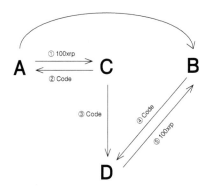

　요약하자면 실제로 돈이 오가야 하는 기존 송금 시스템을 대신해, 신뢰할 수 있는 중개인들을 기반으로 실제 돈이 오가지 않고도 가치를 주고받을 수 있도록 간소화한 것이다.

　그러나 리플페이는 문제점을 마주한다.

1. 사용자가 너무 적다.
2. 신뢰할 수 있는 중개인을 만나기가 어렵다(결국 지인 중에 중개인이 있어야만 사용이 가능).
3. 막상 거래를 기록하는 소프트웨어는 중앙에서 통제가 이루어졌다. 노드가 단 8개.

　사용자가 많아야 이러한 유동성들이 호환이 될 터인데, 리플페이는 고질적으로 중개인에 대한 신뢰가 있어야 이 모든 거래가 가능했기 때문에, 사용자층이 넓어질 수가 없었다. 또한 기존 탈중앙화를 모토로 한 블록체인의 본질과 달리 거래의 기록은 중앙에서 통제하는 아이러니한 구조가 발생하며, 투자자들 사이에서 리플은 블록체인이 아니다, 중앙화된 코인이다라는 인식이 퍼지게 되었다.

리플랩스는 이러한 문제점을 인지하고, 이를 해결하기 위해 여타 블록체인 시스템과 비슷하게 XRP라는 리플 토큰을 발행하여 주소와 주소 간의 직접적인 송금이 가능하도록 한다. 이것이 리플의 두 번째 단계이다. XRP는 단순히 돈을 주고받을 때 쓰는 것뿐 아니라, 가치의 저장 수단으로서 도입된 개념이다. 이는 또 하나의 핵심적인 개념 '게이트웨이'와 맞물려 그 역할을 수행한다.

게이트웨이

이해한다. 우리도 머리가 아프다. 그래도 좀더 쉽게 설명을 해보자면 게이트웨이는 모종의 환전소라고 이해하면 수월하다. 리플은 단순히 기존 송금의 역할을 넘어서 서로 다른 가치를 지닌 물건들의 환전소 역할을 자처한다.

이것도 예를 들어서 설명해 보자. 한국에 있는 대한이는 중국에 있는 쫑화에게 돈을 보내려고 한다. 이때 한번 환전을 해야 하는 어려움이 발생한다. 수수료도 높고 시간도 오래 걸리기 때문이다. 그래서 대한이는 리플을 이용해서 송금을 하려 한다. 대한이는 먼저 한국에 있는 KRW 게이트웨이를 찾아간다. 그리고 돈 100만 원을 KRW 게이트웨이에 주고 중국에 있는 CNY게이트웨이로 보내달라고 부탁한다. CNY 게이트는 100만 원 상당의 리플을 받아 이를 쫑화의 계좌에 넣는다. 쫑화는 이 돈을 인출할 수도, 인출하지 않을 수도 있다.

만약 인출하지 않은 채로 쫑화가 계속 리플을 송금에 사용하면, 게이트웨이 간의 현금흐름은 발생하지 않는다. 그러나 만약 쫑화가 이중 일부분이라도 CNY로 인출하고 싶어하면 CNY 게이트는 쫑화에게 해당 액수의 CNY를 지급해야 할 의무가 있다.

이때 환율은 어떻게 정해지는가? 여기서 시장 조성자(Market Maker)가 등장한다. 이 사례에서 시장 조성자는 현금 KRW를 현금 CNY로 바꾸고 싶어하는 사람과 현금 CNY를 현금 KRW로 바꾸고 싶어 하는 사람 두 명을 연결시켜 줄 수도 있다. 혹은 KRW-USD와 USD-CNY 이렇게 바꾸고 싶어 하는 사람 두 명을 연결시킬 수도 있다. 시장조성자는 이 두 개의 방법을 비교한 후 환전 비율이 유리한 쪽을 선택한다. 이때 두 번의 거래에서 시장조성자는 수수료를 부과하지 않지만, 개인이 원하는 환율은 모두 다르므로 여기서 나오는 환차익을 챙긴다. 이렇게 되면 낮은 수수료를 유지하면서도 시장 조성자의 유입을 촉진할 수 있는 인센티브가 생기는 것이다.

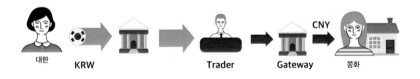

혹자는 이렇게 물을 것이다. 지금 게이트웨이 없이도 개인끼리 리플로 잘 송금할 수 있는데 왜 굳이 번거롭게 게이트웨이를 통해야 하는 것이냐고. 사실은 지금 각국의 거래소들이 게이트웨이 역할을 하고 있기 때문이다. 하지만 만약 거래소가 아예 없는 국가라면?

여기까지 이해가 되셨다면 왜 리플이 은행과 결합하기 가장 쉬운 암호화폐라고 하는지 이해가 될 것이다. 소위 게이트웨이라는 이 참여자는 아주 높은 확률로 은행이 될 것이기 때문이다. 다만 문제는 은행끼리 전송할 때 리플의 가격이 요동칠 경우다. 이때문에 사실은 리플 자체를 사용하기보다는 전 세계 은행끼리 컨소시엄을 맺어서 리플과 같은 메커니즘을 가진 또 다른 프라이빗 블록체인을 인프라로 해서 송금 시스템을 마련하지 않을것이라는 보장이 없다. 물론 전 세계적인 프라이빗 블록체인 인프라를 구축하는 데 시간이 꽤나 오래 걸릴 것이라는것은 자명하다.

스텔라 루멘

자매품 스텔라 루멘이다. 스텔라의 탄생설화는 역시나 Jed Mc Caleb과 깊은 연관이 있다. 발행량부터 시작해서, 거의 모든 면에서 리플과 비슷한 스텔라지만 은행 시스템에 녹아들어갈 리플과 달리, 개인 간의 거래에 초점이 맞춰져있다.

실제로 맥캘럽은 리플에서 나올 때 리플이 갈수록 영리화되어가고 있다고 신랄하게 비판하며, 여러 문제를 낳았다고 알려져있다. 때문인지 스텔라 루멘이 제시하는 비전은 금융서비스의 비용을 낮춰 개인의 가능성을 최대화하고, 빈곤을 해결하는 것이라고 한다.

스팀 STEEM #스티밋 #구조_복잡 #BTS_개발진

블록체인과 암호화폐에 대한 정보를 찾아 방황해 본 경험이 있는 독자라면 Steemit에 대해 알 것이다. Steemit만큼 블록체인과 코인에 대한 방대한 정보가 담긴 소스는 정말 드물다. 스팀이 가진 부정할 수 없는 장점은 여타 블록체인과 달리 그 명확한 실체를 가지고 있다는 점인데 한 번 천천히 살펴보자.

Steemit은 쉽게 말해 블록체인계의 SNS다. 가장 많이 쓰는 페이스북과는 조금 다르게 블로그 느낌을 풍긴다. 한 번도 들어가보지 않았던 독자라면 steemit.com에 들어가서 그 분위기를 느껴보는 것을 추천한다. 들어가서 그동안 궁금했던 코인도 검색해보고, 수많은 블록체인의 지식인, 선구자들의 혜안에 감탄하는 시간도 가져보면 좋겠다. 필자 역시 투자를 할 때는 물론, 이렇게 책을 쓰면서도 정말정말 많은 도움을 받았다.

기존 네이버, 다음 등의 포털 블로그들과는 다른, 꽤나 독창적이고 흥미로운 스팀에 대해 알아보자.

개발자

현 EOS의 댄 라리머를 필두로, 비트쉐어BTS 개발진들에 의해 만들어졌다. 2016년 4월부터 서비스가 시작되었다.

기본정보

먼저 소셜미디어 서비스가 블록체인과 어떻게 연결이 될까. 대부분의 소셜미디어들은 유저들이 창출하는 가치가 회사(중앙) 주주들의 이익으로 직결되는 경우가 많다. (물론 간접적으로는 유저들에게도 이익이 있겠으나, 여기서는 보다 직관적이고 직접적인 가치의 재분배를 의미한다) 그러나 스팀은 블록체인의 탈중앙화가 그 베이스로, 특별히 이득을 취하는 중앙이 없다는 것이 특징이다. 따라서 유저들이 스팀을 사용하고, 활성화시킴으로써 발생하는 가치의 상승은 유저들에 대한 직접적인 수혜로 다가온다.

자, 이것이 어떻게 가능한 것일까. 기본적인 특성을 먼저 살펴보면, 스팀은 DPOS 합의 메커니즘을 채용했다. 때문에 블록 생성 주기가 평균 3초로 매우 빠른 편에 속한다. 선출된 20명의 중인들(그 외 비상시에 충원될 대체인력도 있다고 알고 있다)에 의해 노드가 유지된다. 앞서 말했듯 스팀은 소셜미디어의 형태를 띄고 있으며, 포스팅, 댓글 작성 등의 저작물에 '좋아요/싫어요'에 해당하는 보팅voting의 개념을 도입하여, 보팅을 받는 작성자도, 보팅을 하는 네트워크 참여자도 모두 보상을 받을 수 있는, 단순 블로그 이상의 경제시스템을 갖추고 있다. 스팀 내의 모든 기록이 블록체인상에 기록되기 때문에 아무리 작성자 본인이라도 완전한 삭제 혹은 수정이 불가능하다. 수정을 하거나, 다른 사람들에게 노출되지 않도록 블라인드 처리를 하여도 변경 사항은 물론 수정이전의 원작도 그대로 확인할 수 있다. 글을 쓸 때 꽤 신중해야 할 듯!

여타 코인들이 그러하듯 스팀 역시 연간 10%의 인플레이션을 통해 네트워크를 유지하는데(스팀 네트워크에서 자동적으로 매년 10%의 코인을 추가 발행한다), 이때 이 10% 인플레이션 코인의 행방이 흥미롭다. 절대 다수의 블록체인은 인플레이션 코인이 네트워크를 유지하는 채굴자, 노드, 중인 등에게 보상으로 주어진다. 그러나 스팀의 경우 그중 10%만이 노드에 주어지며, 15%는 스팀파워 소유자에게, 나머지 75%는 유저들에게 돌아간다.

스팀 네트워크 내에서 사용되는 화폐는 세 가지로 나누어진다.

1. 스팀Steem : 유동성이 보장된 가장 기본적인 화폐 단위. 아래에 설명하겠지만 스팀달러Steem Dollar와 스팀파워Steem Power로 호환이 되는(바꿀 수 있는) 토큰 정도로 생각하면 좋겠다. 비트코인, 이더리움과 비슷한 느낌이다.

2. 스팀 파워Steem Power : 스팀 파워가 높으면 높을수록 네트워크 내에서 영향력이 올라간다. 다시 말해 같은 한 번의 보팅voting이라도 스팀 파워가 높은 유저의 보팅이 더 높은 보상을 보장한다는 것. 따라서 포스팅이나 코멘트의 가치 상승을 수반한다. 하지만 Steem Power 자체는 교환이나 송금이 불가한 비유동적 자산으로, 유동성을 지닌 Steem 토큰으로 바꾸기 위해서는 13주에 걸쳐 서서히 교환받는 Power down 과정을 거쳐야 한다.

3. 스팀 달러Steem Dollar : SBD라는 단어가 보이면 바로 스팀 달러를 이야기하는 것이다. 2017년 12월, 다수의 코인들이 가격상승을 겪던 시기에 역시나 엄청난 펌핑을 겪으며 시장의 이목을 끌었던 장본인. 1SBD는 1USD와 동일한 가치를 갖도록 하여(이를 시장 상황에 따라 조정하는 것은 증인들의 의무에 속하는데, 단적인 예로 1스팀이 0.5$라면, 1스팀달러를 들고 가 2스팀으로 바꿀 수 있도록 그 비율을 수시로 조정하는 것) Steem보다 유동적이고, 가치의 변동성이 적은 화폐라고 볼 수 있다.

스팀 달러는 스팀으로 3.5일이면 변환이 가능하며, 만약 스팀 달러를 받는 상점이 있다면 상품을 구매할 수 있는 실질적 화폐의 역할도 수행할 수 있다. 추가로 스팀달러를 사용해 자신의 글을 홍보할 수 있다. 당연하게도 홍보를 위해 지불한 스팀달러가 많을수록 상위에 노출되며, 이때 사용된 스팀달러는 소각된다.

또 하나의 핵심 개념을 소개하자면 바로 평판(Reputation)에 관한 것이다. 스팀을 돌아다녀보면 각 포스팅의 저자 혹은 그 밑에 댓글들을 보면 사용자 계정 옆에 (52) (37) 등과 같이 숫자가 표기되어있는 것을 발견할 수 있다. 이것이 바로 스팀 내에서 수치로 산정된 평판 지수이다. 이는 네트워크의 질을 향상시키기 위한 안전장치로 이해할 수 있는데, 너무나 당연하게도 평판이 50인 사람은 평판이 30인 사람보다 네트워크 내에서 더 신뢰받는다. 따라서 평판이 낮은 사람이 다른 사용자에게 악영향을 끼치는 것을 방지할 수 있으며, 평판이 높은 사람들을 통해 네트워크의 질이 향상된다고 할 수 있겠다. 명칭의 차이는 있겠으나 꼭 스팀뿐 아니라 여러 블록체인 네트워크에서 채용되는 시스템이기도 하다.

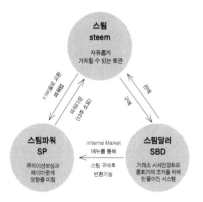

여기에는 또다시 보팅이라는 개념이 등장을 하는데, 이는 앞에서 소개했듯이 추천인과 피추천인 모두에게 경제적 유인을 제공하는 것은

물론 스팀 내 평판 수치에도 직접적인 영향을 미친다.

1. 업보트, 추천 Upvote : 페이스북의 좋아요를 누르는 것과 비슷함. 작성자의 평판 지수에 긍정적인 영향을 미친다.
2. 다운보트, 플래그 Downvote, Flag : 포스팅 혹은 댓글 등을 작성한 사람보다 높은 평판 지수를 가진 사람이 해당 글이 네트워크에 부정적이다고 판단하였을 때 이를 방지하기 위해 제재를 거는 것. 작성자의 평판 지수에 부정적인 영향을 미친다. 경우에 따라서 해당 글이 보이지 않도록 변경되기도 한다.

정확한 기준을 제시하기는 어렵지만, 평판은 50까지 비교적 수월하게 올릴 수 있는 반면(마냥 쉽다는 이야기는 절대 아니다) 50을 넘어서고부터는 하나하나를 올리기 위한 노력과 기여도가 기하급수적으로 증가하기 때문에(마치 rpg게임처럼), 60, 70을 넘어선 분들은 네트워크에 대한 기여도가 정말 어마어마하다 정도로 이해하면 될 것 같다. 실제로 평판이 높은 분들의 글들을 보면 그 이유를 짐작할 수 있다. 스팀만을 공부해도 정말 한참이 걸릴 만큼, 여타 블록체인과 달리 이미 커다란 실체를 보유하고 있는 이 어마무시한 친구는 가진 매력만큼이나 여러 가지 문제점을 안고 있다고 한다. 그러나 이 문제점에 대한 내용은 정확한 팩트를 제공하기도 어렵고, 의견이 분분한 것은 물론, 실제 스팀을 사용해보지 않은 사람들이 공감하기란 쉽지 않은 내용 같아 본 글에서는 생략하도록 하겠다. 이 글을 읽고 흥미가 있으신 분들은 스팀의 세계로 빠져보시길! 필자는 개인적으로 블록체인 이외의 콘텐츠가 아직 부족하다 여겨져 엄청난 블루오션 같기만 하다.

PART

4

· · · ·

인물 백서

1. 사토시 나카모토 SATOSHI NAKAMOTO #정체불명의 #비트코인_팔았을까

코인판에서 가장 유명한 인물이지만 누구도 그 실체를 모른다. 일본인인지, 미국인인지, 개인인지, 단체인지, 그 아무것도 알려진 게 없다. 알려진 사실은 사토시 나카모토는 비트코인의 창시자로서, 암호화폐가 아직 대중의 관심 밖일 그 시절 몇 명의 프로그래머와 버그 수정 때문에 메일로 연락을 몇 번 하고(물론 천재 프로그래머답게 메일은 역추적이 불가능했다), 커뮤니티에서 나름 활발하게 활동했다는 것이다.

하지만 암호화폐가 점점 사람들의 이목을 끌면서 무엇 때문인지 커뮤니티를 떠났다. 그 후 아무도 사토시 나카모토로부터 메일을 받은 적이 없다. 정말 전설 속의 인물이라는 칭호가 딱 알맞다고나 할까. 그가 사라진 이유에 대한 가장 그럴듯한 설명은 중앙집권화된 어떤 사람 혹은 단체에 의해 비트코인이 좌지우지되는 것을 방지하기 위해서라는 것이다.

그 후 사람들은 사토시 나카모토의 정체에 대해 자연스럽게 궁금증을 가지기 시작했고 여러 가지 추측이 난무했다. 사토시 나카모토가

메일에 사용한 영어는 매끄러운 영국식 영어였지만, 미국식 표현도 가끔 쓴 것으로 보아 여러 명일 것이라는 추측도 있었고, 이 정도 영향력을 가지고 있는 사람을 각 국가기관, 특히 CIA에서 뒤쫓지 않을 리 없는데 아직도 찾지 못한 것을 보면 CIA와 관련 있는 인물이라는 CIA 연계설마저 돌고 있다.

사토시 나카모토로 추정되었던 인물은 일본 교토대학의 수학교수 모치즈키 신이치, 칼텍을 졸업한 일본인 컴퓨터 공학자 도리안 프렌티스 사토시 나카모토, 호주 사업가 겸 컴퓨터 공학자인 크레이그 라이트와 그의 친구인 미국 법의학자 故 데이브 클라이먼 등 여러 사람이 있었다.

크레이그 라이트는 자신이 사토시 나카모토라는 주장을 하기도 했지만 결국 정말로 증명해내진 못했다. 결국 이 의혹들 중에 진실로 판명된 것은 하나도 없다는 뜻이다. 그래서 더욱 허무맹랑한 얘기들도 나오기 시작했는데, 사토시 나카모토는 사실 삼성(Samsung), 토시바(Toshiba), 나카미치(Nakamichi), 모토로라(Motorola)의 앞 몇 글자를 조합해 만든 가명이라는 썰도 심심찮게 들린다.

그만큼 사람들의 주목을 받고 있기 때문이라고 하겠다. 아마도 몇 년 뒤 '서프라이즈'에 풀리지 않는 세계 10대 의혹에 사토시 나카모토의 이야기도 포함되지 않을까.

2. 비탈릭 부테린 VITALIK BUTERIN #이더리움 #갓탈릭 #외계에서_온_천재 개발자

이더리움의 창시자 비탈릭 부테린이다. 비탈릭이라는 이름을 모르고 코인투자를 한다면, 당신은 분명 투기를 하고 있는 것이다.

러시아 출신이자 어린 나이에 캐나다로 이민을 갔던 그는 2014년 19살의 나이로 이더리움 백서를 만들었다. 그렇다. 그는 정말로 희대의 천재다. 19살에 수학 몇 문제 풀기에도 벅찬 우리와 달리 세계 정상급의 프로그래머들이 즐비한 코인판, 그중에서도 극악의 난이도로 꼽히는 사제 블록체인 개발을 성공하였고, 심지어 이더리움은 스마트컨트랙트라는 '최초'의 행보를 걷기까지 한다. 엄청나게 많은 ICO들이 존재하지만 비탈릭이 자문으로 있는 코인(토큰)은 몇 가지 되지 않기 때문에 그의 지지만으로도 엄청난 이슈가 되기도 한다. 그만큼, 코인판에서, 블록체인 업계에서 비탈릭이라는 이름은 지대한 영향력을 행사하고 있다.

칭찬은 이쯤 해두고, 비탈릭의 트위터를 보고 당황하지 않기 위해선 몇 가지 상식이 필요하다. 초보 여러분이라면 필독하시길 바란다.

출처: 비탈릭 부테린 트위터

첫 번째, 비탈릭은 진성 공돌이다. 절대 공돌이를 비하하는 것이 아니다. (우리는 이 책을 쓰면서 공대와 이과에 다니시는 모든 분들을 존경하게 되었다!) 영화 속에 나오는 괴짜(freak, 혹은 geek 정도가 되겠다) 개발자, 그 정도 느낌으로 해두자. 그의 사진을 보면 꽤나 마르고 왜구한 체구에 각진 얼굴이 눈에 띈다. 혹자는 그를 외계인이라고 표현하기도 하는데, 그만큼 본업에'만' 충실하다. 어쩌면 트위터에 올리는 위아래 보라색 깔맞춤 패션 때문인지도. ~~형어 보라돌이야?~~ 심지어 어딘가 아파 보이기도 한다. 이러한 이유 때문에 그 유명한 '비탈릭 사망'[*]이 퍼져, 이더리움이 폭락한 사례도 있다. (물론 비탈릭이 당시 ~~굳어~~ 갓 생성된 이더리움 블록의 TXID가 적힌 종이를 들고 인증샷을 찍어 루머를 진압했다. 말했지 않나, 진성 공돌이라고. ~~장하다~~.) 2017년 말즈음에 비탈릭 건강을 챙겨주겠다는 토큰 ICO가 진행되었다고 한다. ~~스캠인지는 모르겠으나, 이더리움 투자자라면 고려해보자.~~

두 번째, 그는 돈 욕심이 없다. 일례로 ICO열풍과 함께 이더리움이 폭발적 성장세를 보이며 순식간에 48만 원까지 올랐던 2017년 6월 당시, 비탈릭은 "우리는 2017년이 지날 때, 300불 정도의 가격이면 적당하다고 생각한다. 지금은 너무 버블이다."라고 이야기해 즉각적인 폭락을 야기했다. 당연히 수많은 이더 투자자들의 공분을 샀다. 비탈릭 트위터를 막자느니, 비탈릭이 최대 악재라느니, 아무튼 시끌시끌했다. 일각에서는 비탈릭이 보유분 이더리움을 10만 원(100불) 때 다 팔고 배 아파서 그렇다는 주장을 하기도 하는데, 뭐 일단은 루머로 해두자. 그만큼 이더리움에 대한 솔직 담백한 견해를 가지고 있고, 블록체인의 발전을 위해 정말 바쁘게 살고 있는 것 같다.

이렇게 말 많고 탈 많은 개발자지만, 그는 분명한 천재다. 이더리움뿐 아니라 블록체인 생태계를 조성하는 데 크게 활약해왔으며, 앞으로도 그러할 것이다. 개인적으로 만수무강했으면 좋겠다. ~~운동도 좀 하고~~

3. 댄 라리머 DANIEL LARIMER #비트쉐어 #스팀 #EOS

비탈릭과 쌍벽을 이루는 천재 개발자로 꼽힌다. 비트쉐어(Bitshares), 스팀(Steem) 개발의 주체였고, 현재는 EOS의 CTO로 재임하고 있다. 그는 2003년 버지니아 폴리테크닉 주립대학에서 컴퓨터 공학 학사 학위를 받았다.

비트코인이 나온 2009년, 사토시 나카모토와 블록체인에 대해 논의했다고 전해질 정도로 업계에 몸담은 기간이 길다(아마도 이메일을 주고받는 형식이었을 것이다). 그는 법정화폐(원화, 달러와 같은)로 가치가 산정되는 암호화폐의 한계를 넘어서기 위해 비트쉐어를 만들고, 후에 DPoS 합의 메커니즘, 스팀, EOS 등을 만드는 등, 역시나 블록체인 생태계에 지대한 공헌을 하는 중이다.

4. 우지한 JIHAN WU #비캐 #BITMAIN #음모론의_중심 #이번엔_형_맞지?

우리의 세력 형님(드래곤 슬래어어), 우지한에 대해서 알아보자. 우지한(吳忌寒)은 중국의 최대 채굴회사 비트메인(Bitmain)의 대표이다. 베이징 대학을 나왔으며, 졸업 후 사모펀드에서 재무 분석가로 일했던 경력이 있다. 그는 2011년 중국인으로서는 최초로 비트코인 백서를 번역했다. 그후 곧바로 비트코인 뉴스 사이트인 8btc.com을 설립했다. 그가 비트메인의 대표가 된 것은 2013년인데, 중국이 채굴 산업에 눈독을 들이기 시작한 때이기도 하다.

비트메인 소유인 Antpool과 Viabtc의 채굴량은 전 세계 30프로를 상회한다(2017년 11월 기준). 그가 다른 경쟁업체를 따돌리고 비트메인을 이렇게 키울 수 있었던 이유는 ASICBOOST라는 특허 기술 덕이다. 그는 이 기술을 통해서 마이닝 효율을 20~30프로 올린 후, 채굴뿐만 아니라 전문 채굴기를 만들어 채굴자들에게 판매했다. 비트코인뿐만 아니라 대시, 모네로, 시아코인 등등에서 ASIC은 표준 채굴기로서 입지를 다지는 중이다.

우지한의 가장 유명한 일화는 비트코인 캐시에 관한 것인데, 그는 8월 예정되어 있었던 비트코인 코어 진영의 세그윗에 강하게 반발하면서 독단적으로 비트코인 포킹을 통해 비트코인 캐시를 탄생시켰다. 막대한 해시파워를 가지고 있는 우지한의 만행(?)을 막을 자는 아무도 없었다.

2017년 8월 1일 비트코인 캐시가 1:1로 지급된 이후, "비트코인 캐시가 진정한 비트코인"이라는 프레임과 함께 역동적인 가격 변동폭을 보여줬다. 이후 11월 세그윗 2X도 우지한을 필두로 한 중국의 채굴세력에 의해서 무산됨과 동시에 비트코인 캐시의 가격이 폭등했는데, 이때 우지한 트위터에 올라온 "Enjoy the BCH"는 역사에 남을 희대의 망언으로 꼽힌다(덕분에 눈 돌아가 추격매수해서 물린 사람들이 천지다. '빗썸 280만 원 사태'의 장본인).

이후 간간히 트위터를 통해 입을 놀려주시는 우지한 형님, 11월 말에 다시 한번 "드래곤 슬레이어(용잡이, 비트코인에 대한 도전장)"라는 의미심장한 말을 남겨 투자자에게 혼란을 준 바 있다. 역대급 변동성을 보여준 코인인 만큼, 물려있는 사람들도 많은데, 이 사람들은 하염없이 지한이 형이 오기를 기다리며 희망의 끈을 놓지 않고 있다. 커뮤니티를 탐방하다 보면 알겠지만 지한이 형을 애타게 찾는 사람들이 정말 많다. "지한이형, 이번엔 형 맞지? 왜 이제야 왔어… 여긴 510층이야, 여긴 너무 추워…. 우리에게도 봄날이 올까?" 우지한이 이 모든 사람을 구출해줄 날을 기다려 본다.

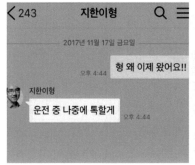 

이건 합성이다. 농담 정도로 넘어가자

5. 로저 버 ROGER VER #비트코인_예수 #비캐사랑_나라사랑

'비트코인 예수'라고 불리우는 로저 버. 전 세계 비트코인 보유량 6위에 랭크되어있다. 비트코인 억만장자라고 할 수 있다. 그의 발언은 아주 영향력이 있는데, 그도 그럴 것이 실제로 그가 마음만 먹으면 덤핑을 통해서 시세를 조작할 수 있을 만큼 많은 양의 비트코인을 가지고 있기 때문이다.

그는 비트코인이 본연의 취지에 맞게 사용되려면 기술적인 한계를 극복해야 한다며, 우지한과 판먹꾸 같은 진영에서 비트코인 캐시를 광적으로 지지한다. 그의 강연이나 영상을 보면 얼마나 비트코인 캐시를 사랑하는지 알 수 있다. 로저 버가 운영하는 채굴 풀인 Bitcoin.com을 보면 실제로 비트코인을 전혀 채굴하지 않으며(2017년 11월 기준), 오직 비트코인 캐시만을 채굴하는 것을 볼 수 있다. 비트코인 캐시는 이렇게 찬양하면서 보유 비트코인 개수는 역대급인 로저 버. ~~어컷어~~

바로 절대 돈을 잃을 수 없다는 부자들의 쌍방포지션?!

그가 마지막에 어느 편에 설지는 미지수다.

6. 찰리 리 CHARLIE LEE #라이트코인 #난_다_팔았어 #그래도_암호화폐_짱짱

'찰리 리가 가지고 있는 모든 라이트코인을 팔았다' 이 한 마디가 투자자들에게 가져다준 충격은 어마무시했다. 찰리 리는 구글 엔지니어와 코인베이스에서 근무한 경력이 있는 중국인이며 라이트코인의 창시자이기 때문. 라이트코인의 창시자가 라이트코인을 모두 팔았다니! 이같은 소식에 당시 라이트코인 가격은 하락세를 보였다.

정확히 얼마에 몇 개를 팔았는지는 알려져있지 않지만 전해지는 소문으로 찰리 리는 라이트코인으로 75배의 수익을 거뒀다고 한다. "라이트코인으로 충분히 많은 돈을 벌었기 때문에 더 이상 코인을 보유할 이유가 없다."나 뭐라나. 또 라이트코인에 대해 트윗하는 것이 자신의 개인적 이익이라는 비난을 피하고 싶었다고 한다.

라이트코인을 왜 팔았는지에 대해서도 역시 썰이 넘쳐난다. 라이트코인의 가격 조정을 유도하기 위해서다, 비캐에 투자를 더 많이 하기위해서다 등등. 이유야 어찌 됐건 투자자들은 분노했다. 특히 라이트코인을 들고있던 투자자들은 다. 단순히 가격이 하락했기 때문에 분노한 게 아니다.

투자자들이 분노한 이유 중 첫 번째는 찰리 리가 이렇게 입을 '턴'게 처음이 아니기 때문이다. 2017년 12월 찰리 리는 라이트코인이 48시간 동안 300% 가까이 가격이 오르자 트위터를 통해 경고를 보냈다. "파티를 망쳐서 미안하지만 흥분을 다스려야 한다. 라이트코인을 구매하는 것은 극도로 위험(extremely risky)하며, 나는 라이트코인이 다년간의 하락장을 가지고 가격이 90% 이상이 빠지기를 기대하고 있다. 만약 라이트코인이 20달러로 떨어지는 것을 견딜 수 없다면 투자하지 마라"라고. 투자자들은 당연히 뒷목을 잡을 수밖에. 창시자라는 사람이 나서서 가격이 떨어지라고 제사를 지내는 꼴이 아닌가!

두 번째 이유는 전통적으로 회사 사장이 지분을 매각하는 것을 시장이 매우 안 좋은 신호로 해석하는 경우가 많기 때문이다. 만약 어느 날 이재용 씨가 "나는 삼성전자 주식으로 돈을 많이 벌었기 때문에 더 이상 주식을 보유할 이유가 없다"며 들고 있는 주식을 모두 팔았다고 해보자. 이는 모든 언론사 1면에서 대서특필로 보도할 큰 사건이다. 외국인들도 패닉에 빠져서 삼성전자 주식을 투매하고 한국시장에서 빠져나갈지도 모른다. 이처럼 불안정한 심리에 매우 취약한 시장에 기름을 들이부었으니 이쯤 되면 라이트코인 투자자가 극한직업이라는 생각도 든다.

실제로 몇 번의 사건이 터지고 난 후 라이트코인의 가장 큰 리스크는 찰리 리라느니 찰리 리와 비탈릭 부테린만 입을 다물어주면 라코와 이더는 승승장구할 거라느니 하는 투자자들의 곡소리가 카카오톡 오픈채팅방에서 끊이지 않았다. 그럼에도 불구하고 계속해서 홀드하시는 투자자들은 기술력을 보고 투자하시는 분들이니 끝까지 버티셔서

찰리 리의 극딜을 이겨내고 성투하시길 바란다. 찡긋

7. 윙클보스 형제 WINKLEVOSS #존버는_승리한다 #12만개

한마디로 정리하면, 윙클보스 형제는 전 세계 비트코인의 약 0.7%를 소유하고 있는 비트코인 억만장자이다. 이들은 바로 비트코인 관련 최초의 상장 지수 펀드(ETF)를 미국 정부에 제출해 신청을 받으려고 했던 쌍둥이 형제다.

더 재밌는 점은 이 형제는 페이스북의 창시자인 마크 주커버그와 하버드 동기인데, 주커버그에게 "페이스북은 자신의 아이디어였다"며 소송을 걸어서 7년간의 공방 끝에 승소(!!)하여 6,500만 달러라는 거액의 돈을 받아냈다는 것이다. 변호사는 이를 현금으로 받으라고 제안했지만, 이들은 보란 듯이 페이스북 주식으로 받아내 2012년 페이스북 상장 후 그 가치는 어마어마하게 올라갔다.

이들은 바로 이 승소한 돈 중 6,500만 달러를 가지고 2012년(무려 2012년!)부터 비트코인을 사 모으기 시작했다. 그렇게 구매한 비트코인은 12만 비트가 되었다. 말하자면 2012년부터 존버하기 시작해서 지금까지 비트코인의 모든 수익률을 다 먹은 것. 추가로 비캐, 비골 등의 추가수익도 있겠다. 어떤 비트코인 백만장자들은 부분부분 현금화하며 호화로운 생활을 누리지만, 이들은 그럴 생각이 없는 것으로 알려졌다. 비트코인 우상향에 대한 신념이 매우 확고하다.

이후 3억5천만 달러를 다른 코인(대부분 이더리움)에 추가로 투자하고, 암호화폐 거래소 제미니의 지분을 다량 보유하고 있다. 제미니도 특유의 보안 시스템을 가지고 있는 저평가된 거래소라고 알려져 있다.

어쩌면 이들은 시대의 흐름을 다른 사람보다 빨리 파악하고 한 발짝 먼저 내딛은, 존버계의 진정한 승자라고 할 수 있겠다. ~~저점장투는 진리다.~~ 투자는 현재가 아닌 미래에 하는 것이라는 투자 격언을 몸소 실천하여 보여주는 대표적인 예인 듯 하다.

8. 제드 맥캘럽 JED MCCALEB #리플 #스텔라_루멘 #마운트곡스_창시자

제드 맥캘럽은 리플과 스텔라의 개발자이다. 제드는 또한 P2P 프로그램의 대명사인 이동키(eDonkey)와 오버넷을 만들었던 사람이다. 또한 해킹 파트에서 다룬 마운트곡스를 만들었다고도 알려져있다. 아, 물론 마운트곡스가 파산하기 전에 마크 카펠리스라는 사람에게 거래소를 넘겼으니, 파산 혹은 ~~횡령~~ 사건과는 직접적 관련이 없다고 볼 수 있다.

PART

5
....

코인시장 백서

1.
해킹
#마운트곡스 #다오
#근데_암호화폐는_해킹_안 되는 거_아닌가요?

마운트곡스(MT. GOX)

1) 사건의 내용

구분: 거래소 사기/해킹

일자: 2014년 2월 28일

규모: 비트코인 85만 개

국적: 일본

당시 거래량: 해킹 당시 세계 1위

암호화폐 해킹하면 가장 먼저 떠오르는 대표적인 사건으로 2014년 2월 28일 당시 최대 비트코인 거래소인 마운트곡스의 거래 처리 시스템이 해킹을 당해 회원 75만 비트코인과 거래소 보유분 10만 비트코인 도난을 당하는 사건이 일어났다. 이번 사건으로 인해 비트코인 손실과 계약금 손실로 마운트곡스는 문을 닫았다.

하지만 일본 경찰은 마운트곡스의 파산 원인을 내부 횡령으로 결론

내렸다. 경찰은 회사 명의 은행 계좌에서 거액이 외부 계좌로 빠져나간 점을 들어 횡령 혐의로 그를 기소했다. 이에 대해 CEO는 절대 고객의 돈을 횡령한 적이 없다며 억울함을 호소했다. 또한 마운트곡스가 의도는 좋았지만 관리가 형편없었을 뿐이라고 말하는 전문가도 존재해 의견이 분분한 상황이다.

2) 후속조치

2017년 7월 11일 일본 도쿄지방법원에서 마운트곡스 최고 경영자였던 마크 카펠레스의 첫 공판이 열렸다. 이 공판에서 검찰 측과 카펠레스 측은 팽팽히 대립했으며 진실은 가려지지 않았다. 앞으로의 공판에 이목이 집중되고 있다.

재밌는 점은 2017년 12월 12일 파이낸셜 타임즈의 보도에 따르면 마운트곡스가 가지고 있던 비트코인의 가치가 30억 달러 규모로 급등하면서 투자자들의 피해금을 모두 보상할 수 있게 됨에 따라서 일부 채권자들이 법원에 마운트곡스의 회생절차를 요구했다고 전해진다.

비트스탬프(BITSTAMP)

1) 사건의 내용

구분: 거래소 해킹

일자: 2015년 1월 4일

규모: 비트코인 1만 8866개

국적: 룩셈부르크

당시 거래량: 해킹 당시 세계 3위

2015년 1월 4일 비트스탬프 거래소 핫월렛이 익명의 해커에게 탈취당했다. 비트스탬프는 해킹 사실을 알아채자 바로 입금용 운영계좌에서 비트코인을 옮기고 출금거래를 멈추고, 고객에게 이메일을 보내 경고했다. 해당 지갑은 비트스탬프가 보유하고 있던 비트코인이 담긴 지갑이었으며, 사용자가 맡긴 잔액은 모두 안전하다고 비트스탬프는 설명했다.

2) 후속조치

잠정적으로 서비스를 중단한 후 서버, 하드웨어, 시스템 모두를 교체했고 5일 후인 1월 9일 서비스를 재개했다. 불안에 떨며 전전긍긍했을 고객을 위해 1월 17일까지 거래 수수료를 면제한다는 보상책도 내놓았다.

다오(DAO)

1) 사건의 내용

구분: dApp 해킹

일자: 2016년 6월 17일

규모: 350만 이더리움 클래식(차후 260만 개 확보)

The DAO(Decentralized Autonomous Organization)는 이더리움의 기능인 스마트 컨트랙트를 기반으로 특정한 중앙주체의 개입이 없이 개인이 제안서를 자유롭게 업로드하고, 투표를 통해 자율적으로 의사결정을 하여 운영되는 조직이다. 네이버에서 소액 투자를 통해 프로젝트를 펀딩하는 것과 비슷한 개념이되, 그 모든 프로젝트가 하나의 조직에 속해있다고 생각할 수 있다. 투자자들은 이더리움으로 이 조직의 경영에 참여할 수 있는 권한을 주는 토큰(DAO Token)을 구매하고, 투자자들의 이더리움으로 조직운영에 필요한 자금이 마련된다. 투자자들은 다오에 몰린 자금을 어떤 식으로 사용할지 제안을 하고 투표에 붙일 수 있다. 특별한 운영주체 없이 개인들이 투표를 해서 운영 결정을 해나가는 셈이다.

The DAO에는 토큰의 구매를 위해 지불했던 이더리움을 환불받는 기능이 있다. 하지만 환불이 완전히 종료되기까지 일정 시간이 필요했는데, 당시 해커는 DAO의 이런 결함을 이용해 환불 요청을 한 다음 이더리움을 환불받고, 자신의 계정에서 토큰이 차감되기 전에 다시 환불 요청을 하는 방식으로 무한 환불 신청을 진행했고, 결국 전체 시스템에 엄청난 손실을 초래했다.

이 사건으로 이더리움의 가격은 50%, DAO 토큰의 가격은 75% 폭락했다.

2) 후속조치

이후 이더리움 개발자이자 The DAO 프로젝트를 이끄는 비탈릭 부테린이 하드포크를 진행하여 새로운 체인을 생성했다. 또한 몇몇 화이트 해커와 협력하여 토큰을 빼앗겼던 같은 방법으로 해커들이 탈취한 이더리움 클래식 260만 개 정도를 다시 뺏어오는 웃지 못할 일도 벌어졌다.

비트파이넥스(BITFINEX)

1) 사건의 내용
구분: 거래소 해킹

일자: 2016년 8월 2일

규모: 12만 비트코인

국적: 홍콩

당시 거래량: 해킹 당시 세계 2위

2016년 8월 2일 세계에서 달러-비트코인 간 거래가 가장 활발했던 홍콩 거래소인 비트파이넥스가 사용자의 계정에서 비트코인이 탈취당했다고 발표했다. 당시 비트파이넥스는 보안 파트너인 비트고(BitGo)가 고안한 다중 서명 지갑[14]을 사용했다. 이 키 교환 시스템을 구축할 당시 비트파이넥스는 누군가 돈을 훔치려면 두 회사 모두에 침투해야 할 것이라고 발표했다. 하지만 비트파이넥스의 해킹 사건은 다중 서명 방식의 지갑을 사용하면 안전할 것이라는 사람들의 인식을 깨뜨리는 결과를 초래했다.

2) 후속조치
거래소 측은 손실을 모든 고객의 계정으로 분산시켰고, 그 결과 각 계정은 36%의 손실을 입었다.

---

14 다수의 서명이 입력되어있는 지갑으로, 지정된 개수 이상의 서명이 있어야 코인을 사용할 수 있다

야피존(YAPIZON)

1) 사건의 내용
구분: 거래소 해킹
일자: 2017년 4월 22일
규모: 3,831 비트코인
국적: 한국
당시 거래량: 당시 한국 6위 거래소

2017년 4월 22일 야피존 거래소가 보유하고 있던 핫월렛 4개가 탈취되었다. 총 피해 규모는 야피존이 보유하고 있던 회원 총자산의 37.08%에 달했다.

2) 후속조치
발생한 피해금액에 대해서 전체 사용자에게 일률적으로 차감하고, 6개월 동안 점진적으로 피해액을 돌려주는 방식으로 보상을 진행했다. 하지만 회사 측의 과실에 해당하는 금액을 이용자들에게 부담하게 했다는 점과, 보상해준 피해액 역시도 현금이 아니라 야피존에서 발행하는 'Fei'라는 자체코인이라는 점, 또한 6개월 동안 지갑의 잔고를 동결한 고객만을 대상으로 보상을 진행했다는 점에서 사용자들의 분노를 샀다. 그 후 야피존은 해킹 이미지를 탈피하기 위해 이름을 '유빗'으로 바꾸고 활동했다. 그럼에도 불구하고, 2017년 12월 19일 두 번째 해킹이 발생, 전체 자산의 17프로를 탈취당하고 파산신청을 하였다. 결국 유빗은 해킹으로 파산한 한국의 첫 0번째 거래소가 되었다.

빗썸(BITHUMB)

1) 사건의 내용
구분: 직원 PC 해킹

일자: 2017년 7월 4일

규모: 전체 회원의 3% 개인정보 유출

국적: 한국

당시 거래량: 당시 한국 1위 거래소

2017년 7월 4일 국내 최대 암호화폐 거래소인 빗썸이 직원PC에 담긴 고객의 회원 정보를 유출당하는 사건이 발생했다. 개인정보가 유출된 후 해커들은 회원정보를 이용해 빗썸 직원을 사칭하여 OTP를 해제한 후 다시 신청해야 한다는 전화를 하는 등의 보이스 피싱 수법을 통해 일부 계좌에서 암호화폐를 탈취했다.

2) 후속조치
빗썸 측은 개인정보 유출 피해자들에게 인당 10만 원을 지급했다. 하지만 직원 PC에 고객의 개인정보가 들어있었다는 점과 1차 개인정보 유출 후 안일하게 대응하는 등의 늑장대처에 대해 빗썸은 여론의 비난을 샀다. 또한 빗썸과 같은 아이디와 비밀번호를 사용한 사람들을 대상으로, 또 다른 암호화폐 거래소 코빗 회원을 대상으로 한 계정 탈취 시도도 진행되어 정확한 피해액은 아직도 추정이 어렵다.

코인대시(COIN DASH)

1) 사건의 내용
구분: 공식 사이트 해킹
일자: 2017년 7월 18일
금액: 3만 7천 이더리움

2017년 7월 18일 이스라엘 텔아비브, 중국 상하이 소재 업체인 코인대시는 ICO 과정에서 가상 지갑 주소에 암호화폐를 송금받는 방식으로 융자를 진행했다. 토큰세일을 시작한 지 15분 동안 투자자 148명이 3만 9천 이더를 정상적인 전자지갑 주소로 송금했다. 그러다 해커가 코인대시 사이트를 해킹해 가상 지갑 주소를 자신의 주소로 바꿔 2천 명 이상의 투자자들이 해커의 주소로 3만 7천 개의 이더리움을 송금했다.

코인대시는 몇 분 만에 이를 알아차리고 투자자들에게 경고했지만 이미 너무 늦은 뒤였다.

2) 후속조치
코인대시 측은 정상 주소로 송금하지 못한 피해자들을 전수파악하고, 이들에게도 보낸 이더에 상응하는 수량의 토큰을 발행했다.

패리티 월렛(PARITY MULTISIG WALLET)

1) 사건의 내용
구분: 지갑 해킹
일자: 2017년 7월 19일
규모: 15만 3천 개 이더리움

2017년 7월 19일 패리티 테크놀로지(Parity Techonology)의 <u>멀티시그 지갑의 취약점[15]</u>을 이용해 대량의 이더리움을 보유하고 있던 3개의 지갑(Edgeless Casino, Swarm City, Aeternity Blockchain)을 해킹하는 사건이 발생했다. ~~당시에 해당 코인들을 갖고 있던 필자와 같은 독자도 있으리라. 짜릿해, 늘 새로워, 코인판이 최고야.~~

2) 후속조치
업데이트 버전 지갑을 공개했지만 2017년 11월 8일 패리티 테크놀로지에서 호스트의 디지털 지갑에 접근할 때 필요한 코드가 확인되지 않은 사용자에 의해 삭제되어 이더리움 거래가 중단되는 문제가 발생했다. 한마디로 업데이트한 지갑에서도 또 결함이 발생한 것. 이에 패리티 테크놀로지 측은 추가 업데이트를 진행하겠다고 밝혔으나 아직까지 해결책을 찾지 못한 것으로 전해졌다.

---

15 지갑의 소유권과 관련, 딱 한 번만 실행되어야 할 코드가 여러 차례 실행될 수 있도록 프로그래밍 되어있던 게 화근, 굳이 이해하지 않아도 괜찮다.

베리타세움(VERITASEUM)

1) 사건의 내용
구분: 지갑 해킹
일자: 2017년 7월 23일
규모: 3만6천베리(VERI)

2017년 7월 23일, 베리타세움 개발진은 ICO를 진행하여 베리(VERI)라는 이름의 토큰을 판매하는 중이었다. 그러나 베리토큰을 보관하고 있던 개발진 측 지갑이 해킹당했고, 840만 달러 상당의 토큰이 서로 다른 6개의 주소로 도난당했다고 밝혔다. 도난당한 토큰은 빠른 시간 안에 탈중앙화 거래소인 이더델타(EtherDelta)에서 이더리움로 교환되어 되찾을 수 없었다.

2) 후속조치
베리타세움 측은 해킹당한 지갑에 있는 모든 베리토큰을 다른 곳으로 안전하게 옮겼다고 밝혔다.

에니그마(ENIGMA)

1) 사건의 내용
구분: 공식 사이트 해킹

일자: 2017년 8월 21일

규모: 1,500개 이더리움

에니그마는 MIT 출신 전문가들이 설립한 이더리움 dApp의 일종이다. 2017년 8월 21일 에니그마는 9월 11일 ICO를 앞둔 상태에서 공식 사이트가 해커의 공격을 받았다. 이 해커는 에니그마를 사칭해 코인 선판매(Pre-Sale)를 진행한다며 메세지를 보내고 에니그마 뉴스레터 구독자에게 이메일을 발송하는 등 수법을 통해 자신의 이더리움 주소로 돈을 보내도록 했다.

2) 후속조치
에니그마는 웹사이트를 통해 이런 사실을 공지한 뒤 투자자들에게 돈을 보내지 말라고 경고했다. 또한 잘못된 주소로 이더리움을 송금한 사람들에게도 보상해주겠다고 밝혔지만, 그 후 하드캡을 3천만 달러에서 4천 5백만 달러로 올리는 등의 행보 때문에 구설수에 올랐다.

코인이즈(COINIS)

1) 사건의 내용

구분: 거래소 해킹

일자: 2017년 9월 23일

규모: 비트코인 508개

국적: 한국

당시 거래량: 당시 한국 7위 거래소

2017년 9월 23일 코인이즈의 핫월렛에 보관되어 있던 코인들이 외부 해킹에 의해 인출되는 사고가 발생했다.

2) 후속조치

해킹 직후 시스템 접근 암호를 변경하는 등의 보안조치를 단행했고 11월 1일까지 거래를 중단했다. 거래 개시 후 계좌에 현금을 가지고 있던 피해자에게는 전액을 보상했으며, 암호화폐 피해에 대해서는 50%를 암호화폐로, 50%를 거래소 쿠폰으로 보상했고, 11월 말 쿠폰 4억 원가량을 모두 현금으로 교환해 보상을 마무리했다.

테더(TETHER)

1) 사건의 내용
구분: 지갑 해킹
일자: 2017년 11월 21일
규모: 3천만 테더

2017년 11월 21일 암호화폐 업체인(사실은 비트 파이넥스인…음읍) 테더는 3,000만 달러 상당의 테더를 도난당했다. 테더는 1달러의 고정값을 갖는 코인인데, 현재 비트파이넥스에서 기축통화로 사용되고 있는 암호화폐이다. 테더 측은 발행한 테더 만큼의 달러를 보유하고 있다고 주장해왔지만 확실하게 잔고증명이 되지 않은 상태에서 테더 도난 이슈가 불거져 횡령의 가능성 역시 제기되었다.

2) 후속조치
서비스를 일시 중지하고 도난 사건의 구체적인 내역을 조사하는 동시에 도난당한 코인의 거래를 막을 수 있는 새로운 소프트웨어를 배포하는 중이다.

코인체크(COINCHECK)

1) 사건의 내용
구분: 거래소 해킹
일자: 2018년 1월 26일
규모: 5억 2,300만 개 넴(NEM)

26일 새벽 3시경 넴 코인을 보관하고 있던 핫월렛을 해킹당했다. 26만 명의 명의였던 5억 개가 넘는 넴이 인출되었다. 코인체크는 8시간이 지난 후에야 상황을 파악하고 잠정적으로 모든 암호화폐에 대한 매매와 출금을 정지했다.

2) 후속조치
거래소 해킹으로서 매우 깔끔하고 보기 드문 후속조치를 취했다. 바로 해킹당한 금액 전부를 코인체크 투자자에게 환불해 준 것. 코인체크 측은 성명문에서 "이번 불법 송금에 따라 일부 서비스 중지 등 고객, 거래처 관계자 여러분께 불편을 드려 거듭 사과드립니다. 원인 규명, 보안 체제 강화 등을 포함한 서비스 재개에 노력하는 동시에, 금융 기관에 가상 화폐 교환업자의 등록 신청의 지속적인 노력도 아울러 하며, 앞으로도 사업을 계속하겠습니다. 때문에, 계속 잘 부탁드립니다."라고 밝혀 양심 있는 거래소도 존재한다는 것을 커와 처음으로 보여줬다.

마치며: 암호화폐는 해킹에서 안전한가?

결론부터 말하자면, 블록체인 기술은 해킹에서 안전한 것이 맞다. 이상의 "해킹의 역사"를 자세히 살펴보면 "암호화폐가 해킹당했다"라는 것은 거의 사이트나 지갑을 해킹하거나, 직원을 속이는 등의 행위였음을 알 수 있다.

위에 나열된 다수의 사건은 불과 4년이라는 짧은 시간 동안 진행된 공격이었다. 암호화폐 시장은 규모나 거래량 면에서 아직 주식시장에 비교할 수 없을 정도로 작은 수준이다. 그런데 왜 유난히 해커의 공격이 빈번한 것일까?

규모에 비해 허술한 감시망

가장 큰 원인은 시장의 성장 속도와 규모에 비해 금융당국의 감시망이 허술하다는 것이다. 암호화폐 투자 열풍으로 하루 몇조 원대의 거래 시장이 형성됐지만, 기존 금융 시장과 달리 규제와 관리 체계, 안전장치가 마련돼 있지 않다. 때문에 보안이 허술하고 현금화가 쉬우면서도 추적은 어려운 암호화폐의 특성을 노린 범죄자들이 끊이지 않는다는 해석이 많다.

2016년 11월 금융위원장이 암호화폐 관련 미국과 일본의 제도화 동향을 살피며 제도화를 본격 추진하겠다고 발표하면서 금융위, 기획재정부, 한국은행 등 전문가들로 구성된 '디지털통화 제도화 태스크포스(TF)'가 만들어졌다. 2017년 12월에도 뜨거운 투자 열풍에 국회에서 관련 공청회를 열고 이것저것 규제를 마련하려고 하는 등 뒤늦게 관심을 보였지만 부처 간 조율이 제대로 이루어지지 않아 투자자들의 반발을 샀다.

위 해킹 사례들에서도 보이듯이, 거래소에 대한 적절하고 적당한 정도의 규제는 매우 필요한 상황이다. 오죽하면 투자자들 사이에 거래소가 리스크라는 인식이 퍼지겠는가. 들리는 소문에 따르면 지금 전 세계 해커들의 50%가 거래소를 대상으로 암호화폐 탈취를 시도하고 있다고 할 정도로, 거래소의 보안의식과 보안 시스템이 필수적이지만 현재 이것을 강제하는 규정은 없는 상태이다.

암호화폐 거래소는 우리나라에서 금융회사가 아닌 쇼핑몰과 같은 통신판매업자로 분류되기 때문에 금융회사 수준의 보안을 갖출 필요가 없다. 주식시장의 경우에는 증권거래소를 통해 주식거래가 체결되고 일반 증권회사는 이를 중개한다. 또한 주식을 사고판 자금은 한국예탁결제원에서 집중해 관리·보관하고 있어서 주식거래는 사고가 발생해도 개인 투자자들이 피해를 입을 가능성이 낮다. 하지만 거래소는 큰 사기사건이나 해킹사건이 일어난 후에도 금감원이 현장감사를 진행할 권한이 없어 현재 규제의 사각지대에 놓여 있다.

결론적으로, 블록체인의 기술 자체는 해킹당할 수 없지만 암호화폐를 거래할 때 필요한 여러 프로세스가 보안에 취약한 경우가 많기 때문에 투자자들은 거래소의 선택, 암호화폐의 거래와 보관에 신중에 또 신중을 기해야 할 것이다.

2.
거래소 동향 변화

비트코인이 출범한 2009년 이후, 수많은 거래소들이 생겨났고, 이들은 각국의 법정화폐를 비트코인과 여타 알트코인으로 바꿔주는 중계자 역할을 하기 시작했다. 이번 챕터에서는 간단하게 거래소의 역사와 거래소들의 순위 변화, 그리고 대격변을 이끌어낸 큼지막한 사건 몇 가지를 다뤄볼 생각이다.

최초의 거래소 마운트 곡스의 등장

2009년, 토렌트의 원조격인 일명 당나귀, 'eDonkey'의 개발에 참여했던 Jed McCaleb이 마운트곡스MT.GOX라는 새로운 회사를 만들게 된다.

초기의 마운트곡스는 비트코인 거래소가 아닌 'Magic the gathering'이라는 판타지 게임의 카드를 거래하는 교환소였다. 하지만 얼마 지나지 않은 2010년 7월 17일에 마운트곡스는 카드 게임 교환소에서 비트코인 거래소로 업종을 변경하게 된다. 이는 2010년 7월 12일 비트코인의 가격이 0.008달러에서 0.08달러로 급등한 사건이 있은 직후의 일이었다.

개설 이후 마운트곡스는 독과점을 통해 비트코인을 구매할 수 있는 거의 유일한 창구가 된다.

2011년 2월 9일은 마운트곡스에서 1비트코인의 가격이 1달러를 달성한 역사적인 날이었는데, 이것은 개설 시점과 비교해 반년이 갓 넘은 상태에서 벌어진 엄청난 성과였다. 비트코인의 승승장구를 이끈 것 또한 마운트 곡스였지만, 비트코인의 위기를 여러 번 초래한 것 또한 마운트곡스였는데, 2011년 DDos공격을 통해 875만 달러가량의 비트코인이 도난되고, 34달러였던 비트코인은 무려 94% 폭락하여 2달러까지 떨어진다.

2013년 비트코인이 황금기를 맞이했을 때, 마운트곡스는 세계 비트코인 거래량의 절반을 차지할 정도로 그 영향력이 큰 거래소였다. 하지만 끝끝내 문제점을 개선하지 못하고 2013년 4월 해킹, 그리고 마침내 2014년 2월 해킹에 의해 85만 비트코인이 도난당했다는 CEO의 공식 성명과 함께 마운트곡스는 파산신청을 하여 역사의 뒤안길로 사라진다. 이때 비트코인은 암흑기에 들어선다.

1세대 알트코인 거래소

1세대 알트코인 거래소로는 민트팔, 크립시가 있었다.

크립시(Cryptsy)는 라이트코인, 도기코인, 월드코인 등등 1세대 코인들을 취급했었다고 한다. 당시 상상도 못 할 정도로 값싼 잡코인들이 많이 거래되었었는데, 1사토시 이하의 단위인 라이트코인 사토시(일명 라토시)로만 거래가 되는 잡코인들도 상당히 많았다고 한다. 민트팔(Mintpal)은 다크코인 1세대 대시, 블랙코인 등을 거래했다고 한다. 애석하게도 두 거래소 모두 운영자의 먹튀(?)로 어이없게 사라졌다.

중국 거래소들 그리고 POLONIEX

마운트곡스 사태 이후 암흑기를 거친 비트코인은 차츰 중국 자본에 점유당하기 시작한다. 한때 전체 거래량의 97퍼센트가 위안화였으니 중국의 거래량이 얼마나 압도적이었는지 알 수 있다.

중국의 3대 거래소인 OKcoin(OK币), 훠삐(火币), BTC China(中国比特币)의 비트코인 거래량을 보면 누구도 중국 거래소를 넘볼 수 없을 것만 같았다. 놀라운 것은 이들은 정말 비트코인'만' 취급하여 이 정도 거래량을 만들어냈다는 것이다. 불과 1년 전까지만 해도 훠삐, okcoin에 상장돼 있었던 코인은 비트코인, 이더리움, 라이트코인뿐이었다. 심지어 가장 거래량이 많던 okcoin은 이더리움조차 2017년 5월이 되어서야 상장했다.

하지만 이후 9월 중국의 ICO 전면 규제, 위안화-암호화폐 간 거래 전면 중단 조치에 따라 시장에서 위안화의 입지는 놀라우리만큼 빠르게 사라진다. 이들 거래소들도 폐지되고 법인을 중국 밖으로 옮겨 대대적인 리뉴얼을 진행한다. 2018년 1월 31일 기준, 위안화의 암호화폐 시장 점유율은 0.03프로밖에 되지 않는다.

중국 거래소에서 비트코인 점유량이 매우 컸던 반면 독보적인 알트코인 점유량을 자랑했던 것은 폴로닉스(POLONIEX)였다. 폴로닉스는 BTC, ETH, XMR(모네로), USDT(테더) 기축의 4개의 거래소가 있어, 당시에만 30종 이상의 알트코인과 더불어 활발한 거래량을 보여주었다. 거래량이 가장 활발한 거래소였기에 호가가 꽉 차서 큰 금액의 매수 매도물량도 받아주는 편이었다. 이뿐만 아니라 볼린저, 벤드 등 각종 차트도 제공하고, 마진, 렌딩 등 다양한 시스템을 통해 유저 유치에 가장 성공적이었던 거래소이다. 일일 암호화폐 거래의 총량은 한동안 폴로닉스가 부동의 1위였으니까.

하지만 초심을 잃어서일까. 이후 잦은 서버 다운, 한 달이 지나도 통과되지 않는 여권 인증, 문의에 불성실한 대응과 들쑥날쑥한 수동입출금 등은 유저들의 분노를 샀고, 결국 현재는 10위 밖까지 밀려나 아무도 찾지 않는 거래소가 되어버렸다. 1등의 자리를 쟁취하는 것보다 어려운 것이 유지라는 것을 단적으로 보여준 사례다.

현재 1~10위권 거래소

다음은 2018년 1월 31일 기준 거래량 1위부터 10위를 차지하고 있는 거래소에 대한 간단한 설명이다. 10위부터 설명하도록 하겠다.

10위: GDAX(지닥스)

미국인들이 달러-암호화폐 간 거래가 직접적으로 가능하도록 허가받은 몇 안 되는 미국 거래소이다. 코인뉴스계의 1인자인 Coinbase와 한 몸인 거래소이며, 취급하는 코인이 여전히 비트코인, 이더리움, 라이트코인, 비트코인 캐시 단 4개뿐이다. 아주 보수적인 거래소 중 하나다.

9위: Kraken(크라켄)

샌프란시스코에 위치한 미국 거래소이며, 17개의 코인을 취급한다. 크라켄은 한국인들은 잘 사용하지 않는 거래소여서 정보가 많이 부족하다. 가장 큰 이슈는 2017년 5월에 있었던 이더리움 플래시 크래시(Flash Crash)인데, 어떤 고객이 1250만 달러어치 이더리움을 317.81달러에서 1센트까지 시장가로 던져버린 전대미문의 사건이 일어난 적이 있다(차트 무엇).

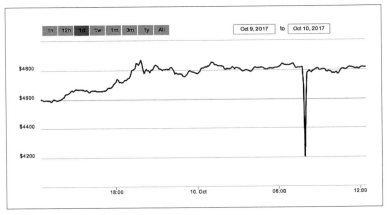

간간히 DDos공격도 받는 것 같다. 덕분에 간간이 집단소송이니 하는 해프닝이 일어나기도 하지만 아주 조용한 거래소 중 하나이다.

8위: Bittrex(비트렉스)

명실상부 알트코인의 천국, 무려 196개의 코인을 취급하는 비트렉스는 폴로닉스의 백업 거래소 정도의 취급을 받는 등 크게 주목받지 못하고 늘 2~3인자의 위치에 있었다.

하지만 비교적 튼튼한 서버와 깔끔한 입출금, 그리고 대알트시대가 열림에 따라 알트코인의 바다인 폴로닉스의 뒤를 이어 한동안 거래량 1위를 차지했다. 지금은 8위지만 이는 업비트와 거래량을 나눠가져서 생긴 일이라고 생각한다. 차트가 다소 구리지만 그럼 확장자인 Bittrex Enhanced를 통해 차트를 업그레이드(!)할 수 있다. 실시간 사토시 가격도 옆에 USD로 표시되어서 직관적으로 가격이 얼마인지 판단할 수 있다. 전체적으로 아주 무난하고 깔끔한 거래소이지만 0.25%라는 살인적인 수수료를 자랑한다. 평균 0.1% 수수료를 유지하는 다른 거래소의 2.5배이다.

7위: Huobi.Pro(휘삐프로)

휘삐의 후속작이다. 중국기반의 유망한 ICO들이 빠르게 상장된다는 장점이 있다. 개인적으로 새로이 상장시키는 코인을 고르는 안목이 좋은 편인 것 같다. 48개의 코인을 취급하며, 이전과 다르게 BTC, ETH, USDT가 거래의 기축이다.

중국 거래소들이 법인을 해외로 옮기면서 머리를 정말 잘 썼다. 거래소가 나서서 위안화의 C2C(Customer to Customer ~~CNY to Coin~~) 전략을 펼친 것이다. 이 전략은 매우 성공적이었다.

6위: Bithumb(빗썸)

하아… 빗썸이 아직도 6위라니… 명실상부 대한민국 최고의 코인거래소! 당당하게 '빗썸은 안전합니다'라든지 '세계 1위 거래소'라는 타이틀을 ~~뻔뻔하게~~ 사용하여 이곳저곳 ~~어디든 가리지 않고~~ 광고하는 빗썸이다. 필자는 책을 집필하는 입장에서 최대한 중립적인 입장을 취하고자 하지만, 빗썸에 대해서는 정말 좋게 평가할 수 없다. 리플, 모네로, 비트코인 골드, 이오스 등등…… 12개의 코인밖에 취급하지 않으면서 매번 새로운 코인이 상장될 때마다 서버가 다운되었다.

공교롭게도 언제나 코인이 '최.고.점'일 때만 서버가 다운되고 매도주문이 들어가지 않는다. ~~정말 놀랍지 않은가?~~ 특히 비케 280층 사건은 잊을 수가 없다. 공지도 없이 서버를 내리는 것은 물론이요, 문제가 생겼을 때 연락은 기가 막히게 안 받는다. 필자는 12월 당시 어쩔 수 없이 빗썸을 사용해야 하는 상황이 있었는데, 비트코인 출금 문제로 매일 전화를 걸어서 연락이 닿는 데 3주 정도 걸렸었다. 어이가 없어서 말도 제대로 안 나왔다. 그렇다고 상담원들에게 성내지는 말자. 그들에겐 죄가 없다. 단지 빗썸에 근무하고 있을 뿐.(상담원 여러분들 파이팅…)

누가 뭐라고 하건 투자자 입장에서 빗썸은 악질 중의 악질이다. 이건 필자 개인적인 의견을 넘어서서 빗썸의 만행을 단 한 번이라도 경험해본 사람들은 모두 공감할 것이다. 어서 한국 거래소들이 제도권에 편입되어서 이와 같은 만행을 저지르지 못했으면 좋겠다.

5위: Bitflyer(비트플라이어)

일본 내 최초이자 최대의 거래소로 보수 끝판왕 거래소라고도 볼 수 있다. 비트플라이어는 비트코인 손해보험을 자국 내 대형 손해보험사와 계약하고 있어 회사의 보안 및 부주의로 인한 만일의 사태에 대해서도 전액보상을 받을 수 있도록 되어 있다. 한국의 거래소들도 보험에 가입되어 있지만 그 규모는 이 거래소의 보장 비율과 비교했을 때 미미한 수준이다.

비트플라이어는 비트코인, 이더리움, 비트코인 캐시 단 3개만의 코인을 거래한다. 일반화 하는 것일지도 모르지만, 투자에 보수적인 일본인들의 성향이 가장 잘 반영된 거래소이지 않을까 싶다.

4위: Bitfinex(비트파이넥스/비트피넥스)

비트파이넥스(이하 빗파)는 38개의 코인을 취급하는 홍콩 기반의 거래소이다. USDT테더와 밀접한 연관이 있는 거래소이며, 각종 의혹과 루머가 끊이지 않는 거래소이기도 하다. 자세한 내용은 해킹파트에서 다루었다.

비트파이넥스는 마진과 렌딩시스템을 애용하는 투자자들이 아주 많은데, 이 때문에 한동안 비트코인의 선행지표로 사용되어 왔었다. 빗파에서 오르면 다른 거래소가 따라 오르고, 빗파에서 내리면 다른 거래소들도 덩달아 가격이 내려갔었다. (지금은 이러한 경향이 많이 사라졌다.) 빗파의 가장 큰 특징을 꼽자면 상장되어 있는 모든 코인의 마진거래가 가능한데, 필자는 마진의 유혹에 빠지지 않기 위해서 빗파의 사용을 절제한다. 들리는 바로는 출금이 아아아주 느리다고 하니 사용에 유의 바란다.

3위: Upbit(업비트)

광기의 시장 업비트이다. 업비트는 119개의 코인을 취급하여 대한민국의 거래소 중에서 가장 많은 코인수를 보유하고 있다. 아는 사람은 다 아는 얘기지만 업비트는 독자적인 거래소가 아니라 비트렉스와의 제휴를 통해 세워진 중개소에 가깝다(그런데 비트렉스보다 커져버렸다).

고로 비트렉스에 새로운 코인이 상장할 경우 자동으로 업비트에 연동되어 상장한다. 광기의 12월을 만들어낸 주역이며, 업비트 프리미엄이라는 전대미문의 단독 거래소 프리미엄을 생성한 전과(?)도 있다. 거래소 오픈 초창기에 서버가 자주 터져서 리신(장님)매매법이 강제되기도 했었지만, 시간이 지남에 따라 서버의 질이 좋아진 것 같다. 개인적으로 업비트도 썩 선호하는 거래소는 아니지만, 옆 동네 어디보다는 그래도 나은 것 같다.

2위: OKEx(오케이 엑스)

이름에서 알 수 있듯이 오케이 코인의 뒤를 이은 야심 찬 프로젝트다. 역사 짬에서 나오는 바이브가 있는 전자 거래량을 전부 뺏겼던 중국 거래소가 거래량 2위의 자리까지 탈환하는 데 채 3달이 걸리지 않았다.

OKEx가 놀라운 점은 OKcoin 시절의 보수적인 가치관을 탈피하고 빠르게 전략을 바꿔 쾌속으로 대량의 코인을 상장했다는 점이다. 90개의 코인이 OKEx에 상장되어 있으며, 하나하나 살펴보면 상당히 매력적인 코인들이 올라와 있다는 사실을 알 수 있다. OKEx나 Huobi.Pro의 거래량을 보며 슬슬 중국의 자본들이 다시 중국의 거래소로 돌아가고 있을 것이라고 조심스럽게 추측해본다.

1위: Binance(바이낸스)

바이낸스는 홍콩에 법인을 두고 있으며 104개의 코인을 취급하고 있다. 바이낸스는 성장 스토리는 아주 재미있는데, 후발주자가 어떻게 시장에 매력적으로 다가올 수 있는지 아주 전략적이고 혹시 치밀한 계획을 통해 이를 쟁취한 거래소라고 생각한다. 유저들의 니즈를 바이낸스는 정확하게 파고들었다. 그리고 운적인 요소, 기막힌 타이밍도 한몫했다고 볼 수 있다. 바이낸스의 성공전략을 4가지로 뽑아보자면 이러하다.

첫 번째, NEO네오코인 스테이킹. 때는 바야흐로 2017년 7월, 네오에 열광하던 대중들은 가스를 받기 원했지만, 몰라서, 혹은 귀찮아서 가스를 지급받지 못하고 있었다. 이때 바이낸스는 거래소 최초로 자신들의 거래소에 네오를 보유하면 매달 그에 상응하는 가스를 지급하기로 약속한다. 이때 바이낸스가 처음으로 존재감을 드러내기 시작했다. 필자도 이때 처음 바이낸스를 써봤던 것 같다. 이때 바이낸스에 유입된 사람의 숫자가 적지 않았다.

두 번째로 BNB 바이낸스 코인의 활용이다. 1억 개의 자체 거래소 코인인 바이낸스 코인을 발행하고 바이낸스 코인을 보유한 상태로 거래를 하면 수수료가 반값, 0.05%로 세계 최저 수준을 유지했다. 또한 매 분기 바이낸스 거래소 순수익의 일부에서 바이낸스코인을 시장가로 구매한 후 소각하여 바이낸스 코인의 가치를 상승시키는 전략을 사용했다. 또한 BTC, ETH, USDT마켓뿐만 아니라 독자적인 BNB 마켓도 가지고 있다. 거래량이 많아짐에 따라 바이낸스 코인의 가치는 점점 상승했고, 이는 거래소 성장의 큰 도움이 되었다.

(2차편집을 하는 2018년 2월 15일을 기점으로, 중국발 거래소들은 대부분 독자적인 거래소 코인을 발행했다. 후오삐는 HT를, OKEX는 OKB를, 쿠코인은 KCS를 발행했다. 뇌피셜이긴 하지만 BNB의 성공이 이들 거래소의 운영정책에 영향을 주지 않았을까 조심스럽게 추측해본다!)

세 번째로 상장투표이다. 바이낸스는 매월 상장투표를 열어 가장 인기 있었던 코인을 상장확정 시킨다. 자신의 코인이 상장되길 원하는 투자자들 특히(ICO투자자들)의 대거 유입을 이뤄낼 수 있었고, 그 외에도 다양한 코인들의 개발진과 직접적으로 컨택하여 꾸준히 코인들을 상장시키고 있다. 거래량이 점점 늘어나는 것에 비해 서버 또한 아주 안정적이다.

네 번째는 타이밍이다. 타이밍에 관해서는 의견이 분분한 편인데, 2017년 9월 중국의 대규모 규제로 중국 본토에 베이스를 두고 있던 모든 거래소가 재정비/외국으로 이전해야 하는 시점에 홍콩 법인이던 바이낸스는 타격이 덜했으며 이를 통해 반사이익을 거대하게 봤다는 의견이 지배적이다. 실제로 이 말이 일리 있는 것이 바이낸스의 거래량이 폭발적으로 상승하기 시작한 시점은 10월 전후이다.

하지만 의문점이 있다면 바이낸스는 규제 이후 한동안 중국 IP를 전면차단했고 위안화 거래는 애초에 불가능한 거래소인데 중국인들의 피난처로 바이낸스가 선택된 덕분에 이렇게 클 수 있었다는 것은 너무 단편적인 견해가 아닌가 하는 생각도 든다. 결국은 좋은 전략과 좋은 타이밍이 콜라보를 이루어 지금의 바이낸스를 만든 것이 아닌가 싶다.

여러 가지 전략을 보면 1위는 괜히 1위가 아니라는 생각이 들면서도 바이낸스의 차트를 보면 세상에 저런 걸 차트라고…라는 생각도 든다. 고객의 니즈를 맞춰가며 성장한 거래소인 만큼 언젠가 차트도 깔끔해지는 날이 올 것이라고 생각한다.

지금까지 거래소에 대해서 알아봤는데, 아이러니하게도 '거래소'라는 것이 블록체인의 탈중앙화의 취지에 맞지 않는다. 그럼에도 불구하고 거래소 동향에 대해 알고 있어야 하는 것은, 탈중앙화 거래소를 도입하기엔 솔직히 아직 기술이 성숙하지 못하기 때문이다. 또 아직까지는 암호화폐가 충분히 보급되지 못했기 때문에 법정화폐와 암호화폐의 연결고리가 있어야 한다. 지금은 암호화폐의 과도기라고 생각한다. 결국에 탈중앙화라는 궁극적인 목표와 이렇게 중앙화되어있는 거래소가 충돌하는 시점이 올 수도 있겠다.

하지만 역설적으로 그때까지 우리는 거래소를 통해서 암호화폐를 거래해야 한다. 그렇기 때문에 좋은 거래소, 나에게 맞는 거래소를 찾는 것이 아주 중요하다. X썸처럼 한결같이 양아치짓을 하는 거래소가 있는 반면, 바이낸스처럼 한낱 작은 거래소에서 세계 1위의 거래량을 확보하게 된 거래소도 있다. 여기에 언급하지는 않았지만, 시간이 나면 작은 거래소들도 한번 둘러보라. 개중 제2의 바이낸스가 될 만한 재목이 충분히 존재할 것이다.

3.
커뮤니티

종류

커뮤니티(community), 사전적 정의로 보았을 때, 대개 두 가지 면으로 해석된다. 첫째, 사회조직체로서 공간적·지역적 단위를 가리키며, 둘째 이러한 단위와 관련되는 심리학적인 결합성 또는 소속감을 지칭한다.

암호화폐의 특성상, 정보수집이 어려운 점, 특별한 "무언가"에 투자한다는 유대감, 그리고 투자자를 끌어올수록 규모가 커진다는 점에서 초창기부터 커뮤니티는 빠르게 세워졌고 사람들이 이를 통해 모여들었다. 본인도 많은 커뮤니티를 전전하며 새롭고 많은 정보들을 알 수 있었다.

다음은 필자의 경험을 토대로 커뮤니티의 성질을 평가해 볼 텐데, 어디까지나 주관적이고 참고용으로 받아들이길 바란다.

평가 기준은 이렇다 : 객관성, 재미, 보도속도, 난이도

웹사이트

1) Steemit 스팀잇(중, 중, 하, 중): 암호화폐 정보 공유 커뮤니티이자 독특한 시스템을 가진 블로그. 블로그이다 보니 주관적인 견해들이 들어있어서 스스로 어느 정도 객관적인 판단이 된다고 생각하는 사람들이 참고하기 아주 좋다. 추천을 많이 받을수록 글쓴이에게 많은 보상이 주어지기 때문에, 대부분 글의 질이 아주 높으며, 가독성이 좋다. 하지만 사후분석 성향이 짙어 즉각적인 투자에 적용하긴 어려운 정보들이 대다수이다.

링크: https://steemit.com/kr/

2) 땡글(중, 하, 하, 상): 이곳은 채굴자 커뮤니티라고 봐도 무방하다. 채굴에 대한 엄청난 지식과 정보들이 돌아다닌다. 커뮤니티 특성상 재미는 좀 떨어질 수 있고, 타 커뮤니티에 비해서 소식이 느릴 수도 있지만, 채굴에 관하여 궁금한 것이나, 블록체인의 기술적인 부분에 있어서 심도 깊게 배워보고 싶다면 땡글을 둘러보는 것도 추천한다.

링크: https://www.ddengle.com/

3) Coinkorea(상, 하, 중, 중): 개인적으로 가장 객관적인 뉴스가 올라오는 커뮤니티라고 생각한다. 웹사이트뿐만 아니라 트위터를 통해서 빠른 정보가 올라오기도 하고, 주기적으로 코인시장의 뉴스가 아주 질이 높고 객관적인 자료로서 정리되어서 나온다. 신문 보듯이 보면 좋은 사이트.

링크: https://coinkorea.info

4) 코인판(중, 상, 상, 중): 개인적으로 가장 추천하는 커뮤니티 중 하나. 사이트 입구에 일단 대문짝만한 코인정보가 있다. 한국 프리미엄이 얼마나 꼈는지 실시간으로 알려주기도 한다. 정보글의 숫자가 많으며, 너무 신사적이지도, 너무 거칠지도 않은 것이 커뮤니티의 분위기이다. 정보글, 분석글, 뉴스, 자유게시판의 균형이 잘 잡혀 있다. 공지란에 관리자 분들께서 친절하게 블록체인과 차트 보는 법에 대해서도 써주셨다. 회원가입을 해야 하는 귀찮음이 있지만, 그 정도 귀찮음은 감수할 수 있으리라고 본다.

링크: https://coinpan.com/

5) 디시인사이드 비트코인, 알트코인, 암호화폐 갤러리(하, 상, 상, 하): 무법지가 있다면 바로 이곳이 아닐까 싶다. 익명으로 글을 적는 것이 가능하기 때문에, 각종 선동과 날조가 판을 치는 커뮤니티이다. 정말 간혹 누구보다 빠른 속도로 좋은 정보나 글이 올라오는 경우도 있다. 우리나라의 똑똑하면서 정신 나간 사람들이 모두 모여있어 재미는 보장하지만, 온갖 은어와 폭언이 난무하므로 멘탈이 견고한 사람만 이 커뮤니티를 탐방할 것을 추천한다. 참고로 11월 업비트 출범 이후 광기의 '가즈아gazua매매법'은 비트코인 갤러리를 통해서 만들어졌다. (자매품 코인원 채팅창도 있다)

비트코인 갤러리 링크: http://gall.dcinside.com/board/lists/?id=bitcoins

알트코인 갤러리 링크: http://gall.dcinside.com/mgallery/board/lists/?id=coin

암호화폐 갤러리 링크: http://gall.dcinside.com/mgallery/board/lists/?id=ecoin

6. **대형 포털 카페**(하, 하, 하, 하): 네이버, 다음 등 대형 포털사이트 카페에도 상당히 큰 규모의 커뮤니티가 자리 잡고 있다. 필자는 이를 추천하지 않는데, 왜냐하면 좋은 카페를 분별하기 너무 어렵고, 사기나 다단계의 위험이 높기 때문이다. 중장년층들이 가장 쉽게 정보를 얻기 위해 접근하는 곳이 보통 네이버 카페이기 때문에, 이를 역이용하여 그럴싸하게 카페를 꾸미고 높은 수수료를 떼먹거나 사기가 행해지는 경우도 많이 목격했었다. 어떤 카페는 ICO 대행을 명목으로 30%의 수수료를 채 가는 곳도 있었다. 이더코리아(http://cafe.naver.com/ethkorea)와 같이 객관적인 정보를 전달해 주는 곳도 있지만, 찌라시와 팩트를 정확하게 구분할 능력이 없다면 다른 커뮤니티를 이용하는 것이 좋다.

SNS

1) 카카오톡 오픈채팅: 가장 좋은 접근성을 가지고 있는 전 국민 메신저 카카오톡. 오픈채팅이라는 기능을 통해서 자신이 관심 있는 종목에 대한 정보를 공유하고 수다를 떠는 공간으로 사용이 된다. 실제로 오픈채팅방을 찾아보면 놀라우리만큼 많은 암호화폐 관련 오픈채팅이 있다는 것을 알 수 있다.

코인마켓캡에 등재 되어있는 200위권 이내의 코인은 모두 오픈채팅방이 있다고 해도 과언이 아니다. 인기종목 채팅방은 4호, 5호점까지 분점을 내는 경우도 있다. 종목방은 보통 ICO 상장 전, 혹은 그 종목이 폭발적인 성장이 있었을 때 생겨나는데, 보통 기존에 방을 만들던 사람들이 다른 오픈채팅방에 링크를 퍼트림으로써 더욱더 큰 규모의 방이 완성된다.

하나의 오픈채팅의 제한인원은 1000명인데, 1000명이 꽉 찬 단톡방만 필자는 11번 참여해봤다. 종목에 관한 지식이 전무한 상태라면, 정보를 가장 쉽게 접할 수 있는 방법이 되겠다. 다만 카카오톡 오픈채팅의 단점 또한 존재하는데, 사람이 너무 많다 보니 그 안에서 선동과 날조가 판을 치는 경우들이 다반사이고, 핵심적인 정보보다는 수박 겉 핥기 식의 정보 교환이 이루어진다고 볼 수 있다.

그리고 무엇보다 배터리소모가 어마어마하다…… 개인적으로 3~4개 이상의 난톡방에 들어가 있지 않는 것을 추전한다. (5개가 넘어가면 반나절 만에 죽어있는 당신의 핸드폰을 보게 될 것이다.)

아, 그리고 개중에 유료리딩방이니, 펌핑방이니, 여러분의 귀를 솔깃

하게 만들 만한 방들도 있다. 속지 마라, 상당한 확률로 당신은 그들의 연료가 될 뿐이다.

2) Telegram(텔레그램): 텔레그램은 카카오톡과 비슷한 채팅 어플리케이션이다. 위키백과는 "텔레그램은 여러 플랫폼을 지원하는, 영리를 추구하지 않는 자유 클라우드 기반 인터넷 메신저이다. 대한민국에서는 2014년 박근혜 정권이 불법으로 카카오톡 등을 대상으로 한 인터넷 감청이 문제가 되어 많은 사용자들이 텔레그램으로 사이버 망명을 했는데 이를 계기로 유명세를 탔다."라고 텔레그램을 소개하고 있다.

필자가 보기에도 카카오톡이 아무리 접근성이 좋다지만 여러 크고 작은 문제들은 존재한다. 대표적인 문제가 일단 인원수에 제한이 있고, 서버 압수수색의 염려가 있다. 그렇기 때문에 대형 단톡방, 혹은 개발자들의 주도하에 텔레그램 방으로 이전이 되는 경우가 많은데, 텔레그램 자체도 너무 커지고 다원화(?)되다 보면, 온 열방의 언어로 선동을 당하는 경우가 생기니 너무 큰 규모의 텔레그램은 피하도록 하자. 이전에 카이버 네트워크 ICO를 할 때 텔레그램방 가입이 필수여서 가입했는데, 6천여 명이 온갖 중국어와 영어로 질문하고, 선동하고…. 너무 혼란했던 기억이 있어서 필자는 텔레그램을 선호하지 않는다…. (역시 국산이 편하다는)

3) 트위터: 트위터는 직접적으로 개발자와 소통할 수 있는 창구이자, 가장 빠르게 정보를 업데이트 받을 수 있는 수단이다. 실제로 많은 개발자들과 암호화폐 투자자들이 트위터를 이용하여 그들의 가장 최신 소식을 알린다. 그래서 발 빠른 사람들은 트위터를 통해서 호재가 떴

을 때 누구보다 빠르게 해당 코인을 매수하고, 뒤늦게 사람들이 붙었을 때 차익을 낸다. 이를 일컬어 트위터 매매법이라고도 한다. 필자는 중국에 있어서 트위터 매매법을 사용해보지는 못했지만, 실제로 몇십 개의 코인페이지를 팔로우하며 공격적으로 트위터 매매법에 사활을 거시는 분들도 종종 있다.

필자가 실제로 사용해본 커뮤니티는 이게 전부다. 물론 인터넷에는 필자가 언급하지 않은 더 많은 커뮤니티가 존재한다. 하지만 이 정도면 암호화폐 관련 정보를 얻기 위해선 충분한 양이라고 본다. 각자의 스타일에 맞춰서, 그리고 본인의 암호화폐 이해도에 따라서 사용하는 커뮤니티는 달라져야 한다. 생판 초짜가 다짜고짜 땡글에 가서 채굴 관련글을 읽어봤자 이해할 수 있는 정도는 제로에 수렴할 것이다. 본인의 수준에 맞게 이러한 커뮤니티들을 둘러보고, 자신의 성향과 수준에 맞는 정보를 차곡차곡 쌓아야 한다.

커뮤니티 용어 & 은어 정리

암호화폐에 투자하는 사람들 중 20~30대의 비중이 높기 때문에, 커뮤니티를 방문해 보면 은어 사용비중이 아주 높다. 그리고 해학의 민족인 대한민국 사람들 특성상 미친 듯한 작명센스와 드립이 난무한다. 이 은어들을 전부 통계를 잡기란 무리지만 이 중 2017년 4분기 코인판에서 가장 핵심이 되었던 은어들에 대해서 알아보자. 마치 유행어처럼 이들 은어가 사용되고 버려지는 주기는 아주 짧기 때문에, 대충 어떤 느낌으로 은어가 사용되는지 감각을 익혀보자.

코인별명

- 대장님(머장님) : 비트코인을 지칭하는 말이다. 이유는 설명하지 않아도 알 수 있을 듯하다. 최근까지는 알트들도 결국엔 대장님 시세를 따라간다는 게 정설이었지만, 대장님의 행보가 자유분방해지면서 디커플링 되는 알트들이 대거 발생, 코인판에 정석 같은 것은 없다는 것을 증명하는 중이다.

- 알트 : 비트코인을 제외한 나머지 암호화폐를 통틀어 가리키는 용어다. 약 1500개가 있으며, Alternative coin(대체 코인)을 줄인 말이다.

- 동전주 : 12월 초 동전으로 시작해서 지폐가 되었다고 해서(1,000원 이하로 시작해서 1,000원 이상), 동전주라고 불리운다. 원조 동전주 4대장으로는 리플, 에이다, 스텔라, 스테이터스 4가지 코인이 있다.

- 대구은행 : 암호화폐 'DGB(디지바이트코인)'다. 당연히 이 코인과 실제 대구은행은 이름만 같을 뿐 아무 상관이 없다. 요즘은 시장에서 사장

된 코인이지만 한때 인기가 엄청났었다.

- 방탄소년단 : 암호화폐 'BTS(비트쉐어)'다. 모 공인께서 방탄소년단 코인처럼 가수 싸이 코인 같은 한국형 코인이 많이 생겨나야 한다고 언급해 화제가 되었다. 물론 실제 가수그룹 방탄소년단과는 정말 관련 하나도 없다. 그냥 약자가 같을 뿐.

트레이딩 은어

- 떡상·떡락 : 각각 '폭등'과 '폭락'을 뜻하는 말이다. 주식판에서도 흔히 볼 수 있는 용어다. 감정을 더 실어서 뜨어어억상, 뜨어어어억락 등등 길게 부르는 경우도 많다.

코인판에서 떡상과 떡락이 더 빈번하게 사용되는 이유는 주식시장에선 종합주가지수가 전날에 비해 8% 이상 떨어지면 서킷브레이커가 발동되고, 반대로 상승하면 사이드카가 발동되는데 반면, 아직까지 무법자태안 코인판에서는 30%대 변동폭도 빈번하게 일어나기 때문이다. 제도권에 안착하면 이러한 다이나믹한 변동폭은 점차 줄어들지 않을까 예상해본다.

- 심정지(=횡보) : 가격이 큰 변동 없이 유지되는 상황. 횡보와 같은 뜻이다. 심정지와는 반대의 뉘앙스로 심상치 않다는 뜻으로서 커뮤니티에서는 심상정이라는 단어를 쓰는데 국회의원 심상정 의원과는 전혀 관련 없으며 근본도 없다. 심상치 않다와 단지 발음이 비슷하다는 이유로 사용되는 것으로 추측된다.

- 호재·악재 : 좋은 뉴스/나쁜 뉴스.

- 김프/코프 : 김치 프리미엄/코리안 프리미엄. 김프는 듣기 썩 좋은 말은 아니지만 자주 사용되는 단어다. 교양있게 코프라는 단어를 사용하자. 같은 코인이라도 간혹 해외 암호화폐 거래소에 비해 국내 거래소에서 비싸게 거래되는 경향이 있는데, 이때 낀 가격 거품을 가리키는 말이다. 반대로 국내거래소의 가격이 해외보다 낮을 경우 역프(역프리미엄)라고 불리운다.

- 가즈아gazua : 2017년 하반기를 강타한 유행어. 상승세로 '가자'는 소리. 코인판의 열기를 타고 유명해진 말이지만 원래는 스포츠 도박(토토) 쪽이 원조라고 한다. 카카오톡 이모티콘부터 국민의당 안철수 의원까지 전 국민이 사용하는 유행어가 돼버렸지만, 사실 상승을 간절히 기원하는 거의 종교에 가까운 의식에 가깝다. 외국에서는 비슷한 용어로 달나라 가자는 뜻의 '투 더 문(To the moon)'을 사용해 왔었는데, 해외 커뮤니티에서조차 한국인들의 영향력이 커지면서 한국어를 전혀 모르는 외국인들도 Gazua를 외치는 기이한 현상이 일어나고 있다.

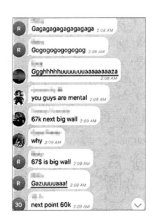

온 열방으로 뻗어 나가는 '가즈아'

- **구조** : 특정 고점에 물렸을 때, 자신이 산 가격대 이상으로 코인 값이 돌아오길 간절히 바라는 주문이다. '퀀텀 120층 너무 춥습니다… 빨리 구조해주세요' 등으로 쓴다. 코인가를 다시 끌어올려주는 미지의 존재를 보통 '구조대'라 부른다(종교에 가깝다). '가즈아'와 같이 맹목적인 투기가 낳은 비극의 단어라고 할 수 있다.

- **단타/장투** : 단타는 코인을 길게 갖고 있지 않고 짧게 짧게 그것을 사고파는 행위. 전문용어로는 스켈핑이라고 한다. 그 반대개념이 흔히 가치투자라고 부르는 장투이다.

- **존버** : '존나게 버틴다'는 뜻. 장투와 존버는 한끗차이지만, 존버는 밑도 끝도 없이 떨어지는 꿈과 희망이 없는 하락장에서 더 자주 등장하는 단어이다. 기약 없는 반등에 대한 믿음을 가지고 버틴다면 이는 존버이다.

그런 상황에도 손해를 감수하고 나갈 수 있다면 존버로 분류되지만, 대출 등을 통해 투자한 돈을 날려 함부로 빠져나올 수도 없는 등의 상황이면 보통 '물렸다'라고 표현한다(그러니까 제발 대출받아서 투자하지는 말자).

- **코-멘** : 코인과 아멘의 합성어. 종교성을 띄기보다는 장난성이 짙고 암호화폐 시장에 대해 직대직인 글이나 뉴스를 조롱할 때 사용된다.

자매품 코인판 '떡상 기도문'도 있는데 블랙코미디로서 튤립버블 그림과 함께 사용된다. 사실 여부와 관계없이 말을 그대로 옮기자면 이러하다(정말 그대로 사용된다).

"저렇게 가격 변동이 심한 투기꾼들의 장난감을 대체 누가 제대로 상용화하려고 할까? 결국 이 거품은 폰지 사기처럼 이어지다 마지막에 사는 사람이 폭탄을 안으면서 무너질 거다. 존버 장기라고 하는데 이 시장에 장기란 없다. 장기엔 결국 모두 데이터 쪼가리에 불과하게 될 거야…"

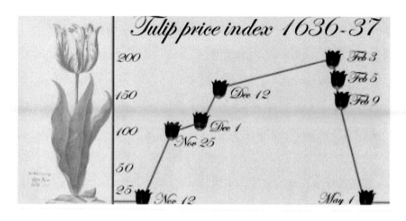

- 큰손 : 특정 코인을 대량으로 보유한 사람, 기관 혹은 조직. 실체가 확인된 세력을 보통 큰손이라고 부른다.

- 기사님(세력) : 차트를 원하는 대로 그려나가는 분이라는 의미로 기사님이라고 한다. 급등 혹은 급락 시 기사님 운전 좀 살살하라는 소리와 더불어 승차감을 운운하는 사람들이 많다. 기사님의 존재는 실제로 증명된 바 없으나 반드시 있을 것으로 추정된다. 주로 펌핑 잡코인을 통해서 존재감을 과시하는 기사님들이 있다(사실 말이 기사님이지 작전 세력이다. 이러한 코인들은 거르자).

- 매수벽·매도벽 : 코인 가격이 일정 선을 유지하기 위해서 치는 벽. 특정 가격대에서 코인을 대거 사들이거나 팔기 위해 대기 중인 물량. 오더 북을 보면 절벽같이 생겨서 절벽이라고도 부른다. 주로 세력이나 큰손이 가격 통제 내지는 조작을 위해 쌓아두는 것으로 추정된다. ~~자채 사이드카/서킷 브레이크?~~

- N층 : 코인을 사들인 가격. 리플은 3000원에 샀다고 하면 30층이라고 부른다. 또 사토시로 15000사토시에 샀으면 15층, 또 누구는 150층이라고 한다. 여기서 사람들이 말하는 층수는 원화인지 사토시인지 위안화인지 달러인지 알 수가 없다. 기준이 들쭉날쭉하니 그냥 알아서 알아듣는 수밖에 없다. 같은 코인 내에서도 층 표기는 제각각이다(다만 코인질을 오래 하면 개떡같이 말해도 찰떡같이 알아듣는 귀가 생긴다. ~~이 경지에 이르면 매매중독을 의심해봐야 한다~~).

- 혹우/흑우/흑두루미 : '호구'의 변형. '가즈아'와 마찬가지로 스포츠 토토에서 나온 말이라고 한다. 특정 갤러리에서 고점에 물린 사람들을 호구라고 조롱하자 호구라는 단어가 금지조치를 당했는데, 그것이 '혹우', '흑우', 모두 금지당하자 급기야 '흑두루미'라는 단어로까지 발전했다. 간혹 프로 드립러들이 Stratis ox라는 단어를 사용하는데, 스트라의 별명인 흑트라의 '흑'과 소를 뜻하는 ox를 합성하여 '흑우'를 지칭하는 초고도 변형의 은어를 사용하기도 한다. ~~굳이 이렇게까지…~~ 한국인들의 언어유희 능력은 진짜 알아줘야 한다.

- 데드캣 : '데드캣 바운스'의 줄임말. 높은 곳에서 떨어진 고양이는 목숨을 잃게 되지만, 몸의 탄력 때문에 잠깐 튀어 오르는 데에서 유래

한 말이다. 과한 폭락 이후 살짝 오는 반등을 가리킨다. 존버족들을 두 번 죽이는 데 사용된다.

- 약속의 N시 : "약속의 5시다! 달리자!" 주로 채팅방에서 많이 볼 수 있는 용어다. 떡상 기도문 중 하나다. 가즈아랑 비슷한 맥락이라고나 할까. 너무 많은 기대를 하지는 말자. ~~허황하다~~

- 스캠 : "스캠=사기"라고 이해하면 된다. 하지만 자신이 사지 않은 코인이 오를 때나 자신이 산 코인이 떨어질 때 그것이 저력이 있는 코인이더라도 스캠이 된다.

- 스웰(Swell) : 본래의 의미와는 상관없이, 리플이 리또속 시절 온갖 과장과 ~~한반도 사건~~ 엄청난 것을 발표한다고 해놓고 사실 별거 아닌 걸 발표함과 동시에 swell이라는 단어를 트위터에 남겼다. 이후 펌핑이 되었던 가격은 처참히 원상복귀했고 swell은 "도망치다"와 비슷한 뉘앙스로 아직까지 커뮤니티에서 자주 사용된다.

과거 커뮤니티 유행 투자기법

　필자는 3월부터 트레이딩을 시작해왔고, 트렌드가 주 단위로 바뀌는 코인판에서 정말 많고도 신박한(?) 투자방법들을 보아왔다. 때론 어쩌면 무논리에 가까운 투자 방법이 먹혔던 때도 있었다(어께 ~~진짜 투기 읍~~읍…). 이번 글을 통해서는 코인판에 유행했던, 그리고 지금까지 유효한 투자기법을 큼직큼직한 사건별로 기억나는 만큼 적어보려고 한다.

1) 존버
#a.k.a_가치투자 #자신_있으신_분만

　필자의 기억으로 존버라는 단어가 보편화 되기 시작한 것은 2017년 5월 비트 급등 후 조정장 때 리플이 빗썸, 코인원 등에 상장된 후였던 것 같다. (당시 코빗에 리플이 상장되어 있긴 했지만, 완전 고립된 갈라파고스 땅이었기에 패스) 정확히 6월 1일 오후 8시, 리플 상장 직후 빗썸에서 영혼의 펌핑이 시작되었다.

　이후 리플 900원대에 서버 터지고 그때 물린 사람들이 빗썸 고소한다고 말도 많고 탈도 많았다. 이 광기 어린 펌핑 이후로 리플은 300 후반 400 초반에 자리 잡았지만, 진짜 천천히… 천천히 빠져서 7월 하락장에는 무려 150원까지 빠지게 된다. 사람들은 존버 정신을 외치기 시작했고, 그를 조롱하는 다른 투자자로부터 "마음이 힘들 때는 리플을 900원에 물린 사람도 있다는 걸 기억해!"라든가, "리또속" "가치투자 당해버렸다" 등의 유행어가 나오게 되었다. 결국 존버는 승리하였지만 이들에게 존버하는 그 몇 개월의 시간은 억겁과도 같았을 것이다.

2) 대ICO 시대
#일확천금 #인생은_한방_아니면_한강 #가치_투자

2017년 6월 이더리움 가격 폭등의 주역으로, 대ICO 시대의 개막이었다.(2018년 1월에도 비슷한 느낌인 듯) 이때 ICO열풍은 대단해서 유망한 코인들은 1분 만에 완판되는 경우가 비일비재했다. ICO 모금 업체들의 오만도 하늘을 찔렀다. 프리세일 참여비가 최소 100이더씩 되는 코인들도 엄청 많았으니 말이다. 이때 괜찮은 ICO에 돈을 넣기만 하면 최소 3배씩 벌 수 있다는 속설이 돌면서 너도나도 ICO 투자를 하던 때이다. 실제로 유망한 코인들이 많이 나온 때이기도 하면서, 소위 스캠이라고 불리는 사기투자가 가장 성행했던 때이기도 하다. 당시 가장 유망하던 코인 중 하나였던 InsureX는 공식 홈페이지가 해킹을 당해 수많은 피해자를 냈으며, 에니그마(Enigma) 또한 텔레그램과 이메일이 해킹당하여 많은 피해자를 냈다. 그럼에도 불구하고 6월을 대ICO 전성기라고 평가하고 싶은 이유는, 그때 펀딩받았던 수많은 유망한 코인들이 입지를 굳건히 하고 있기 때문이다. EOS, TEZOS, ICON 등 다수의 20위권 이내의 코인들이 이때 펀딩을 받았다.

3) 양계장 매매법
#황금알을_낳아다오 #쓰고_버리기

비트 가격이 어느 정도 안정되고 알트코인의 황금기였던 6월, 12월에 사용되었던 투자(투기) 전략이다. 6월엔 폴로닉스, 비트렉스. 12월엔 비트렉스, 업비트, 바이낸스를 주축으로, 매일매일 크고 작은 알트코인의 펌핑이 있었다. 이때 눈치 빠른 사람들은 무엇이든 넣어놓으면 돈이 될것이라고 생각, 자신의 비트코인을 쪼개서 이름 모를 알트코인에 조금씩 분산투자를 해놓고선, 매일매일 자신이 넣어논 종목중에 펌핑이 된 것이 있으면 그것을 비트화해서 비트코인 개수를 늘렸다. 황금알을 낳는 거위를 기대하는 마음에 이를 양계장 매매법이라 칭했다. 물론, 비트코인이 급락 혹은 급등할 때 마다 양계장은 처참히 박살난다. 모 커뮤니티에서 사람들이 양계장이 박살났네, 조류독감 걸렸네 하면 양계장 매매에 실패한 것으로 간주하면 된다.

4) 트위터매매법
#선동매매법 #뇌동매매

알다시피 코인은 개발자들과 투자자 간의 소통이 매우 활발하며, 정보의 접근이 쉬워도 너무 쉽다. 새로운 소식이 생기면 즉각즉각 개발진의 트위터를 통해서 내용이 보고가 되는데, 여기서 파생한 것이 트위터매매법이다. 우선 관심 있는 모든 코인들의 트위터 푸쉬 알람을 받는다. 그리고 여기에서 호재와 악재를 가려내고, 시시각각 대응하는 것이다. 누구보다 빠르게. 그리고 호재일 경우 각종 톡방과 커뮤니티에서 봉이 김선달도 울고 갈 천하제일 선동대회가 열린다. 오죽하면 "선동을 당할 거면 빨리 당하라"라는 말까지 나왔다. 이 매매법은 시간이 많고 빠르게 매매 버튼을 누를 수 있는 강한 피지컬이 있는 사람이 언제나 이득을 취하기 때문에, 선동당해서 미끼를 덥석 물지 않도록 훈련이 필요하다.

이번 파트는 뭔가 두서없이 쓴 것 같지만 확실한 건 코인판은 유행이 무지하게 빠르다는 것이다. 각종 분석법, 펌핑 따라잡기, 트위터매매법 등등이 존재했고 물론 아직도 존재하지만 가장 최근 12월의 업비트 '9시 경마장', '맥아피 트윗' 등등 매일매일 새로운 일들이 생기니 그때그때마다 발빠르게 대처해야 그나마 코인판에서 돈 좀 만질 수 있다. (아! 유망한 코인 저점매수만큼은 무조건 진리다)

　비트가 천천히 아주 천천히 우상향하는 게 코인계의 가장 큰 희망인데, 출렁이면 사실 어떤 투자방법이든 위험이 많다. 자주자주 현금화를 해두는 게 사실 가장 안전한 헷징 방법이다. '성투'하기 위해서 사람들은 또 새로운 투자법을 개발하고, 그것에 의해서 트렌드는 시시각각 바뀌고 있을 것이다. 이 책이 나오는 시점에는 또 얼마나 신박한(?) 매매법이 나와 있을지 기대된다.

ICO에 관한 고찰

본격적으로 암호화폐에 투자하고 짬(?)이 조금 찼다 싶으면 ICO에 대한 얘기를 심심찮게 들어봤을 것이다. 과연 ICO는 무엇이며 어떤 ICO가 좋을까?

ICO는 Initial Coin Offering의 약자로, 흔히 스타트업이 사용하는 크라우드 펀딩, 주식회사에서 사용하는 IPO와 유사한 기업의 자금 모집 방식이다. 리스크를 감수하고 초기 투자자가 된다는 점에서는 기존의 투자 방식들과 비슷하지만, 다른 점 또한 명확하다.

IPO는 정해진 규제와 절차, 법적 장치가 마련된 반면, ICO는 투자자 보호 장치가 없다. 최근 KYC(Know your customer)제도를 통해서 최소한의 안전 장치를 마련한 ICO들이 많이 나오고 있지만, 그럼에도 불구하고 사기와 가짜가 판을 치는 것은 사실이다.

우선 ICO가 일반 주식보다 훨씬 더 큰 리스크가 있으며 실패할 경우, 할당받은 토큰이 휴짓조각, 아니, 그냥 데이터 쪼가리가 될 수 있다는 사실을 인지해야 한다.

그렇기 때문에 중국을 필두로, 미국, 한국 등 주요 암호화폐 투자국들은 ICO에 아주 제한적이거나 적대적이다. 개발자가 알고 보니 사기꾼이라 보낸 돈을 들고 도망쳐도 이상할 게 없는 시상이다.

그럼에도 불구하고, 많은 사람들이 ICO에 열광하는 것은 그만한 메리트가 있기 때문이다.

옥석 고르기

흔히 사람들이 ICO를 돌멩이 사이에서 옥석을 가리는 일이라고 한다. 정말 가치 있고 탄탄한 암호화폐에 투자하게 된다면, 이미 가치가 폭등한 다른 종목에 비해서 높은 투자 수익을 얻을 수 있기 때문이다. 말 그대로 가치주 초기 투자자가 되는 셈이다.

극히 일부긴 하지만, 좋은 종목에 가치투자에 성공했을 경우, 10배, 20배의 수익도 심심찮게 나는 것이 ICO이지만, 깡통을 차는 종목도 심심찮게 나온다. 필자도 ICO를 통해 많게는 50배 이상의 수익을 냈던 종목도 있는 반면, 10분의 1 토막이 나서 데이터조각이 되어버린 종목도 있다. 이렇듯 ICO는 아주 극단적인 양상을 띤다. 두 종목 모두 필자가 생각하기엔 옥석이었지만, 또 그렇지만도 않았다. 옥석을 고르는 절대적인 방법은 존재하지 않는다. 시간을 투자하여 공부하고 조사하고, 그것에 확신을 가지고 투자하는 일련의 과정이 결코 쉽지 않을 것이다.

프리세일(Pre-Sale)과 ICO

ICO는 투자금 유치에 성공한 이후, 투자한 양에 비례하여 토큰을 지급한다. 그런데 '뭔가 아쉽다…' 혹은 '내가 보기엔 이건 정말 확실하다.'라고 생각하는 종목에 대해서는 추가적인 투자를 하고 싶을 것이다. 그런 사람들을 위해서 준비된 것이 바로 프리세일 Pre-sale이다.

프리세일은 말 그대로 ICO 이전에 소위 '팬층'에게 미리 선납금을 받는 대신 ICO 때 배분해주는 코인에 비해 많은 인센티브를 부여하는 형식의 모금이다. 대신, 최소 참여 금액이 상당히 규모가 있으며, 비공개로 진행되는 경우도 있다. 보통 물량을 확보해야 하는 거래소나, 대형 홀더로서 충실할 수 있는 벤처캐피탈 등에만 프리세일을 진행하는 경우도 있다.

ICO 참여 방법

위에서 ICO의 본질에 대해서 알아보았다. 자, 그럼 이제 어떻게 투자를 하느냐.

경험상 좋은 ICO를 접하는 가장 좋은 방법은 커뮤니티의 입소문에 귀를 기울이는 것이다. 특정 ICO가 언급이 되기 시작할 때, 그 ICO에 대해서 찾아보라. 대부분 토큰마켓캡[16]이나 ICO바자[17] 등 다가오는 ICO를 전문적으로 다뤄주는 사이트에서 기본적인 정보 정도는 쉽게 찾아볼 수 있다.

다만 대부분의 정보는 모두 영어로 써져있기 때문에, 영어에 어려움이 있다면 좋은 ICO를 구분하는 것은 어려울 수 있다. (영어를 잘하는 친구를 미리 포섭해 놓자)

처음부터 파이팅 넘쳐서 저 수많은 ICO에 모두 투자하는 어리석은 짓은 하지 않길 바란다. 극단적으로 봤을 때 실제로 저 중 대다수는 모집금액이 충족되지 못해 공중분해 당하거나, 애초에 사기 등의 목적

---

16 https://tokenmarket.net/ico-calendar
17 https://icobazaar.com/

을 가지고 접근하는 ICO도 많기 때문이다.

ICO 참여 시 가장 기본이라고 할 수 있는 이더리움 기반 ICO에 대해서 설명하겠다. 가장 중요한 것은 ICO에 참여할 때 절대 ~~네버 애버~~ 거래소 지갑에서 바로 ICO에 참여하는 주소로 코인을 보내면 안 된다는 점이다. 거래소에서 보내는 코인은 거래소 지갑에서 보내는 것이기 때문에 대부분의 경우 스마트 컨트렉트를 이용한 토큰 지급을 받을 수 없다. 그래서 보통 MyEtherWallet(마이 이더 월렛), MetaMask(메타 마스크), Mist(미스트) 등의 개인 지갑을 통하여 ICO에 참여해야 한다. 이 중 한국인이 가장 많이 사용하는 것은 MyEtherWallet(통칭 MEW 뮤)인데, UI가 가장 심플하고 사용하기 편리해서 사용자가 많은 것 같다. 유명한 만큼 UI와 주소를 유사하게 만든 사칭 사이트도 종종 등장하니 주의하자.

마이 이더 월렛의 이더리움&토큰 전송에 접속하면, 위 사진과 같이 뜨는데, 맨 위 주소창에는 ICO 펀딩주소를 적으면 되고, 그 밑에 개수, 그리고 마지막 줄에 gas limit이라고 적혀있는 것을 볼 수 있다.

여기서 가스(Gas)란 이더를 전송할 때 드는 수수료이다. Gwei는 가스를 세는 단위이며, 1Gwei=0.000000001 ETH이다. 가스값이 높을수록 빠르게 전송되며, 그에 소모되는 이더리움 개수가 많아진다. 그렇다고 해서 엄청 비싼 건 아니니까 인기가 많은 ICO에 참여할 때는 높은 가스 리밋을 설정하는 것이 유리하다. 대부분 이더리움 기반의 ICO는 Gas 제한선을 25만으로 설정한다. 배보다 배꼽이 커지는 상황을 막기 위한 것이라고 한다.

앞으로의 ICO
대표적으로 이더리움을 통한 ICO참여 방법을 알아보았다.

현재 존재하는 대부분의 ICO는 이더리움 기반이지만, 최근 들어 (2018년 1월 기준) 네오나 퀀텀 등 중국발 플랫폼 코인을 통해서 진행되는 ICO들도 많이 나오고 있다. 특히 1월에 네오 기반의 ICO인 큐링크, 더키, 딥브레인 체인, 트리니티 등의 코인들은 큰 히트를 쳤다. 그리고 앞으론 이렇게 다양한 플랫폼을 통해서 더 다양한 방식으로 ICO가 진행될 것으로 보인다.

ICO에 참여하는 방법은 매우 주관적이고 상대적이며 코인/토큰마다 다르다. 가장 핫했던 코인 몇 가지를 예로 들자면, KNC 카이버는 최초로 중국인의 ICO를 금지한 토큰이며, EOS 이오스는 1년 내내 ICO를 받는 형식, XTZ 테조스는 하드캡(투자 상한선) 없이 무한정 펀딩을 받았었다. 지금은 이상할 것 없어 보이는 모금 방식이지만 당시에는 상당히 충격적이었다.

필자는 EOS의 ICO방식이 너무 의심스러워서 참여하지 않았다. ~~나중엔 땅을 치고 후회했다.~~ 반대로 큰 손해를 피해간 경험도 적지 않다. 결국 ICO도 처음부터 끝까지 본인이 공부해야 하는 영역이 아주 많으며, 그 투자에 대한 책임과 보상이 아주 잔인하리만큼 천국과 지옥을 오간다. 본인이 냉철하고 용감한 투자자라면, ICO 시장에 발을 들여도 좋지만, 그런 멘탈이 없다면 ICO 시장에 기웃거리지 않는 것을 추천한다. 주식을 처음 시작할 때 IPO 시장에 참여하는 정신 나간 사람이 없듯이, 코인판도 마찬가지이다. 신중에 또 신중을 기하기를.

여담이지만, ICO를 기성 투자 방식의 한계를 뛰어넘은 전혀 새로운 방식의 투자로 보는 견해도 있다. 핵심적으로, 여태까지 주식은 미래 기업의 현금흐름에 대한 클레임을 수동적으로 받는 증서(?) 같은 형식의 느낌이 있다면, 코인은 그 기업/팀의 생태계의 일원으로서 서비스의 사용자이기도 하고 매개가 되기도 하고 주주가 되기도 한다. 그래서 주식과 전혀 다른 고차원의 새로운 형태의 자산운용방식이라고 보는 색다르면서 낙관적인 시각 또한 있다.

이번에 베네수엘라가 파산 위기(사실상 파산)를 겪으면서, 원유를 담보로 국가 차원의 ICO인 PETRO를 파격적으로 진행하였다. 물론 베네수엘라는 현재 신용이 바닥난 국가이기 때문에, 미국을 필두로 전 세계적인 우려와 비난으로 뭇매를 맞고 있기는 하지만, 아주 이색적이고 파격적이며 기존에 존재하지 않았던 투자방식인 것은 확실하다. 미국의 코닥(Codak), 중국의 렌렌왕(人人网) 등 작지 않은 기업들도 ICO를 통한 모금방식을 선언했다. 결과가 어떠할지 섣부르게 예상할 수 없지만, 적어도 ICO가 기존의 모금 방식의 패러다임에 작게나마 변화를 준 것은 분명하다.

국가별 대처 현황

1.
중국
#암호화폐_전면금지 #하지만_자체코인_개발_중

주체	연도	내용
중앙은행	2013	비트코인 거래 중지
	2014	거래 중지 4개월 만에 재허가
	2016	암호화폐 포럼 개최, 블록체인 기술에 기반한 암호화폐의 발행에 대해 지속적으로 연구할 것이라고 발표
정부	2017	ICO 금지, 암호화폐소 거래 중단 조치
	2018	중국 IP 사용자 해외 암호화폐 거래소 차단

　중국은 현재 세계에서 암호화폐에 대한 규제가 가장 강한 나라로 2017년 10월 제19차 중국 공산당 전당대회 직전인 9월에 ICO, 거래소 거래, 위안화 인출 등을 전면 중단했다. 홍콩 역시 중국과 일맥상통한 입장으로 비교적 엄격한 감독 태도를 보이고 있다.

　엄격한 규제 이후 문을 닫았던 중국의 거래소들은 해외로 법인을 이전하여 우회적인 방법으로 다시 영업을 시작했다. 또한 메신저 난톡방에서 옥션의 형태로 P2P거래가 활성화되었다. 2018년에는 중국 IP 사용자가 해외 거래소를 이용해서 거래하는 것을 금지하는 등 강경한 입장을 계속해서 내비치고 있다.

하지만 중국 거래소들이 홍콩으로 본사를 옮겨서 원래 훠삐, OK EX 등 중국 국적의 거래소를 사용하는 데는 문제가 없다.

2.
일본
#결제수단_인정 #제도권_편입

주체	연도	내용
정부	2014	암호화폐를 일반상품으로 분류, 과세 포함 전반적 가이드 라인 제작
	2017	세계 최초로 11개 암호화폐 거래소에 대한 인가 결정
	2017	암호화폐를 기업 보유자산으로 인정
국회	2016	2017년 7월부터 적용되는 세법 개정안 통과, 암호화폐 거래에 부과되었던 8% 소비세를 폐지하고 비과세로 전환
	2017	자금결제법 개정, 암호화폐를 자산으로 인정 암호화폐 거래소 인가제 시작
	2017	비트코인 등 다수 암호화폐를 결제수단으로 인정
금융당국	2018	코인체크 해킹 사건 발생 2주 후, 모든 인가 거래소에 대한 현장 조사 실시

일본은 마운트곡스 해킹 사건을 전화위복의 기회로 해서 정부 차원의 관리를 시작했다. 확실한 것은 세계 그 어느 나라보다 암호화폐에 우호적인 정부라는 점이다. 2017년 12월 기준, 일본 내 비트코인 가맹점은 장장 26만 개에 달한다. 코인체크에서 제공하는 자료를 보면, 2016년 12월에 불과 4500여 개 수준에 그쳤으니, 그 상승세가 대단하다. 아직 암호화폐 확장성 문제가 해결되지 않은 현 시점에서 실질적

인 편의성을 노리고 이런 서비스가 시작되었다고 보기는 어려울 것 같다. 국가 전체가 하나의 거대한 실험소 같은 느낌이랄까.

실제로 빅 카메라(Bic Camera)와 같은 큰 규모의 기업들이 비트플라이어bitFlyer[18]와 계약을 맺고 비트코인 결제시스템을 구축하여 서비스를 제공한다. 이렇듯 비교적 안정적인 서비스를 제공하고, 산업이 크게 발전할 수 있었던 데에는 일본 정부의 우호적 태도가 분명한 역할을 하고 있다.

2018년 초, 암호화폐 관리 및 활용에 꽤나 자신을 보이던 일본은 코인체크 해킹이라는 엄청난 사건을 다시 마주한다. 마운트 곡스에 이어 세계 최대 규모의 해킹이 또다시 발생한 것이다. 일본 정부는 그간의 거래소 규제가 그다지 실효성을 발휘하지 못하고 있었다는 비판을 마주한다. 추가로, 기술 자체적인 난이도가 높고, 변화의 속도가 빨라 아무리 우호적인 일본 정부라도 블록체인, 암호화폐에 대한 이해도가 충분하지 못하다는 의견도 더러 보인다. 그럼에도 일본정부는 여전히 친-암호화폐 노선을 채택한다. 모든 거래소에 대한 현장 조사를 실시하는 등, 제2의 마운트곡스와 제2의 코인체크가 생겨나지 않도록 하는 것은 일본 정부의 몫이다. 암호화폐 강국이 되겠다는 일본의 외침이 조금은 타당하다 여겨지는가?

---

18 일본에서 가장 큰 거래소.

3.
한국
#안_돼_안_돼 #세금_내세요 #매우_우려
#근데_암호화폐가_뭔데

주체	연도	내용
중앙은행	2016	블록체인 기술에 대한 보고서 발간
	2017	국가 발행 코인 연구 중
정부	2017	ICO 금지
국회	2017	블록체인 공청회 개최, 암호화폐에 대한 과세 방안 논의

암호화폐에 대해 가장 보수적인 나라와 가장 적극적인 나라 사이에 위치해 있는 한국의 상황은 어떨까? ~~사실 가장 보수적인 정부와 가장 적극적인 투자자들~~

정부와 중앙은행은 ICO를 금지하는 등 비교적 보수적인 입장을 취하고 있으나 국민들 사이에서는 암호화폐에 대한 열기가 뜨겁다. 원화 거래량이 세계 거래량의 상당히 큰 부분을 차지할 만큼 암호화폐에 지대한 관심을 보이고 있지만, 아직 해당 규제가 충분하지 못한 점 때문에 감독에 차질을 빚고 있다. 이에 한국은행, 금융위 등 다수 금융기관이 공동으로 블록체인 태스크포스를 조직하여 해당 법규 마련을 준비하고 있다. 하지만 11월 비트코인 캐시 거래량 급등 시기에 빗썸이 거래소 서버를 돌연 점검하면서 천여 명이 넘는 투자자가 집단소송을 준비하는 등 거래소가 법의 사각지대에 놓여 있어 규제 마련이 시급해 보이는 상황이다.

이후 과열이 진정되지 않자, 한국정부의 행보는 1월 이후 아주 강경하고도 엉성하게 이루어졌는데, 1월 하락장의 방아쇠가 된, 박상기 법무부 장관의 '거래소 폐쇄' 발언이 발단이 되었다.

1월 11일 박상기 장관은 기자간담회를 통해 "암호화폐 거래소 폐쇄까지 목표로 하고 있다"며 "어떤 상품 거래의 급등락과 비교했을 때 완전히 다른 차원으로 '김치 프리미엄'이 언론에 등장하는 등 한국 거래가 비정상적이라는 해외의 평가가 내려졌다"고 입장을 밝혔다. 정부가 암호화폐 거래를 사실상 '투기'로 규정 내린 것이다.

최종구 금융감독위원회 위원장도 이에 힘을 보태 지난 1월 11일 "가상통화 시장을 규제할 수 있는 법 제정이 현재 필요하다고 본다. 법무부를 중심으로 규제 대책을 마련해 나갈 것"이라고 말했다.

갑작스러운 발표에 당황한 투자자들은 거센 반발을 했고, 청와대는 법무부장관의 말이 협의된 내용이 아니라는 영문 모를 대답이 나온다.

이날 정부의 발표로 암호화폐 시장은 25퍼센트에 가까운 급락을 맞이하지만, 관계부처는 ~~이에 대한 사과 한마디 없이~~ 스리슬쩍 넘어갔다.

법무부의 '거래소 폐쇄' 발언과 이도 저도 아닌 정부의 대응에 뿔이

난 투자자들은 청와대 국민청원 게시판에 잇따라 글을 남기며 정부를 공격했다. 이 중 "정부는 단 한 번이라도 우리 국민들에게 행복한 꿈을 꾸게 해본 적이 있느냐"라는 제목의 청원은 3일 만에 20만 명이 넘는 사람의 공감을 얻어 내면서 청와대의 답변을 기다리는 상황이다.

여론을 잠재우기 위해서, 정부 관계부처는 부랴부랴 각 부처의 의견을 피력하는데, 각 부처의 내용을 다루자면 이러하다.

청와대: 윤영찬 청와대 국민소통수석은 1월 11일 "암호화폐 거래소 폐지와 관련된 박상기 법무부 장관의 발언은 법무부가 준비해 온 방안 중 하나지만 확정된 사안은 아니다. 각 부처의 논의와 조율과정을 거쳐 최종 결정될 것"이라고 말했다. 정치권에서는 이를 지방선거를 얼마 앞둔 시점에서 국민의 표를 잃지 않기 위한 임시방편으로 평가했다.

기획재정부: 기재부는 세수 확보 차원에서 암호화폐에 접근했다. 최영록 기재부 세제실장은 지난 1월 4일에는 "현행법상 거래소에 대한 법인세 과세는 가능한 부분이지만 보완이 필요하며 양도소득세 과세 등을 검토 중"이라고 밝혔다. 그는 사흘 뒤에는 "기본적으로 법인세 등 현행법으로 과세할 수 있다. (과세 시) 평가 문제에 있어서 관련 규정을 검토해서 보완해야 한다"고 말했다.

과학기술정보통신부: 과기부는 암호화폐의 핵심인 '블록체인' 기술에 관심이 있다. 유영민 과학기술정보통신부 장관은 지난해 12월 22일 "정부 차원에서 암호화폐를 제도권에 넣어 과세 대상인지, 상품으로

볼 것인지, 화폐로 볼 것인지 명확한 준비가 되지 않아 스터디그룹이란 이름으로 연구를 하고 있다"며 "하지만 암호화폐와 블록체인을 명확하게 구분해야 한다. 블록체인은 정통부가 올해 집중적으로 육성하려는 사업이다"라고 말했다.

각 관계 부처의 입장을 보면 알 수 있듯이 이들조차 입장이 정리가 안 된 상태이다.

정치적인 색깔을 떠나서 2018년 1월 정부의 암호화폐에 대한 대처는 아주 미흡했다. 정부는 암호화폐의 개념정리조차 하고 있지 못하며 협의되지 않은 말을 늘어놓으며 수많은 투자자들에게 혼선을 준 것은 명백한 사실이다.

4.
싱가폴
#개방적_스탠스 #자체코인_연구_중
#신속한_가이드라인_제정

주체	연도	내용
중앙은행	2017	토큰 싱가폴 달러 연구, 실험 중
	2017	캐나다 중앙은행과 함께 블록체인에 기반한 국경 간 결제 시스템 연구
	2017	ICO 가이드라인 발표
	2017	암호화폐에 대해 규제할 계획이 없다고 언급

싱가폴은 금융의 나라답게 아시아에서 가장 적극적으로 블록체인 기술을 발전시키고 있으며, 캐나다 중앙은행 등 여러 기관과 연합하여 토큰 형식의 싱가폴 달러를 개발, 테스트 중에 있다. 최근 ICO 가이드라인을 발표했으며 비트코인 등 기존 암호화폐에 대해 규제할 계획은 없다고 밝혔다.

5.
미국
#법안_제정_중 #백악관은_주시_중
#Do_No_Harm #절제된_수용

주체	연도	내용
국세청(IRS)	2014	암호화폐를 재산으로 분류, 암호화폐 투자자들에게 장/단기 자본이득세 부과. 전문 채굴업자는 자영업세를 납부해야 한다고 규정
SEC	2015	Overstock.com의 신청을 비준하고 자체 블록체인 플랫폼에서 신규 발행 주식 거래를 허용함
	2017	암호화폐 ICO는 미국 증권법 적용 대상이라고 해석
재무부	2017	불법적인 용도로 비트코인이 쓰이지 않도록 "매우 조심스럽게 지켜보고 있다"라고 발언
지방정부	2016	뉴욕: 암호화폐 거래소에 대한 까다로운 감독 제도
	2017	애리조나: 블록체인상의 데이터가 공식적으로 인정받을 수 있는 법안 통과
	2017	마인: 블록체인 기반 투표 시스템에 관한 법안 통과
CFTC	2017	세계 최대 선물 거래소인 시카고 거래소(CME)와 시카고 옵션거래소(CBOE)의 비트코인 선물 거래 승인 (실제로 2017년 12월 선물 거래 개시)
나스닥	2017	2018년 2분기 비트코인 선물 거래 출시 발표

　"나는 세 명의 대학생 자녀를 둔 아버지다. 아이들이 금융에 일찍 눈 뜨길 바라 고등학교 때 용돈을 주고 주식 투자를 해 보라고 권유했다. 다들 관심이 없었다. 그런데 아이들이 먼저 CFTC 의장인 나에게 찾아 와 비트코인에 대해서 물었다.… 아이들의 신기술과 금융에 대한 열정 을 확인할 수 있었다. 우리 (기성세대는) 사려 깊고 균형 잡힌 시각으로 젊은 세대의 이러한 열정에 반응해야 한다. 그리고, 사기나 조작을 통

해 아이들의 이러한 열정을 악용하려는 세력에 대항해야 한다. 기성세대는 신기술을 공부하고 좋은 정책을 세워야 한다."**19**

2018년 2월 7일 미 상원 은행·주택·도시문제위원회 주최로 열린 암호화폐 청문회에서 CFTC 의장 크리스토퍼 지안카를로의 모두 발언을 옮긴 내용이다. 미국에서는 꽤 오래전부터 암호화폐에 대한 논의를 시작했고, 2014년 이를 공식화했다. 미국은 주별로 암호화폐에 대한 입장이 분분한 상황이다. 뉴욕 등 일부 지역은 암호화폐 거래소에 까다로운 감독 제도를 실행해 소수의 거래소만 허가를 받을 수 있도록 한 상태다. 세계 최대 암호화폐 거래소 중 하나인 코인베이스 역시도 뉴욕에서 정식으로 인가받아야만 했다. 다른 주들은 미국 연방 법률과 SEC의 규정하에 저마다의 암호화폐 법안을 제정하고 있다. 최근 미국 감독 당국은 현재 암호화폐의 ICO가 미국 증권법 적용대상이라는 해석을 내렸다.

2018년 1월 30일, SEC가 10억 달러 모금을 목표로 한 어라이즈 뱅크의 ICO를 중단시켰다. 또 같은 날 CFTC가 '테더'를 둘러싼 투자자들의 합리적인 의심을 근거로 비트파이넥스에 소환장을 발부했다. 이렇듯 미국은 암호화폐에 대해 꽤나 엄격한 기준을 제시한다. 그럼에도 CFTC의장의 모두발언에서 알 수 있듯, "Do No Harm", 다시 말해 산업과 신기술의 발전에 해를 가하지 않는 선에서, 과열, 악용 등의 부작용을 최소화하려는 노력을 보인다. 적절한 규제에 찬성하는 투자자라면, 미국의 선례를 눈여겨볼 만한 것 같다.

---

19 [출처 : 중앙일보] 중국이 닫은 암호화폐 관뚜껑 美 금융당국이 다시 열었다.

6.
캐나다
#우호적_입장 #전담팀_구성 #ICO_합법화?

주체	연도	내용
CRA	2013	암호화폐를 상품으로 규정하여 사업소득 혹은 자본이득으로서 과세하는 방침 발표
중앙은행	2016	블록체인에 기반한 디지털 캐나다 달러 개발 시작
	2017	싱가폴 중앙은행과 함께 크로스보더 결제에 블록체인 도입 연구
증권위원회	2017	암호화폐와 ICO를 지원하겠다는 공식 발표 및 전담팀 구성

캐나다는 이더리움의 탄생지이기도 하며 비트코인, 이더리움 등 주요 암호화폐에 대해 우호적인 태도를 보이고 있을 뿐 아니라 전담팀을 구성해 ICO 시장을 합법화하는 것까지 고려하고 있다.

7.
러시아
#크립토루블 #다른_코인은_규제?

주체	연도	내용
중앙은행	2016	비트코인 관련 규제 편제 시작, 돈 세탁과 테러 자금 모집에 대한 감독 진행
	2017	크립토루블 발행 선언
	2018	승인받은 거래소에서의 거래를 합법화하는 법안 통과

　다수의 중앙은행이 자체 암호화폐를 발행하는 것에 대해 이미 연구 중에 있다. 그중 가장 먼저 공식적으로 입장을 표명한 곳은 러시아인데, 러시아는 자체 암호화폐인 크립토루블을 발행해 기존 종이 루블과 1:1 비율로 교환하고, 발행은 2개월 안에 발행을 완료하겠다는 입장을 밝혔다. 교환 시 자금의 출처를 입증하지 못하면 13% 과세를 하겠다는 방침이 인상적이었는데, 이는 기존 '검은 돈'에게 효율적으로 세금을 징수하는 효과가 있는 동시에 부정한 거래 및 돈세탁을 방지하기 위한 방책이다. 발행이 완료된다면 러시아 정부는 블록체인 구조를 이용해 통화의 흐름을 트래킹할 수 있게 된다. 다만 러시아는 기존에 있는 암호화폐에 대해서는 엄격한 입장을 유지하고 있다.

8.
유럽
#아직은_관망 #자체코인_개발
#합법화물결 #채굴은_정상적_경제활동

국가	주체	연도	내용
EU		2015	비트코인과 법정화폐 간 거래에 대한 부가가치세 과세를 중지하라는 판결을 내림
		2016	- 암호화폐에 대한 토론회 개최 - 암호화폐가 돈세탁과 테러 자금 모집에 쓰이는 것을 방지하기 위해 태스크포스 설립
		2017	- 마리오 드라기 총재 "비트코인 규제나 비트코인 성격을 금지할 권한은 우리에게 없다" 언급 - 암호화폐 거래소와 지갑이 의심스러운 거래 내역을 식별할 책임을 가지고 있다고 발표
네덜란드	중앙은행	2016	두 번째 블록체인 실험을 끝냄
		2016	국가 암호화폐인 "DNBCoin"에 대한 실험 진행, 내부 사용 중
		2017	금융당국 고위관계자가 ICO의 위험성에 대해 경고함
	정부	2013	상품으로 분류, 암호화폐 사용자들의 등록과 자격에 제한을 두지 않으며 개개인의 소득세율에 따라 세금 납부
영국	정부	2014	암호화폐에 대한 부가가치세 폐지, 외화 외 동일시, 소득세 혹은 자본이득세 적용; 채굴은 기업세 적용
	중앙은행	2016	블록체인 기술에 기반하여 고성능 파운드화 결제 시스템 구축의 블루프린트 제시

독일	중앙은행	2013	세계 최초 비트코인 합법성 인정, 세금 납부 등 용도로 사용 가능
		2017	미래 공식 암호화폐 발행 가능성 언급
		2018	한 중앙은행 관계자가 암호화폐 규제에 대한 전 세계 정부 협력 언급
	정부	2015	800유로 미만의 자본이득에 대해 면세, 그 이상의 자본이득에 대해 25%의 세율 적용
프랑스	정부	2017	프랑스 재무장관이 중앙은행에 암호화폐 규제 방안에 대한 초안 지시
		2018	암호화폐 규제를 위한 태스크포스 설립
		2018	G20 정상회담에서 암호화폐 규제 논의를 건의
스웨덴	세무기관	2015	비트코인 채굴의 경제활동 인정 자격 제정
	중앙은행	2016	부행장이 암호화폐 발행에 대해 고려하고 있다고 언급
		2018	2년 안에 e-크로나(e-Krona)라는 이름의 국가 주도 암호화폐 발행 언급
스위스	중앙은행	2014	비트코인을 결제수단으로 인정, "외국 통화"
	FINMA	2017	은행이 제출한 비트코인 자산관리 서비스 비준
	정부	2018	암호화폐 허브국가 선언, 스위스 추크에 '크립토밸리 (Crypto Valley)' 설립
스페인	정부		암호화폐 부가가치세 없음
폴란드	GUS 통계청	2017	비트코인 거래와 채굴을 합법적이고 정식적인 거래활동으로 인정
우크라이나	정부	2017	암호화폐 거래를 완전히 합법화하기 위한 법안 상정

유럽 중앙은행인 ECB의 입장을 한마디로 정리하자면 "지금 어떤 방식으로 개입하기보다는 계속 지켜보겠다"는 입장이다. "우리는 암호화폐를 무시하고 있지 않다"며 "현재 암호화폐 시장의 규모는 아직 작아

기존 통화 체제에 영향을 주지 못한다[20]"라고 ECB 고위 간부가 밝힌 바 있다. 유럽에 우호적인 입장을 보이는 국가들이 다수 존재하는데, 독일은 이미 오래전 비트코인을 자산의 일종으로 인정하여 암호화폐 경제의 가시적인 발전을 이끌어냈다. 현재 독일 최대 비트코인 시장은 이더리움 거래를 도입했다.

스위스 역시 비트코인을 통한 자산관리 상품을 비준하는 등 우호적 행보를 이어오고 있다. 최근에는 암호화폐 허브국가가 될 것임을 선언 하면서 많은 블록체인 기반 회사들이 유입되었다. 스위스에서 진행하 는 ICO는 미국 다음으로 많은 것으로 알려졌다.

또한 스웨덴과 폴란드는 암호화폐 거래와 채굴을 정상적인 경제활 동으로 인정하는 모습을 보이고 있다. 스페인 같은 경우 부가가치세 대상에서 암호화폐를 제외하면서 많은 상점들이 "비트코인 우호적인 (bitcoin-friendly)"이라는 간판을 내걸고 있다. 스페인 오프라인 상점에서 도 대시 구매가 가능하게 되는 등 일본만큼이나 선도적인 입장을 취하 고 있다.

반면 독일과 프랑스의 경우 유럽권에서 그나마 강경한 입장을 보이고 있다. 독일의 경우 정부 고위 관계자가 암호화폐에 대한 규제는 전 세계 정부의 협력이 필요하다는 입장을 내비쳤고, 프랑스는 암호화폐와의 전 쟁을 선포하고 실무 그룹이 이미 규제 방식에 대해 의논하고 있다.

---

20 "We aren't ignoring them. At the moment, cryptocurrencies don't pose any monetary risk because the amounts involved are marginal."

9.
호주
#이중과세중지 #거래소_합법화

주체	연도	내용
중앙은행	2017	가까운 미래에 암호화폐 거래소에 대한 감독규제를 제정해 거래소의 합법 경영을 추진하겠다고 발표
정부	2017	입법을 통해 비트코인에 대한 이중 과세를 중지
증권거래소	2017	기존 증권 거래 시스템인 'CHESS'를 블록체인으로 교체하여 업무를 간소화할 계획 발표

호주는 빠른 시일 내에 암호화폐 거래소에 감독규제를 제정해 거래소의 합법 경영을 도모하겠다고 발표했다. 호주는 또한 비트코인에 대한 이중 과세를 취소하면서 상당히 우호적인 입장을 내비치고 있는 상황이다.

10.
기타 신흥국들
#우리_화폐보다_믿을_만해요

국가	주체	연도	내용
인도	중앙은행	2016	블록체인 기술 연구 중
		2016	기존 화폐를 대체할 암호화폐 연구 중
		2017	비트코인에 대한 감독 진행, 단기 내 비트코인 합법화 계획
태국	정부	2013	암호화폐 금지 선언
		2014	암호화폐를 재허가하며 비트코인 등 암호화폐는 태국에서 합법적 지불수단으로 인정받지 못하고 거래는 법적 보호를 받을 수 없다고 선언
		2016	암호화폐 거래 지침 발표: 거래를 장려함과 동시에 자금세탁 등 불법행위 방지에 대한 지침
		2017	암호화폐 관련 프로젝트 진행, 암호화폐에 대한 전면적인 법률 규제를 내놓을 것으로 전망
필리핀	중앙은행	2017	비트코인 거래소 지침 발표, 비트코인을 결제수단으로 인정
		2017	비트코인 거래소 라이선스 제도 시행
말레이시아	중앙은행	2017	연말까지 안전한 암호화폐의 거래를 위한 새로운 규제 지침서를 작성할 계획
이란	중앙은행	2017	암호화폐에 대한 전면적인 연구를 진행
두바이	정부	2017	블록체인 연구 진행 후 정부 문서를 디지털화할 계획
우루과이	중앙은행	2017	첫 법정 암호화폐 시험 운용 시작
이스라엘	정부	2017	암호화폐를 "자산"으로 규제, 자본이득세 부과
볼리비아	정부	2017	암호화폐 금지, 탈세에 대한 우려 표명
터키	정부	??	다른 금융상품과 같은 방식으로 과세
브라질	정부	2014	"자산"으로 규정하고 15%의 자본이득세 과세

우루과이는 세계 최초로 블록체인 기술을 이용해 법정 암호화폐인 e페소를 발행했다. 이미 다른 중앙은행에서도 연구가 계속되고 있지만 실제로 발행된 것은 우루과이가 처음이다. 정부는 반년 동안 이 정책을 운용하면서 국민의 반응을 살펴본 뒤 확대 여부를 결정할 계획이라고 밝혔다. 휴대폰 번호에 기반한 시스템으로서, 번호만 알면 e페소를 주고받을 수 있고, 공공요금 납부 등 일상생활에서도 사용이 가능하다. 다른 암호화폐와 마찬가지로 e페소는 거래 기록 추적이 가능해 탈세나 자금세탁 방지 등에 도움이 될 것으로 예상된다고 전문가들은 밝혔다.

베네수엘라도 경제위기로 인해 초인플레이션이 발생해 화폐 가치가 휴지 조각에 불과할 정도로 낮아졌다. 이에 비트코인 등 암호화폐가 안전자산으로 부각되는 모습을 보이고 있다. 베네수엘라뿐만 아니라 남아프리카공화국, 나이지리아 등지에서도 최근 비트코인 수요가 급증하는 모습을 보이고 있다. 이들은 이미 비트코인을 금과 동일시하고 있으며, 특히 젊은 층의 선호도가 높다.

인도는 러시아와 비슷한 입장인데, 기존 지폐 루피를 대체할 수 있는 암호화폐 발행에 대해 연구하고 있지만 기존 암호화폐 투자에 대해서는 회의적인 입장이다. 일부 정부 고위층은 "비트코인을 사용하는 시민은 자신도 모르게 인도의 관련 법률을 어길지도 모른다"며 비트코인은 리스크가 크다고 주장하고 있다. 현재 인도의 암호화폐 거래소와 투자자 능으로 이루어진 협회는 인도 정부와 협상을 통해 암호화폐 합법화를 진행하려고 노력 중이다.

부록

. . . .

지극히 주관적인 투자 팁

WARNING:

우리는 아래 내용에 대해 어떠한 책임도 지지 않으며 모든 투자 의사결정의 책임은 투자자에게 있음을 엄숙히 선언하는 바이다. 너무나 주관적인 의견이기에 원치 않으시는 분들은 넘어가서도 괜찮다. 그렇기에 부록으로 뺀 것이다. 책 전반적인 내용과는 크게 연관이 없음을 밝힌다. 본 챕터는 필자 중 한 명의 경험을 바탕으로 적은 것이다.

필자는 정말 사소한 계기로 2017년 1월 코인의 존재를 알았고, 그 후 코인의 매력에 푹 빠져서 공부를 하다 보니 벌써 1년이라는 시간이 지나버렸다.

첫 투자를 시작했었던 때를 회고해보자면, 본격적인 투자는 3월부터였나. 그때 상당히 용기 있는 결단을 했는데, 학생이라 보아놓은 돈이 있을 리 만무했었던 나는, 부모님을 설득해서 다음 년도 학비를 당겨받았다. 그때 당겨받았던 600만 원, 그것이 나의 시드머니였다.

당시 조건은 이러했다. 내가 만약 이 돈을 모두 날린다면, 바로 다음 학기부터 휴학계를 내고 귀국해서 나 스스로 돈을 벌어서 남은 학비를 충당하기로. 반대로 여기서 수익이 난다면 수익의 10%는 부모님이 가져가기로 했다. 부모님도 나도 손해 볼 것이 없는 장사 같았다. 그리고 무엇보다 자신감이 넘쳤다. 무언가를 이뤄낼 것만 같았다. 인생을 바꿀 수 있을 것이란 확신이 들었다. ~~지금 생각하면 뭔 자신감으로 저랬는지 모르겠다....~~

내 돈이 들어가고 난 후 시장을 바라보는 나의 태도는 달라졌다. 이전보다 전투적이면서도, 신중하게 트레이딩에 임했다. 처음엔 멋모르고 '존버'만을 시전했다. 트레이딩을 하는 횟수는 많지 않았지만 투자 철학을 명확히 하는 작업을 거쳐갔다.

처음에는 코인 하나하나를 공부하는 과정에 많은 시간을 할애했다. 그때 당시 코인마켓캡에 등재되었던 1~50위의 코인을 차근차근 공부했다. 그중에 가장 가치 있다고 생각하는 것을 '가치투자'하기 위해서! 매일 일어나서 학교 가고 동아리 하는 시간을 제외하고는 코인 공부에 몰두했었다. 2017년 한해는 정말 못해도 하루 5~8시간씩은 컴퓨터 앞에 앉아 있었던 것 같다.

처음은 코인의 특성, 그후 7월, 9월 하락장을 온몸으로 맞으며 내 자산이 몇 토막 나는 것도 경험해 보고, 이후 내 돈을 지키는 방법, 차트 읽는 법, 코인 투자와 관련된 모든 내용을 닥치는 대로 습득해 갔다.

어느 정도 경지에 이른 후, 마지막에 내린 결론은 이러했다. 가장 중요한 건 투자 철학을 얼마나 견고하게 짜는가, 그리고 "자신의 신념을 얼마나 지킬 수 있는가"였다. 등락폭이 큰 코인판에서 "무엇에 투자할지 정하는 것"보다 "자신이 투자한 것이 옳다고 판단"하고 기다리는 것이 더 어려웠다.

다음은 아주 주관적이지만 몸으로 체득한 필자의 투자팁이다.

1.
투자 정보수집 루트

우선 가장 중요한 사이트는 단연 코인마켓캡이다. 직관적으로 모든 코인의 시가총액, 등락폭, 거래량을 보여준다. 비트코인 도미넌스(점유량)도 항상 체크해봐야 한다. 코인마켓캡에만 익숙해져도 많은 지표들이 눈에 바로바로 보인다.

다음으로 정보의 속도가 생명인 코인판에서 공신력 있는 뉴스를 빠르게 접하는 것도 아주 중요하다. 주로 코인데스크나 News.bitcoin. com를 통해서 나오는 뉴스가 그러한데, 컴퓨터나 핸드폰에 푸쉬 알람을 설정해 놓으면 즉각즉각 뉴스를 접할 수 있어서 아주 좋다.(물론 전부 영어인건 함정).

특정 코인을 알아보다 보면 그 코인에 대해서 더~ 깊게 알아보고 싶을 때도 있을 것이다.

그때는 보통 스티밋(steemit)을 통해서 알아보거나, 유투브에 '블록체인ers'라는 훌륭한 유투버 분들이 계시다(친분은 전혀 없다, 친해지고 싶다.

~~연락받아보고 싶다… 나도 성덕!!~~). 필자도 이분들을 통해서 정말정말 많이 배웠다. 기술적인 설명이나 각 코인들에 대한 설명이 아주 잘되어 있으니 참고자료로는 최고다.

2.
투자 철학

올라갈 때 사지 말고 내려갈 때 팔지 마라(NO FOMO, NO FUD)

가장 기본적인 투자 철학이다. 필자는 어떠한 상황에도 추격매수는 하지 않고, 패닉셀 또한 하지 않는다. 이가 최고의 수익률을 안겨주지는 못해도 본전은 치게 해준다. 특히 심리적으로 안정된다. 투자를 할 때 머리를 차갑게 하는 것은 아주 중요하다.

물론 추격매수를 통해서 돈을 벌 때도 있고, 빠른 손절을 통해서 피해를 최소화할 수도 있다. 그렇지만 반대로 고점에서 물리거나, 저점에서 손절했을 경우 심리적 타격은 상상을 초월한다. 같은 실수를 반복할 확률 또한 아주 높아진다.

조금 욕심을 덜 부려서라도, 본인이 생각한 익절선이 넘으면 익절하여 총알을 준비하고, 하락이 왔을 때 구매하자. 이것만 잘해도 돈을 잃지 않는다. 물론 수많은 시행착오와 연습을 거쳐야 한다. 그러기 위해선 언제나 현금 비중을 일정 비율 이상 유지하라. 뜬금없는 하락이 찾아올 때 현금이 없다면 정말 많이 아까울 것이다. 필자는 항상 현금: 코인을 3:7로 유지한다. 이 비율은 절대적이지 않으며 본인의 성향에 가장 맞는 비율을 찾아내는 것이 중요하다.

전체시장 분위기를 파악하라

이건 사실 거래량과 아주 관련이 깊은데, 장은 크게 분류하면 상승장, 조정장, 하락장, 이렇게 존재한다. 상승장은 특히 코인판 같은 경우 10개 중 9개는 아무거나 사도 오르는 장이 있다. 사람들이 하기 쉬운 착각은 여기서 본인이 잘나서 돈을 벌었다고 생각하고, 밑도 끝도 없이 추격매수 하는 경우가 있다. 이런 경우 패가망신할 경우가 아주 높다.

이번 1월에 수많은 사람들이 피눈물을 흘리며 손절하게 된 이유는 아주 간단하다. 11월 말~12월 내내 업비트를 필두로 상승 랠리가 지속되었고(전대미문의 60% 프리미엄), 슈퍼 과열된 시장이 언제까지나 지속될 거라는 어리석은 믿음 때문이다. 과열된 시장은 반드시 과열된 만큼 조정과 하락을 거친다. 장의 분위기를 파악하라. 너무 욕심만 부리지 않는다면 반드시 승리하는 필승 타이밍이 존재한다.

본인이 사는 코인이 어떤 코인인지는 알고 사라

너무나도 당연하지만, 너무나 놀랍게도 대부분의 사람들이 지키지 않는 것이다. 제발 본인이 사는 코인이 어떤 콘셉트에 어떤 개발자가 있으며 얼마나 실현가능한지는 판단하고 사자. 백서를 읽어보면 제일 좋지만, 백서는 대부분 영어이므로 백서까지 바라지도 않는다. 스티밋 블로그 포스팅이라도 읽고 사자 제발. (그것조차 안 하니까 투기꾼 소리를 듣는 거다)

3.
코인구매 적기適期

필자 같은 경우, 코인을 판단하기 전에 그 코인의 아이템이 무엇이며 이게 향후 수익이 날지(시세 차익이 아니라 코인 자체의 가치나 재생력) 판단해 둔다. 다시 말하면 가치를 가장 먼저 판단한다. 보통 20위권 이내의 메이저 알트들이 되는 경우가 많다.

차트상으로 봤을 때는 조정장, 혹은 하락 후 회복장 초입에 볼린저 밴드 안에 있고 이평선이 살짝 상승 중일 때 들어가기 좋은데, 차트가 들어맞지 않는 경우가 더 많은 코인판에서는 개별 코인 호재, 뉴스, 그 외 각국 정부의 입장 등 뉴스를 가지고 판단해야 할 때도 많다. 특히 비트의 향방은 시장의 향방을 결정하기에 언제나 중요하니 항상 주시하도록 하자.

4.
마진에 대한 주관적인 생각

본래 공매도의 순기능은 투자의 과열을 막기 위함이다. 하지만 냉정하게 말하자면 코인판에서 공매도를 포함한 공매수, 즉 마진거래는 도박에 가깝다고 생각한다. 필자도 주변에서 마진을 하는 것을 많이 보았다. 인상 깊은 에피소드가 3개 정도 기억나는데, 두 번은 크게 잃고, 한 번은 딴것을 보았다.

마진을 옆에서 보고, 흥미를 가져서 공부해보고 난 후 느낀 점은, 마진은 정말 도박이라는 것이다. 우선 청산 시기가 정해져 있기 때문에 가치투자는 불가능하다. 결국엔 오른다 혹은 내린다에 거는 것인데, 홀짝 게임을 하는 것과 무엇이 다른가. 차트를 보고 마진을 친다는 사람들에게 차트는 후행성이다. 미래를 예측하는 데 참고 지표가 될 수 있지만 절대적인 지표가 될 수는 없다.

정말 해보고 싶다면 말리진 않겠다(물론 국가 차원에서 규제한다. ~~잡혀갈 수도 있다. 자제하자.~~). 하지만 아무리 소액이라도 마진콜을 당했을 때 그 사람이 좌절했던 그 분위기란…뚝배기! 기분이 더러워서라도 마진에 손대고 싶지 않을 것이다.

여담이지만, 12월 광기의 업비트 시장에서의 아인스테이니움EMC
2(그것이 알고싶다에 나온 금단의 코인)을 기억하는가? 광기의 아이콘으로 대
변되는 이 코인을 필자는 단 한번도 쳐다본 적이 없는데, 아인은 채굴
보상으로 장학금을 준다는 말 같지도 않은 백서에, 사무실이라는 곳
을 구글 지도로 찍어보면 허름한 아파트 단지가 나온다. 아무리 상승
폭이 컸다고 하지만 이런 코인에 '투자'한다고 할 수 있는가? 아마 12월
광기의 업비트장에서 소위 '잡코인' 고점에 물린 사람들은 미안하지만
수업료를 톡톡히 치르고 있을 것이다.

이렇듯 자신만의 투자 원칙을 정하고 그것을 고수하는 것은 아주 중
요하다. 조바심, 욕심은 당장 수익을 내줄지는 몰라도, 결국 모든 걸
앗아간다는 것을 기억해야 한다. 물론 글로만 읽어서는 느낌이 잘 안
올 수도 있다. 하지만 필자가 적어놓은 가장 기본적인 수칙만 잘 준수
해도 돈을 잃는 일은 드물 것이다. (물론 투자의 모든 책임은 본인에게 있다는
사실을 명심하시라!) 필자도 고작 1년 공부했지만, 흥미를 가지고 죽기살기
로 공부했더니 시장의 상황과는 관계없이 안정적으로 수익을 낼 수 있
게 되었다. "문과쟁이" 대학생도 한다. 우리 모두 할 수 있다! 실전에서
성투하시기를 기원해본다. 카즈아~!

마/치/며

책을 쓰기로 마음먹은 11월부터, 작업을 마친 2월까지, 3개월이라는 짧은 시간이 무색하게 코인판에서는 많은 일이 쓰나미와도 같이 지나갔다. 비트코인이 처음 1000만 원을 넘겼던 11월 25일이 생생하게 기억난다. 김프 60%라는 전대미문 광기의 12월도 지나갔다. 책을 쓰는 기간 동안 이 세계의 경제학 논리로는 이해할 수 없는, 한국땅은 말 그대로 비트코인 광풍이 불었다. 필자 세 명은 모두 중국에서 유학하고 있기 때문에 학기가 끝나고 1월이 되어 한국에 들어와서야 피부로 그 열기를 체험할 수 있었다.

대한민국 땅에서 이토록 코인이 흥하게 된 이유가 무엇일까. 냉정하게 말해서 한국인의 '한탕주의'가 한몫했다고 할 수도 있지만, 이번 사태의 주 투자층인 20대, 30대에 대한 이해가 좀 필요하다고 본다. 20대의 22.7%, 30대의 19.3%가 암호화폐 구매 경험이 있다고 답변했다. 대한민국 20, 30대의 5명 중 한 명은 직접적으로 암호화폐를 구매해 보았다는 것을 생각해보면, 무엇이 이들로 하여금 암호화폐 시장에 참여하게 만든 것인지 다시 한번 돌아보게 된다.

대한민국 청년층의 현 주소를 다시 한번 돌아보자. 3포로 시작하여, 5포, 7포를 거쳐 이제는 포기해야 할 것이 너무 많아 다포 세대라고 스스로를 칭한다. "아프니까 청춘이다"라는 말로 포장당한 채 열정페이를 받으며, 원룸과 고시텔을 전전하며 하루하루를 걱정하는 그것이 안타깝게도 현재 우리 시대의 자화상이다.

팍팍한 현실 속에서, 분명 어제까지만 해도 나와 같은 처지에 있었던 주변 사람들이 일확천금을 벌어 떵떵거리며 사는 것을 보았을 때, 투자의 유혹을 뿌리치는 것이 가능이나 했을까. 말 그대로 묻지마 투자가 성행했다.

책을 쓰는 기간이 지날수록 확신했다. 자신이 투자하는 종목이 무엇인지 모르고 투자하던 사람이 태반이다. 12월 유입이라면 동전주 4대장인 리플, 에이다, 스텔라, SNT. 이 책을 읽은 여러분 중 이 4종목 중한 가지라도 투자 안 해본 사람이 있을까? 단언컨대 한 명도 없을 것이다. 하지만 과연 "자신이 투자하는 종목의 백서 한번 읽어본 적이 있는가"란 물음에 당당하게 "예"를 외칠 수 있는 사람은 아주 드물 것이다.

하지만 어쩌면 '찍는 것'에 가까운 이 투자 방식에 있어서, 그들은 곧죽어도 그들이 '투기꾼'이라는 사실을 인정하지 않았다. 그리고 냉혹하게 들릴지 몰라도 1월 대하락장을 통해 '투기'에 대한 뼈아픈 대가를 경험했을 것이다.

하지만 블록체인과 암호화폐 시장은 단순히 투기로 비춰지기엔 그가치가 너무나도 무궁무진하다. 이 글을 쓰는 시점인 2월을 지나 석어도 이 책이 나오는 3월 말까지, 암울한 침체장이 지속될 확률이 아주높지만, 그것은 단지 지나친 가격 상승에 대한 조정일 뿐, 비트코인으로 대변되는 블록체인 기술의 가치는 꾸준히 우상향할 것이라는 우리의 믿음은 변함없다.

현재 암호화폐 시장은 객관적으로 위험하게 짝이 없다. 하지만 그럼에도 불구하고 우리는 이 위험하게 짝이 없는 투자를 여러분에게 권한다. 어느 산업이든 초창기에 그 가치가 정해지기 전까지는 버블이 생기기 마련이다. 흔히 말하는 펌프앤 덤프(Pump&Dump)를 통해 금융권의 탐욕에 놀아나게 된다. 하지만 이후 격렬한 지각변동이 있었던 진앙지에서는 새로운 산업에 대한 새로운 가치들이 새롭게 책정된다.

현재 상황과 종종 비교되는 17세기의 튤립버블은 아이러니하게도 네덜란드를 세계 최고수준의 화훼산업을 가진 나라로 성장시켰고, 영국의 1840년대, 미국의 1870년대 성행했던 철도버블은 결과론적으로 철도를 빠르게 완성시키고 산업화에 박차를 가해 이들을 다음 세기 최고의 부국으로 만들어 줬다.

현대사회에서 절대적인 가치를 지니고 있는 석유는 1850년대에는 단지 세네카 오일이라는 의약품 정도로 사용될 정도로 하찮은 물건이었다. 석유의 산업성이 인정되기 전, 1861년 1월 배럴당 10달러였던 석유는 6월에 50달러가 되었고, 그해 12월에는 10센트까지 폭락하였다. 정말 드라마틱한 변동 폭이 아닐 수 없지 않은가? 석유마저도 이와 같은 역사를 지나서 지금의 가치를 가졌다.

위 두 예시는 다소 상반되지만, 무엇의 미래가치가 정해지기 이전에 변동 폭은 극단적일 수밖에 없다. 비트코인도 마찬가지다. 설령 거품이 꺼질지라도, 거품 과정을 거쳐가며 죽어라 매달렸던 사람은 더 빠르게 다음 트랜드를 이해할 수 있을 거라 생각한다. 2000년대 초 IT버블을 겪은 여러 공돌이들이 지금의 블록체인 산업을 이끄는 주축이 되었듯이, 당장뿐만 아니라 조금 더 먼 미래를 보았을 때, 특히 우리와 같은 20, 30대들은 블록체인이라는 새로운 세계의 문을 열고 그 안으로 당당히 걸어 들어가봐도 좋지 않을까?

마지막으로, 항상 우리를 응원하고 믿어주신 6명의 부모님들, 존경하고 사랑합니다. 또 이 책이 나오기까지 제안부터 검수까지 많은 도움을 주신 지닉스(Zeniex)팀께 감사드린다.

PART. 1

- KIF- 금융업의 블록체인 활용과 정책과제
- McKinsey China-区块链——银行业游戏规则的颠覆者
- 연합뉴스-'증권거래, 이젠 블록체인으로' 31일부터 시범서비스

  http://www.yonhapnews.co.kr/bulletin/2017/10/27/0200000000A
  KR 20171027176400008.HTML
- VB: Funderbeam raises \$5.8 million for early-stage startups through its blockchain platform

  https://venturebeat.com/2017/11/03/funderbeam-raises-5-8-million-for-early-stage-startups-through-its-blockchain-platform/
- 금융보안원-국내외 금융분야 블록체인 활용 동향
- 과학기술정책연구원-블록체인 기술동향과 시사점
- SWS-区块链技术：颠覆式创新
- 长江证券-区块链报告之一
- 国泰君安一巨头引领变革, 区块链大有作为
- Slownews-화폐 없는 시대 그 이상, 블록체인에 주목하라

  http://slownews.kr/62408
- 하나금융경영연구소: 블록체인 기술의 기대와 우려

  http://www.hanaif.re.kr/kor/jsp/board/board.jsp?sa=ci&bid
  =111&no= 32982

- [블록체인 톺아보기] 퍼블릭 블록체인의 한계와 프라이빗 블록체인 ①

  https://www.bloter.net/archives/273344

- 네이버 지식백과: 해쉬함수란?

  http://terms.naver.com/entry.nhn?docId=3432496&cid=58445&cat egoryId=58445

- [Blockchain] 비트코인 #노드#네트워크

  https://m.blog.naver.com/PostView.nhn?blogId=snrndi121&logN o=221002644850&proxyReferer=https%3A%2F%2Fwww.google. co.kr%2F

- 51% 공격이 뭔가요? | block5 | 블록체인ers | The Blockchainers

  https://www.youtube.com/watch?v=xpY0cHNbtLM&list=PLmeme 46u9r2BRSA-wUVIWc1dFZVk7C5au&index=40

- Bitcoin Developer Guide

  https://bitcoin.org/en/developer-guide#block-chain-overview

- 네이버 지식백과: 프로토콜

  http://terms.naver.com/entry.nhn?docId=2271799&cid=51207&cate goryId=51207

- Understanding SegWit2X & Replay Attacks

  https://steemit.com/bitcoin/@heiditravels/understanding-seg-wit2x-and-replay-attacks

- 비트코인 2x 하드포크 현재 진행 방향, 비트코인 골드 등장

  https://steemit.com/kr/@coinkorea/2x

PART. 2

- 비트코인 현상 블록체인 2.0
- 비트코인 기본 인포메이션

  https://steemit.com/kr/@feyee95/5

- 비트코인 ABC 공식 홈페이지 : BCH의 중장기 개발 로드맵

https://www.bitcoinabc.org/bitcoin-abc-medium-term-development-ment

- 내가 지금 비트코인 캐시를 보유하는 이유(Why holding BCH)

  https://steemit.com/coinkorea/@kellan1994/why-now-bch

- 비트코인 세그윗/UASF/세그윗2x 타임라인(Bitcoin Segwit/UASF/Segwit2x Timeline)

  https://steemit.com/coinkorea/@theunseenworld/uasf-2x-bitcoin-segwit-uasf-segwit2x-timeline

- 비트코인 2x 하드포크 현재 진행 방향, 비트코인 골드 등장

  https://steemit.com/kr/@coinkorea/2x coinkorea

- 스케일링 전쟁(Scailing War)(1) - Bitcoin Core : 비트코인 코어

  https://steemit.com/kr/@maa/scailing-war-1-bitcoin-core-1

- 비트코인 캐시는 단순히 우지한의 코인이 아니다.

  https://steemit.com/coinkorea/@coolzero/wgzkc

- 이더리움 공식 홈페이지

  https://ethereum.org/

- 넓지만 알고 싶은 코인 이더리움(이더리움이란 무엇인가)

  https://steemit.com/kr/@jul06/dkarm 2017-12-07,18:20

- 이더리움 거래시 발생하는 GAS(GAS Limit, Block GAS Limit, GAS Price, Total fee)개념잡기

  https://steemit.com/kr/@jinkim/gas-gas-limit-block-gas-limit-gas-price-total-fee

- 이더스캔 : 이더리움 기반 토큰 정보

  https://etherscan.io/tokens

- 이더리움(Ethereum)을 다시 보자

  https://steemit.com/coinkorea/@sunmin/7wmspl-ethereum 2017-12-09 01:12

- 이더리움과 샤딩(Ethereum And Sharding)

  https://steemit.com/kr/@kaipark/ethereum-and-sharding

- 이더리움의 '수수료'는 되려 "장점"이다??? Episode #11

  https://steemit.com/kr/@kim066/episode-11

- [코인번역] 이더리움 클래식(ETC) 2018년 로드맵

  https://steemit.com/kr/@bitplit/etc-2018

- 네오 공식 홈페이지

  https://neo.org/

- 네오(NEO), 이더리움 넘어설까?

  https://steemit.com/coinkorea/@superdreamer/neo

- Neo to gas , 네오가스 배당 계산기

  https://neotogas.com/

- Qtum 공식홈페이지

  https://qtum.org/en/

- Qtum(퀀텀)의 Mainnet 런칭+patrick의 목표(첨부)

  https://steemit.com/qtum/@starheatmatch/qtum-mainnet-patrick

- BlockChainers: block25 | Segwit, Lightning Network, Atomic Swaps / Smart Contract | the blockchain lounge

  https://www.youtube.com/watch?v=5rGrCRCUJLU

- 라이트닝 네트워크에서 비트코인과 알트코인들을 통한 아토믹 스왑과 결제 처리 과정!

  https://steemit.com/kr/@kim066/6sfajr

- Connecting Blockchains: Instant Cross-Chain Transactions On Lightning

  https://blog.lightning.engineering/announcement/2017/11/16/ln-swap.html

- My Vision For SegWit And Lightning Networks On Litecoin And Bitcoin

- https://segwit.org/my-vision-for-segwit-and-lightning-networks-on-litecoin-and-bitcoin-cf95a7ab656b

- 나무위키: 에이다

  https://namu.wiki/w/%EC%97%90%EC%9D%B4%EB%8B%A4

- IOHK 홈페이지

  https://iohk.io/team/

- 에이다(ADA) 코인에 대해서 자세히 알아봅시다.

  https://steemit.com/kr/@sweet-talk/ada

- [Tangle Chain] IOTA, 비트코인을 뛰어넘을 수 있는 유일한 코인
  https://steemit.com/kr/@kilu83/iota

- 나무위키: 아이오타
  https://namu.wiki/w/%EC%95%84%EC%9D%B4%EC%98%A4%ED%83%80

- IOTA Foundation Launches Data Marketplace For 'Internet-Of-Things' Industry.
  https://www.forbes.com/sites/jonathanponciano/2017/11/28/iota-foundation-launches-data-marketplace-for-internet-of-things-research/2/#6492121f739e

- 아이오타 백서

  https://iota.org/IOTA_Whitepaper.pdf

- Waves Cryptocurrency(WAVES): Everything You Need To Know

  https://coinsutra.com/waves-cryptocurrency/

- 리스크 공식 홈페이지

  https://lisk.io/

- 8 Things Everyone Should Know About The Lisk Cryptocurrency

  https://www.walletweekly.com/things-to-know-lisk-cryptocurrency/

- What is Lisk (LSK) and is it a Good Investment?

  https://btcmanager.com/what-is-lisk-lsk-and-is-it-a-good-investment/

- Wikipedia: Lisk

  https://en.wikipedia.org/wiki/Lisk

- What is the ARK SmartBridge, and How Does it Work?

  https://blog.ark.io/what-is-the-ark-smartbridge-and-how-does-it-work-1dd7fb1e17a0

- What is SmartBridge? Is SmartBridge better than atomic swaps?

  https://captainaltcoin.com/what-is-smartbridge-tech/

- 위키피디아: 넥스트

  https://en.wikipedia.org/wiki/Nxt

- 엔엑스티 홈페이지

  https://nxtplatform.org/

- EOS VS 이더리움

  https://steemit.com/kr/@leesunmoo/eos-vs

- 이더리움 스마트컨트렉 VS 비트쉐어 스마트코인

  https://steemit.com/kr/@leesunmoo/vs

- Bytom or (BTM) in my opinion is one of the most promising current investments.. Here's why

  https://steemit.com/investments/@krytonika/bytom-or-btm-in-my-opinion-is-one-of-the-most-promising-current-investments-here-s-why

- 바이텀 백서

  http://bytom.io/BytomWhitePaperV1.0_Economic.pdf

- 대시(dash)에 대한 믿음, 가상화폐에 대한 시각.

  https://steemit.com/kr/@virus707/dash

- 대시와 마스터 노드에 대해 알아보자! (DASH) 개인정보 보호로 달려라!- https://steemit.com/kr/@hkmoon/dash

- Digital Currency Looks to Solve Cannabis Industry's Cash Problem- https://cointelegraph.com/news/digital-currency-looks-to-solve-cannabis-industrys-cash-problem

- 대시 마스터 노드

  http://dashmasternode.org/

- 사토시가 답변한다 길을 비켜라 7편(모네로)

  https://steemit.com/kr/@kim066/4ttave-7

- 범죄자들이 선택한 비트코인의 대체화폐: 모네로

  https://steemit.com/coinkorea/@counion/5nh9hv

- Understanding Monero Cryptography, Privacy - Introduction:

  https://steemit.com/monero/@luigi1111/understanding-monero-cryptography-privacy-introduction

- Criminal Underworld Is Dropping Bitcoin for Another Currency:

  https://www.investing.com/news/cryptocurrency-news/criminal-underworld-is-dropping-bitcoin-for-another-currency-1050757

- 모네로팁 레딧Reddit

  https://www.reddit.com/r/Monero/comments/3z527f/does_monero_have_a_maximum_cap_like_bitcoin_21/

- Z cash에 대해서

  https://steemit.com/coinkorea/@areyoucrazy/z-cash

- 사토시가 답변한다 길을 비켜라 6편(Z 캐쉬)

  https://steemit.com/kr/@kim066/6-z

- JPMorgan Chase To Integrate Zcash Technology To Its Enterprise Blockchain Platform

  https://www.forbes.com/sites/laurashin/2017/05/22/jpmorgan-chase-to-integrate-zcash-technology-to-its-enterprise-blockchain-platform/#278526e17a33

- 골렘을 한번 제데로 파헤쳐보자! FOR 막무가내 투자자

  https://steemit.com/kr/@kim066/ueqds-for

- 골렘 공식 홈페이지

  https://golem.network/

- [칼럼] 골렘, 슈퍼 컴퓨팅의 미래?

https://steemit.com/coinkorea/@coinpressokr/7qdtyo

- 플레이스테이션 슈퍼컴퓨터 관련기사

  http://www.kocca.kr/cop/bbs/view/B0000149/1276503.do?search
  Cnd=&searchWrd=&cateTp1=&cateTp2=&useAt=&menuNo=2009
  08&categorys=0&subcate=0&cateCode=&type=&instNo=0&que
  stionTp=&uf_Setting=&recovery=&option1=&option2=&pageInd
  ex=93

- 플레이스테이션 군용 슈퍼컴퓨터 관련기사

  http://www.zdnet.co.kr/news/news_view.asp?artice_id=
  20101215144524

- 사토시가 답변한다 길을 비켜라(OmiseGo, OMG)

  https://steemit.com/kr/@kim066/omisego-omg

- 오미세고 심층 분석

  http://thaitravel.xyz/170

- Analysis of Tenx coin

  https://crushcrypto.com/analysis-of-tenx-ico/

- 나무위키: 텐엑스페이토큰

  https://namu.wiki/w/%ED%85%90%EC%97%91%EC%8A%A4%ED
  %8E%98%EC%9D%B4%ED%86%A0%ED%81%B0

- Why TenX Will Change the Way You PAY for Everything

  https://hackernoon.com/why-tenx-will-change-the-way-you-pay-
  for-everything-30ae29add74b

- [가상화폐 직불 카드 비교] 센트라, 모나코, 텐엑스(페이) 비교- 무엇이
  가장 우월한가?

  https://steemit.com/kr/@bonghans/5sfkho

- 씨빅 공식 홈페이지

  https://www.civic.com/products/how-it-works

- 씨빅 백서

  https://tokensale.civic.com/CivicTokenSaleWhitePaper.pdf

- 어거 코인(Augur coin-REP)이란 무엇입니까?

  http://thaitravel.xyz/121

- 엣지리스 트위터

  https://twitter.com/edgelessproject

- Statista: Size of the online gambling market worldwide from 2012 to 2018, by region

  https://www.statista.com/statistics/208466/interactive-gambling-market-by-region/

- GOVERNMENT OF CURACAO ISSUES THE FIRST GAMBLING LICENCE TO A CRYPTOCURRENCY ONLINE CASINO

  https://bitcoinplay.net/government-curacao-issues-first-gambling-licence-cryptocurrency-online-casino/

- EDG 암호화폐 홀더 모임

  http://cafe.naver.com/edgelesskorea

- [White Paper가 중요하다](2) Edgeless(EDG, 엣지리스) - 백서를 통해서 보는- 이더리움 기반

  https://steemit.com/kr/@lordwillbe/white-paper-2-edgeless-edg

- 휴매닉 공식 페이지

  https://humaniq.com/

- 휴매닉 백서

  https://humaniq.com/pdf/humaniq-whitepaper-05.09.pdf

- Tackling Financial Exclusion With Biometric Technology

  https://www.huffingtonpost.com/entry/tackling-financial-exclusion-with-biometric-technology_us_591af1ace4b03e1c81b008bc?ncid=engmodushpmg00000004

- Ethereum-Based Humaniq To Deliver Banking 4.0 to 2 Bln Unbanked

  https://cointelegraph.com/news/ethereum-based-humaniq-to-deliver-banking-40-to-2-bln-unbanked

- Humaniq: banking services for the undocumented and

unbanked

https://steemit.com/altcoin/@arvydas/humaniq-banking-services-for-the-undocumented-and-unbanked

- Humaniq Review- Brilliant idea, poor execution

  https://boxmining.com/humaniq-review/

- Airswap(에어스왑)ICO 기본 정보 및 분석

  http://blog.naver.com/mjgnight/221116842149

- 0x Project vs. AirSwap.io

  https://medium.com/@stamfordhwang/0x-project-vs-airswap-io-bee324025a0a

- 비트파이넥스와 관련된 엄청난 음모론

  https://steemit.com/kr/@jayh/3k6bcq

- 테더(Tether, usdt)란 도대체 무엇인가? (부제 : 이 망할놈의 거래소...)

  https://steemit.com/kr/@yellowboy1010/tether-usdt

- 테더, 해킹 피해로 3천만 달러 자금 유출…일각에서는 자작극 의혹
  https://steemit.com/kr/@theblockchainkr/398bq4-3

- 리플이란 무엇인가

  http://www.seunghwanhan.com/2016/07/overview-of-ripple-labs.html

- 쉽게 설명하는 블록체인, 리플(Ripple)이란? - 1 [RipplePay 시스템]

  https://steemit.com/kr/@easyblockchain/ripple-1

- 쉽게 설명하는 블록체인, 리플(Ripple)이란? - 2 [XRP와 신뢰]

  https://steemit.com/kr/@easyblockchain/ripple-2-xrp

- 리플은 뭔가요? 2부 | 일반인을 위한 비트코인 강좌 block14

  https://www.youtube.com/watch?v=lTOt2-YA_w4

- 매일경제용어사전: SWIFT

  http://terms.naver.com/entry.nhn?docId=19006&cid=43659&categoryId=43659

- 스팀과 스팀잇에 대해 알아보자 About steem & steemit (updated)

  https://steemit.com/steem/@yoon/2yhtik

- Rankings by estimated_value

  https://steemwhales.com/?p=1&s=total&p=1&s=total

- 스팀, 스팀달러, 스팀파워의 개념을 알아보자

  https://steemit.com/kr/@twinbraid/snnh8

- 스팀잇(Steemit)이란 무엇인가!?(번역본)

  https://steemit.com/kr/@koreanbread/steemit

- 스팀잇의 숫자들 - 평판 / Reputation

  https://steemit.com/kr/@mastertri/reputation-2017823t11165295z

- [Steem Dictionary] 스팀잇에서 reputation(평판, 명성)이란?

  https://steemit.com/kr/@nand/steem-dictionary-reputation

PART. 5

- List Of High Profile Cryptocurrency Hacks So Far (August 24th 2017)

  https://storeofvalue.github.io/posts/cryptocurrency-hacks-so-far-august-24th/

- IT world: 사라진 5,300억원 어치 비트코인, '마운트곡스 파산'의 10가지 미스테리

  http://www.itworld.co.kr/news/86422

- Keepit 블록체인 칼럼: 해킹 잔혹사 3편

  https://steemit.com/kr/@keepit/poh9c-keepit-3

- All Digital Currency Exchanges Volume Ranking-Coinhills

  https://www.coinhills.com/market/exchange/

- 오래전 알트코인 거래소 이야기

  https://steemit.com/kr/@gogumacat/4bhuyd

- Keepit 블록체인 칼럼: 해킹 잔혹사 1편

https://steemit.com/kr/@keepit/wyf6c-keepit-1

- 네이버 두산백과: 커뮤니티

- 암호화폐, '대구은행'은 뭐고, '어미새'는 뭐지

  http://m.post.naver.com/viewer/postView.nhn?volumeNo=116664
  47&mainMenu=JOB

- ICO 참여시에 Gas(Gwei)값과 Gas limit는 어떻게 설정해야 유리 할
  까?(+ 빨리 전송하는 팁):

  https://steemit.com/kr-newbie/@ico-altcoin/ico-gas-gwei-gas-
  limit

- ICO에 대해 알아보자 : Learn about ICO:

  https://steemit.com/kr/@maa/nfkav-ico

- 50만불이상 ICO에 성공한 스타트업 정리:

  https://steemit.com/kr-coin/@bogarti/50-ico

- ICO 사이트:

  https://tokenmarket.net/ico-calendar

  https://icobazaar.com/

PART. 6

- 한국은행-분산원장 기술과 디지털통화의 현황 및 시사점

  招商证券-区块链全景图——"区块链+金融"一马当先

- Cryptocoinnews:

  How the laws & regulation affecting blockchain technology can
  impact its adoption

  http://www.businessinsider.com/blockchain-cryptocurrency-
  regulations-us-global-2017-10

- US States working on blockchain legislation in 2017

  https://bravenewcoin.com/news/us-states-working-on-block-
  chain-legislation-in-2017/

- Central Banks On Cryptocurrency

  https://www.ethnews.com/central-banks-on-cryptocurrency
- [글로벌마켓분석-아세안] 말레이시아 중앙은행, 암호화폐 규제안 마련

  http://cnews.getnews.co.kr/view.php?ud=20170921142229423942246731f3_16
- 金色财经- 世界各国对数字货币交易平台的监管态度如何 真的如你所想吗

  http://www.jinse.com/news/bitcoin/81444.html
- 매경-우루과이 세계 첫 법정 디지털화폐

  http://news.mk.co.kr/newsRead.php?year=2017&no=754578
- Blockonomi: Bitcoin, Cryptocurrency and Taxes: What You Need to Know

  https://blockonomi.com/cryptocurrency-taxes/